管理心理学

（微课版）

主　编　何荣宣　钟世娟
副主编　温　娜　李春茂　张青春

北京理工大学出版社
BEIJING INSTITUTE OF TECHNOLOGY PRESS

内 容 简 介

本书根据本科教育的特点和教学需要编写，共分 8 章，分别为管理心理学概论、个体心理与行为、群体心理与行为、团队管理、管理沟通、领导理论、组织文化、职业生涯规划管理。本书每章开始均安排了学习目标、本章导读和导入案例，以便将问题形象化；每章之后都附有复习思考题和案例分析，以便读者能更好地将管理心理学的理论与实践结合起来；为了进一步启发读者深度思考，每章还穿插了案例和小故事，丰富了本书的内容，增加了本书的可读性。全书配备了24 个教学短视频，读者可以通过扫描二维码获取本章的教学视频，以利于学好管理心理学。

本书可作为高等院校经济与管理类相关专业学习用书，也可作为企业管理人员的参考用书。

图书在版编目（CIP）数据

管理心理学：微课版／何荣宣，钟世娟主编. --
北京：北京理工大学出版社，2024.4
ISBN 978-7-5763-3849-2

Ⅰ. ①管… Ⅱ. ①何… ②钟… Ⅲ. ①管理心理学-
高等学校-教材 Ⅳ. ①C93-051

中国国家版本馆 CIP 数据核字（2024）第 082264 号

责任编辑：封　雪	**文案编辑：**毛慧佳		
责任校对：刘亚男	**责任印制：**李志强		

出版发行／北京理工大学出版社有限责任公司
社　　址／北京市丰台区四合庄路 6 号
邮　　编／100070
电　　话／（010）68914026（教材售后服务热线）
　　　　　　（010）68944437（课件资源服务热线）
网　　址／http://www.bitpress.com.cn

版 印 次／2024 年 4 月第 1 版第 1 次印刷
印　　刷／涿州市新华印刷有限公司
开　　本／787 mm×1092 mm　1/16
印　　张／15
字　　数／352 千字
定　　价／86.00 元

　　管理心理学是现代管理理论的重要组成部分，它是一门以心理学、社会学、文化人类学和政治学等学科为基础，以组织中人的心理活动和行为模式为研究对象的学科。它主要探讨组织中个体、群体及组织的行为规律，以便运用这些规律来预测与控制这些行为，以提高组织的效力。它是心理学知识在组织管理工作实践中应用的结果，是研究组织系统内，个体、群体及结构对组织内人的行为的影响，以理解、预测和管理人类行为，提高组织绩效的一门学科。在我国社会主义现代化建设进程中，随着改革开放的逐步深入，人们更加重视管理，重视管理的现代化、科学化，努力提高管理能力和管理水平，因此，管理心理学也越来越被各级管理者重视。

　　管理活动是人类活动的特殊形式，其对象包括"人"与"物"两个方面，它们共同构成了三种关系：物与物的关系、人与物的关系和人与人的关系。物与物的关系，是工程技术科学研究的对象。人与物的关系和人与人的关系都涉及人，而人总是具有某种心理活动的，因此都与心理学有关。其中人与物的关系，即人与机器、人与工作环境之间的关系是工程心理学与劳动心理学研究的对象，而管理情境中人与人的关系、人与人的管理则是管理心理学的研究对象。作为一门从现代管理科学和行为科学中派生出来的新兴独立学科，管理心理学主要研究人的行为激励问题，其主要任务是探索和开辟激励人心理和行为的各种途径和技巧，以达到最大限度地提高工作效率的目的。

　　管理心理学之所以关注人的心理活动，以人的心理活动规律性为研究对象，主要是基于这样几个原因：首先，"企业就是人。"企业要靠人来实现企业的目标。即使是未来社会的管理，最主要的仍然是对人的管理，因此研究人的行为和心理规律，以调动人的积极性，必然成为管理心理学的研究对象。其次，人是企业的首要资源。在现代社会管理中，企业资源包括人、财、物等，而人是首要资源。随着现代科学技术的发展，重视人的因素，发挥人的主动精神，挖掘人的潜在能力显得更重要。再次，人是企业管理的主体。现代企业管理强调以人为中心，科学技术越发展，就越要重视人的因素，建立以人为中心的管理制度，因此，管理心理学着重研究人的心理活动的规律性，是科学分析的基础。只有了解人的心理规律，采取科学的管理方法，才能促使企业管理取得更佳的效果。

　　本书结合高等教育的特点和教学要求，从理论提高与技能培养相结合的目标出发，以培养创新、应用型人才为宗旨，以管理心理学的相关内容为依据；在内容安排上注重理论指导与实际业务相结合；在结构安排上力求教材编排合理、条理清晰、深入浅出、简明扼要；在教学目标上要求融会贯通、突出实训，培养学习者分析问题和解决问题的能力。本书注重融入思政元素，紧跟时代发展潮流，将党的二十大精神与相关知识点有机融合，选取了许多中外著名的典型案例，并且在案例中注重彰显中国特色，展现中国智慧、创新理念和创业精神，增强可持续发展的理念，旨在培养学生的经济管理思维、系统思维、批判思维和全局思维，塑造学生的价值追求和理想信念，激发学生的责任意识和家国情怀，力求将爱国主义与能力提高结合起来，将价值导向与知识传授相融合。在知识传授、能力培养的过程中将思想价值引领贯穿于课程内容中，课程坚持培育健康的审美情趣、乐观的生活态度，使学生树立起文化自觉和文化自信，突出价值引领和优秀传统文化的传承，引导学生自觉弘扬和践行社会主义核心价值观。

本书编者大都是从事管理心理学教学的人员，具有多年的教学与社会实践经验，对管理心理学的基础理论与前沿理论有较深入的研究，对管理心理学的发展动态有较好的把握。本书在编写过程中，力求有所创新，同时避免烦琐、冗长。本书在介绍理论知识的基础上，增加了章节学习目标，各章后附有复习思考题及案例分析，为学生的学习和思考提供了足够的空间。本书突出了基础性、系统性、实用性和前瞻性的特点。

本书由何荣宣、钟世娟担任主编，由温娜、李春茂、张青春担任副主编。其中何荣宣编写第二章并完成本课程 23 个教学短视频，钟世娟编写第四章、第七章及第八章，温娜编写第一章和第六章，李春茂编写第五章，张青春编写第三章。全书由何荣宣统稿、修改、定稿。

在本书的编写过程中，编者参考和引用了许多国内外有关的教材、专著、案例和文献资料，吸取了国内外最新的管理理论与研究成果，在此谨向原作者表示深深的敬意和谢意，也向其他给予编者帮助和支持的所有人员表示感谢。

由于编者水平所限，书中难免存在疏漏之处，敬请广大读者批评指正。

编　者

目录

管理心理学概论

学习目标

1. 了解管理心理学的研究意义。
2. 掌握管理心理学的概念和研究内容。
3. 掌握管理心理学的研究方法。
4. 领会管理心理学的学科性质和学科基础。
5. 把握管理心理学发展的历史脉络。

本章导读

　　本章主要对管理心理学进行简要介绍，主要内容涉及管理心理学的研究内容、研究对象、研究意义，管理心理学与相关学科(组织行为学、管理学、心理学)的区别与联系，管理心理学的发展历程，管理心理学的研究方法，数智化时代管理心理学的研究重点等。

导入案例

八成人选择"不躺平"

　　2021年，职场人的身心压力与发展困惑，正获得越来越多的回应。"内卷""躺平"不时出现在人们的视线中，但相关调查显示，八成被调查者并不享受"躺平"。"不躺平"和"躺平，有时会焦虑"的职场人所占比例相当，占比分别为32.4%和33.6%。"享受躺平"的职场人较少，占比仅为21%。

　　而随着多家互联网大公司宣布告别"996"工作模式，新经济领域的CEO和CHO们开始比以往更为重视提质增效，"美好组织"和"幸福职场"也开始不再仅被视作"鸡汤式"的话题。处于职业不同阶段的职场人在择业时看重的因素也存在显著差异。脉脉人才智库的相关调研数据显示，基层员工除了薪资福利外，最看重工作与生活的平衡；而中层员工更看重个人的发展；高层员工则重视企业的文化与价值观。

最看重的企业文化：年轻人要开心，资深职场人重协作。

相关调查显示，工作3年以下的受访职场人，超过四成渴望"开心快乐"的企业文化，但这一比例在工作10年以上的受访人群中仅占24.4%。资深职场人最看重"协作共赢"。在工作10年以上人群中，42.4%的受访职场人看重"协作共赢"的企业文化，但在工作3年以下的群体中，这一比例仅占29.0%。中央财经大学教授、创业和企业发展研究中心主任朱飞分析，2021年的职场可能成为我国职业文明历史上的重要里程碑。一是大家重新开始思考工作场所的工作时间问题，努力重新定义工作在生活中的角色。在过去几千年，中国人（包括雇主和员工）潜意识中都以在工作和事业中的高时间投入为敬业精神，并冠之以"勤勉""敬业"等这样的褒义词，但到了2021年，许多企业（尤其是互联网企业）开始取消"996"、大小周等制度，个别著名IT企业倡导加班还陷入被舆论讨伐的境地。二是社交媒体对于职场中雇主和雇员力量的深刻改变。在以"去中心化"为核心特征的社交媒体面前，雇主逐渐失去了职场的信息控制权，而员工在社交媒体的加持之下，深刻改变了职场中的历史惯例和规则。

朱飞建议，首先，企业应该更为深入地思考和定义企业的雇佣价值主张，系统定义企业吸引目标人才和保留优秀员工的诱因，走出一味依靠劳动时间等要素投入的粗放经营管理模式，走向高质量发展的人才管理之路。其次，企业需要机制化关注和管理员工工作体验，赋予企业和职位社交属性，打造更具吸引力的职场，使优秀人才良性循环。

[资料来源：余丽，当下职场人更注重生活与工作相平衡[J].中国对外贸易，2022（2）.]

从以上资料中可以看出，无论员工是"内卷""躺平"、关注薪资福利或工作生活平衡、在乎个人发展或公司文化价值观，均与相应心理有关，企业应针对员工心理寻求与之相适应的高质量人才管理之路。对于个体、群体、组织的心理及行为的研究，正是管理心理学关注的主要内容。

每接触一门新的课程，学生们心中就会产生这样一系列疑问：这门课程是什么？它是如何产生和发展的？为什么要学习这门课程？怎样学好这门课程？带着这一系列疑问，编者展开对管理心理学的介绍。"管理心理学是什么"的问题包含对管理心理学课程的定义，管理心理学的研究对象、研究内容、学科性质、学科基础等方面的理解；"管理心理学是如何产生和发展的"的问题涉及对管理心理学发展历史的了解；"为什么要学习管理心理学"的问题涉及对管理心理学研究意义的了解；"怎样学好管理心理学"的问题涉及对管理心理学课程研究方法的掌握。

1.1　管理心理学概述

1.1.1　管理心理学的界定

从字面意思来看，对管理心理的研究要同时考虑"管理"和"心理"两个核心变量。当我们将"管理心理"理解为"管理的心理"时，其侧重考虑管理活动中人的心理问题。当我们将"管理心理"理解为"对心理的管理"时，其侧重考虑对人心理活动的管理。编者认为，管理心理学所要考虑到问题是二者兼而有之时，其意为在正确认知管理活动中人的心理问题的基础之上，从而对人的心理进行有效管理。

无论是管理学，还是心理学，都是以人为中心的研究，只不过在管理学中，我们习惯称研究对象为员工或下属；在心理学中，我们习惯称研究对象为个体。个体有许多心理表现，如个性、人格、需求、动机、态度、价值观、情感、意志等，不同个体之间的这些心理表现有较大差异，如何根据个体的这些表现对个体进行有效管理和组织引导，这一切都需要管理心理学去解释和回答。

美国工业与组织心理学会（SIOP）把工业与组织心理学学科的目标定义为：通过在所有各类提供产品与服务的组织开展各种心理学应用，促进人类福利，包括制造业、商业、工会组织，以及公共机构等。学会的目的是科学、专业和教育，并非营利。由此可见，管理心理学的应用范围不仅限于工业企业，而且包含各类组织机构。

美国学者罗宾斯（1997）认为，管理心理学是一个研究领域，它探讨个体、群体以及结构对组织内部行为的影响，以便应用这些知识来提升组织的有效性。

车丽萍、秦启文（2009）认为，管理心理学是研究管理活动中人的心理规律的科学，它研究管理者与被管理者之间由于相互作用而产生的心理现象的规律性。

朱德龙（2019）认为，管理心理学是研究组织管理过程中人的心理活动规律，以调动组织成员工作积极性，提高工作质量与管理效能为目的的学科。

孙喜林（2022）认为，管理心理学是一门应用心理学科，它把心理学的理论、原则和方法运用于组织管理，通过研究组织中人的心理和行为规律来预测和控制组织中人的行为，以达到调动人的积极性、提高生产和工作效率、改善人际关系、增强组织功能的目的。

学者们对管理心理学这门学科的界定虽然表述不同，但其中对人心理活动的探究、对人行为规律的研究等的认知是一致的。本教材认为，管理心理学是运用心理学的一般规律去阐释管理过程中人的心理问题，在此基础上探索和研究工作与管理行为，它是研究人们在工作过程中形成的内在心理状态和外在行为及规律，从而提升组织管理效能和促进员工成长的一门学科。

1.1.2　管理心理学的研究对象

组织管理的实践告诉我们，组织管理的对象包括两个方面：一是对"物"的管理，即对组织运作的机器、设备、技术、资金及其运作过程的管理；二是对"人"的管理，即对组织中人的心理及行为的管理。前者主要涉及"人—机"关系研究，即探讨如何改进人的行为"适应机器的特点以及机器设备如何适应人的身心特点"，属于这一类型的研究学科称为工业心理学或工程心理学；后者则主要涉及"人—人"关系的研究，管理心理学就是属于对这一类型问题研究的学科。概括起来说，管理心理学最基本的研究对象是组织管理活动中的人。

管理心理学之所以把组织中的人作为特定的研究对象，是因为：

（1）人是组织的主体，组织目标的实现离不开人。随着科技的发展，机器虽然可以代替部分人工，计算机也可以代替一部分人脑功能，近几年出现的 AI，使得部分工作的效率大大提高，但是设计和使用机器及计算机的依旧是人。即使在未来社会的管理中，最主要的仍是对人的管理。研究组织中人的心理及行为规律，调动人的积极性，一直是管理心理学的主题。

（2）人是组织最重要的资源。生产力的发展使得组织发展由依靠资本的作用逐渐转变为依靠人的作用。已有关于组织资源的理论中，有许多不同的见解，无论是哪种观点，都将人当作组织重要的资源。如组织资源的三分说，即人力、资金、土地；组织资源的四分说，即人力、资金、土地及管理；组织资源的五分说，即人力、资金、原物料、机器设备、产销方法或技术；组织资源的六分说，即人力、资金、原物料、机器设备、产销方法或技术、时间；组织资源的七分说，即人力、资金、原物料、机器设备、产销方法或技术、时间和信息。研究人的心理，有助于充分运用人力资源、有效发挥人力资源的作用。

（3）科学技术越发展，就越要重视人的因素。在信息化社会，不仅经营管理，而且生产操作中人的脑力劳动的比例也将越来越大。据统计，在机械化水平较低的情况下，体力劳动和脑力劳动耗费的比例为 9∶1；在中等机械化水平下是 6∶4；在全盘自动化的情况下为 1∶9。人类越是进入普遍使用计算机、信息化管理的时代，越是要求个体具有更高级的脑力劳动。由此可见，未来对脑力劳动者的管理将会越来越重要。事实证明，对脑力劳动的最有效的管理方式就是调动脑力劳动者的积极性、创造性和主动精神，而不是一味地强制监督。所以，科技越发达，组织管理中越要重视人的因素。

（4）重视组织中人的因素是管理科学发展的结果。虽然自人类社会诞生以来管理的实践活动就已经存在，但是管理成为一门独立的科学，是近代社会发展、人们长期管理实践的结果。管理科学在发展过程中，形成了各种管理思想，管理理论逐渐得以演变。从把人看作机器附属品的"经济人"假设，到重视员工士气的"社会人"假设，再到重视人的主观能动性的"自我实现人"假设，以及重视多维影响因素的"复杂人"假设，在这一过程中，关于人性的假设发生了根本性的变化。也正是管理科学中人性假设的变化及由此而来的各种管理理论的变化，才促使管理心理学诞生。

1.1.3 管理心理学的研究内容

管理心理学的核心研究内容主要包括个体心理相关因素，如需要、动机、价值观、个性、性格、能力、情绪等；群体心理相关因素，如群体的形成、非正式群体、群体决策、群体人际关系、团队管理等；组织心理相关因素，如组织中的沟通、领导理论、组织文化；个体与组织相联系的部分，如职业生涯规划管理中的个人与组织角色等。

1. 个体心理及管理

个体心理及管理着重管理情景中员工和管理人员个体心理特征的形成与作用，着重理解个体心理特征的差异在管理中的应用。个体心理及管理主要包括四方面内容：第一，认知过程、动机、情绪、学习过程、归因与行为风格等；第二，能力、技能、个性和工作价值取向等；第三，工作激励的内容理论与过程理论、工作激励的有效策略等；第四，工作

态度、工作满意度、工作价值观及其管理策略等。

2. 群体心理及管理

群体心理及管理的核心理论思路是"群体动力学"，即群体组合、协调、发展的动态机制。因此，群体特征并不等于个体特征的简单相加或者相乘，人们在群体中的行为跟独处时的行为会有差异，因为群体中存在群体角色、规范和群体动力的作用，人们的心理和行为在群体中会相互影响。群体心理及管理包含四方面内容：第一，群体类型、群体发展阶段与群体互动、群体规范和群体凝聚力、群体决策等；第二，群体间动力学、群体间沟通、群体间工作模式、群体关系协调等；第三，团队管理、团队工作理论、高效团队的特征、团队管理途径等；第四，群体沟通和协调、管理沟通模式、冲突管理策略和群体协调途径等。

3. 组织心理及管理

组织心理及管理是管理心理学的整合分析，着重分析组织的结构、设计、文化等如何影响员工的态度和行为。其主要研究组织文化、组织环境、组织沟通、组织变革和各种不同的领导方式及其效果、领导者的选择与训练、影响领导效果的因素等，目的是使组织自身能更好地适应组织任务和组织使命的要求，维护组织的生存和发展，从而更好地实现组织的目标。

1.1.4　学习管理心理学的意义

学习管理心理学的意义体现在以下几个方面。

1. 有利于调动个体的积极性

学习管理心理学中有关个体需要、动机、情感、意志、价值观、气质、能力等理论，能够强化个体对自己个性及行为的了解，进一步认识到满足个体心理需求的重要性。对个体而言，有助于个体正确地认识自己和他人，从而改进自己的生活、学习及工作行为，促进个体成长；对组织管理而言，有助于管理者深入了解员工、认识员工，从而有针对性地调动员工的积极性。

2. 有利于增强群体的凝聚力

学习管理心理学中有关群体规范、群体压力、群体思维、团队效能等群体心理及群体行为的理论，可以使个体更加了解群体的行为规律，从而使得个体与群体更加和谐，更容易理解群体间的竞争与合作关系。另外，由于对群体内心理和行为的认知和了解，有助于进一步增进群体的凝聚力。

3. 有利于提高领导者的管理水平

管理心理学对个人—职业匹配的研究，有助于领导者科学选拔和配备人才；对人际沟通的研究，有助于领导者掌握处理冲突的策略和方法，提升领导者的管理沟通能力；对心理契约、领导素质、领导理论、领导艺术等的研究，可以帮助领导者科学运用领导理论和方法，改善领导者与被领导者的关系，从而提升领导者的管理水平。

4. 有助于促进组织变革与发展

管理心理学中的组织文化、组织变革、组织学习、组织权力与政治、组织发展等相关研究，有助于增进我们对组织的深层次认识，可以帮助我们正确面对组织变革与发展中出现的问题，并运用组织发展技术，及时有效地领导组织变革与发展。

1.2　管理心理学的学科介绍

1.2.1　管理心理学的学科基础

1. 心理学

心理学是研究人的意识和行为规律的科学，其内容包括对人的心理和行为规律的测量和解释，在实际应用中也可以用来改变人的行为。一般来说，人的心理活动具有内隐性，人的行为具有外显性，行为活动是人的心理活动和心理特征的外在表现。

管理心理学是心理学的众多分支之一，它是一门探讨如何把心理学的基本原理和研究成果运用到组织管理领域中去的学科。一方面，普通心理学中关于知觉、个性、态度、人格、情绪等方面的研究为管理心理学提供了重要的理论基础；社会心理学中有关群体心理和行为的研究给管理心理学提供了重要的理论支撑。另一方面，管理心理学的发展又会验证和丰富心理学的基本理论。心理学是管理心理学的基础，管理心理学是心理学规律在管理过程中的具体应用。两者是个别与一般、特殊与普遍的关系，密不可分，也不可互相替代。

2. 管理学

管理学是研究组织管理活动一般规律的学科。管理学的研究体系是由组织管理活动的特点决定的，管理活动是一个由决策、计划、组织、领导、控制及创新活动所构成的循环往复、螺旋上升的过程，因此，管理学就要研究在这个循环往复、螺旋上升的过程中的决策、计划、组织、领导、控制及创新的内容、原则、方法等规律。

管理心理学是把心理学的研究运用到管理领域的产物。管理学中的相关理论为深入研究管理心理学提供了借鉴，如经济人假设、社会人假设、激励理论、X 理论、Y 理论等中关于人性的假设和思考、关于人的需要和动机的研究都和管理心理学密切相关。

3. 社会学

不同于心理学对个体心理及行为的关注，社会学主要关注社会系统和社会关系。社会学是一门综合性较强的学科，它把社会作为一个整体，综合研究社会现象各方面的关系及其发展变化的规律性。社会学既研究微观层面的社会互动，也研究宏观层面的社会结构，管理心理学中对于群体中的人际关系、角色知觉、群体规范、价值观、组织文化等内容的涉及都来源于社会学。社会学所关注的群体动力学、工作团队设计、沟通、权力、冲突、群体间行为等问题是管理心理学研究群体及其人际行为的主要来源；社会学中对正式组织、官僚主义、组织技术、组织变革、组织文化的研究构成了管理心理学中组织心理及组织行为的研究来源。

4. 人类学

人类学是从生物和文化的角度对人类进行全面研究的学科。当代人类学的两个主要领域是体质人类学和文化人类学。体质人类学是从生物的角度对人类进行研究的学科，它包括人类的起源、发展、种族差异、人体与生态的关系及现存灵长类的身体和行为等内容。文化人类学是从文化的角度研究人类种种行为的学科，它研究人类文化的起源、

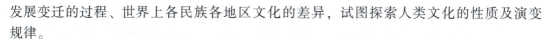

发展变迁的过程、世界上各民族各地区文化的差异，试图探索人类文化的性质及演变规律。

人类学对于管理心理学的贡献在于人类学对于价值观的比较分析、态度比较分析、跨文化分析及不同文化下的组织文化与环境分析等构成了管理心理学的研究来源。

除了这几个学科对管理心理学的发展奠定了基础之外，文化学、认知科学、领导科学等学科也对管理心理学的发展做出了突出贡献。例如，文化学中关于文化的要素和结构、功能和发展等内容，对于认识和反映组织行为运行中组织文化的形成和发展，以及社会文化环境对组织行为运行的影响等基本规律都具有重要的实用价值；认知科学中的认识论和方法论等理论，对于认识和反映组织中的个体、群体、领导、组织等认知行为的基本规律具有重要的实用价值；领导科学中关于领导的权力来源、领导行为运行体制等理论，对于认识和反映组织中的领导行为的基本规律也具有重要的实用价值。

1.2.2　管理心理学的学科性质

1. 科学性

管理心理学是一门科学，基于以下三个原因：第一，它有科学的理论基础及内容。管理心理学的相关理论及内容具有可重复性和可验证性，所以是科学的。第二，它有独立的研究领域。管理心理学并不是研究人的一切心理与行为，而是研究组织中人的工作心理与行为，包括个体、群体、组织和领导。第三，它有科学的研究方法。管理心理学运用的研究方法，可以解释一些现象，抑或可以揭示各种研究变量之间的复杂关系。

2. 综合性

管理心理学是一门综合性的学科，它涉及的基础理论知识比较广泛。从管理心理学的产生和发展过程来看，管理心理学经历了一个漫长的理论准备和实际应用的演变过程，它是在综合应用心理学、社会学、管理学、人类学、生理学、伦理学、政治学、经济学等学科研究成果的基础上发展起来的。它的理论来源主要有普通心理学、劳动心理学、工程心理学、社会学、社会心理学和人类学等学科，带有明显的跨学科特点。

3. 应用性

管理心理学与人类社会的各种组织管理活动密切相关，是一门应用学科，有着广阔的发展前景与应用范围。它不仅可以应用到工商企业，而且可以应用到政治团体、公共机构、政府机关、军队、医院等组织，其理论正越来越多地渗透到管理科学的各个领域。它对于提高组织管理的水平、促进组织的发展、提升人的工作积极性等都起到了积极作用。例如，在管理心理学的影响下，企业管理者认识到，要提高劳动效率，必须基于"人的本性"激发员工的动力，主张推行"合乎人性"的管理，实行"宽容的监督"。因此，在管理方式上，强调管理者应该掌握管理技能，尊重下级和员工的人格，讲究工作方法，增进与员工的感情，建立良好的人际关系。

1.2.3　管理心理学与其他学科的区别与联系

1. 管理心理学与组织行为学

管理心理学与组织行为学是既具相似性，又有区别性的两门学科。从相似性方面来看，细心的研究者会发现，管理心理学和组织行为学的内容高度一致，都涉及对人的心理和人行为规律的解释、预测与提升。这种高度的一致性源于两门学科的研究目的、学科基础、理论基础的高度一致。从研究目的来看，二者都旨在对人的心理和行为规律的解释、预测与提升，最终服务于组织绩效；从学科基础来看，二者都以管理学、心理学、社会学、人类学等作为自己的学科基础和来源；从理论基础来看，经济人假设、社会人假设、X 理论、Y 理论等是其共有的理论基础。

这种高度相似使一些读者尤为困惑，可能会认为这两门学科也许原本是一样的。其实不然，二者仍然有很大区别。首先，两门学科研究的侧重点不同。管理心理学侧重研究行为背后潜在的心理活动规律，组织行为学侧重把心理学的原理应用于组织管理活动中，侧重研究组织中员工的行为表现。其次，二者所属的学科大类不同。管理心理学本质上属于心理科学的范畴，而组织行为学本质上属于行为科学的范畴。

2. 管理心理学与心理学

从来源方面来看，管理心理学是在心理学的基础上发展起来的，属于心理学体系中的一个领域，是心理学的一个分支，同心理学是局部与整体的关系。管理心理学的研究要运用心理学揭示人的心理活动的一般规律，并在管理过程中使之具体化。比如，在管理心理学的研究中经常提到决策问题，这实际上是人的思维过程，也与人的意识有关。人们收集情报资料，对它们进行去粗取精的加工处理，制订出几种可供选择的决策内容，并在这些方案中选出可行的方案，最后做出决策，这就是一个完整的思维过程。

从研究对象方面来看，管理心理学和心理学研究的具体对象不同。管理心理学侧重研究各种组织中，人们在彼此之间相互作用的情况下所产生的心理现象的规律性。心理学则侧重个体心理活动、内部反应活动的过程和规律。例如，对于摔倒这一现象，心理学研究痛觉及耐痛阈；管理心理学的研究侧重对在不同场合、不同条件下的痛觉反应的研究，如人们在单位和在家的表现是不一样的。

3. 管理心理学与管理学

管理心理学和管理学联系的地方在于二者都关注了组织的管理活动。管理心理学主要研究的是组织管理过程中的人的心理及行为问题，管理活动则是其研究的范围或边界。其研究内容中的某些部分和管理学有一定的重叠，如关于激励问题的研究、领导行为方式的研究、组织变革与组织文化的研究等。

但二者也有区别。第一，两门学科的研究对象是截然不同的。管理心理学的研究对象是个体的需求、动机、情绪、价值观、态度，群体内及群体间的关系，组织的心理等。管理学的研究对象则是组织的管理活动。第二，研究目的不同。管理心理学以组织中的人作为特定的研究对象，重点在于对人心理和行为的研究，以提高效率，在一定的成本控制条件下，最大限度地调动人们的积极性和创造性。管理学的研究目的则是研究在现有的条件下，怎样才能通过合理地组织和配置人、财、物等因素来提高组织效能。

 【短视频】管理心理学与其他学科的区别与联系

1.3　管理心理学发展简史

1.3.1　管理心理学的萌芽

20 世纪初期，随着工业化进程的加剧和企业规模的扩大，企业实践者开始意识到管理的重要性。管理者们和研究者们发现，管理并不仅仅是技术层面的，还涉及人的层面，组织中逐渐出现了将心理学运用于工业企业管理的情况。

1903 年，德国心理学家斯特恩(L. W. Sten)提出了"心理技术学"这一概念，最先把心理学知识应用于工业企业。

有着"管理学第一夫人"美誉的莉莲·吉尔布雷斯是美国早期著名的管理学家兼心理学家，她于 1912 年完成了博士论文《管理心理学：精神在判断、指导和实施最少浪费方法中的作用》，这是"管理心理学"一词的首次问世。她在论文中指出，"不能单纯通过标准化、程序化、专业化等提高效率，还应研究工人的心理""一个人的思想是其效率的控制因素，通过教育，可以使个人充分利用她的能力"。在她的研究中，已经开始注意到人的心理、精神等因素对提高效率的作用。

1912 年，明茨伯格(H. Minsterberg)所著的《心理学和工业生产率》出版，这本著作主要涉及两个研究重点：一是发现人与人的心理素质存在差异，基于此，他倡导把员工安置在最适合自己心理素质的工作岗位上。这与当时倡导科学管理的专家们偏重于对工具的选择、动作标准化的研究有了较大区别。二是指出通过改善心理条件提高工作效率，不仅符合工厂主的利益，更符合职工的利益。明茨伯格创立的心理技术学研究的基本思路是挑选和培养合格的人员去适应他们所要掌握的机器和承担的工作任务，即解决"人适应岗位"的问题。

明茨伯格提出了组织管理的"三最"观点。一是最好的工人。他的研究着力确认最适合从事某种工作的人应具备的心理特点，将心理学的实验方法应用于人员选择、职业指导和工作安排等方面。比如，体力工作要吃苦耐劳型的人，技术性工作需要心灵手巧型的人，销售类工作需要口才好并懂销售心理的人。二是最合适的工作。研究和设计适合人们工作的方法、手段和环境，以提高工作效率。例如，有些人适合创意类的工作，有些人适合一成不变的工作；同为警察、刑警和内勤的工作环境是不一样的，对人的要求也不同。三是最佳的效果。用最合理的方法以确保产生最令人满意的效果。

明茨伯格的研究标志着一门全新的学科——工业心理学的诞生。早期工业心理学主要关注的是通过更好地选拔员工、培训方法、工作设计和工作场所布局等关键途径，提高工作效率。这一时期，一些大学也设立了工业心理学专业，如 1921 年，卡内基技术大学授予了第一个工业心理学博士学位。工业心理学的发展为管理心理学的形成做好了准备，也被认为是管理心理学产生的萌芽。

1.3.2　管理心理学的形成

真正推动管理心理学形成的是由梅奥领导的"霍桑实验"(1927 年)以及在此基础上提出的人际关系学说。梅奥等人认为，人是"社会人"，人们的行为并非单纯出于追求金钱等物质需要，还有社会心理需要，如追求友情、安全感、归属感和相互尊重等需要。在梅奥看来，社会心理因素是第一位的，物质因素是第二位的，故企业中和谐的人际关系比物质刺激具有更大的现实意义。人际关系学说第一次把心理学、社会心理学、人类学等学科结合起来，对企业中人们的心理与行为进行综合探索、实验和解释，增加了管理心理学研究的深度和广度。

20 世纪 40 年代末，"行为科学"正式取代了人际关系学说，形成了行为科学学派。行为科学学派是一个以人的行为及其产生的原因作为研究对象的学派，主要研究内容包括个体行为、团体行为和组织行为。它从心理学、社会学等多个角度来研究人的行为，并将人的行为与组织目标、组织效果紧密联系起来。行为科学学派提出了许多重要的理论，如马斯洛的需求层次理论、赫兹伯格的双因素理论、麦格雷戈的"X 理论–Y 理论"等。这些理论为我们理解和预测人的行为提供了有力的工具，也为组织管理提供了重要的指导依据。

1958 年，美国斯坦福大学教授哈罗德·J. 利维特出版了《管理心理学》，其中对人类个体、如何处理人际问题、团体效率、组织设计等问题展开了协同性研究。其中对人类个体的研究就包括了知觉、挫折、学习、态度、信念等内容；如何处理人际问题的研究包括人际沟通、权威、操纵、合作等内容；对团体效率的研究涉及团体决策、团体过程、团体压力、团体沟通网络、车间里的团体等内容；对组织设计的研究则涵盖了组织目标、组织中人的管理、组织结构、组织环境等内容。这些内容分别从个体心理、群体心理、组织心理等方面对组织中的问题展开了研究，具有系统性。现在的国内外管理心理学教材大都沿袭了《管理心理学》的编排体系，足可见利维特的研究成果对管理心理学发展做出的贡献。

这一时期，已经有百余位工业心理学家活跃在理论研究和管理实践的第一线。管理心理学逐步成为重要的职业领域，许多企业开始聘用全职心理学家。同时，专业心理学咨询公司也应运而生。例如，西部电气、美西百货、宝洁公司等各类公司都从心理学咨询公司雇用心理学家，寻求管理心理学的专业服务。

管理心理相关理论的蓬勃发展，系统性著作的问世，职业化管理咨询公司的出现，这些都标志着管理心理学正式成为一门学科。

1.3.3　管理心理学的蓬勃发展

20 世纪 60 年代，社会系统理论、决策理论、系统理论等开始对管理心理学产生影响。这些理论强调组织是一个复杂的系统，由许多相互作用的元素组成。这一时期管理心理学出现了一些关于人的行为和决策的重要理论，具有代表性的有认知失调理论、归因理论、情感理论等。认知失调理论认为，当人们的信念、态度或行为与他们所拥有的信息不一致时，会引发认知失调。为了减少这种不愉快的感觉，人们会尝试改变自己的想法或行为，以保持认知的一致性。认知失调理论为研究关于人类认知和行为提供了新的视角。归因理论是关于人们如何解释自己和他人行为的理论，该理论为研究人类行为和决策提供了新的工具和方法。情感理论则为研究人类情感和情感调节提供了新的视角。

20 世纪 70 年代，管理心理学的研究重点逐渐转向组织行为和领导力。这个时期出现了许多重要的理论，如情境领导理论、组织行为学理论、心理契约理论、团体动力学理论等。情境领导理论关注的是领导者如何根据团队成员的能力和任务要求来调整他们的领导风格。而这一时期的组织行为学理论则主要研究组织内人的行为和互动，如动机、权力、沟通、冲突、组织文化和领导并试图解释组织内人类行为的原因、结果和过程。心理契约理论主要关注的是员工和组织之间的内部关系，包括期望、承诺、感知和互惠等元素。团体动力学理论试图理解和解释群体形成、发展和动态的过程。它包括一些重要的概念，如群体凝聚力、群体规范、群体目标和角色；主要研究团体和群体中的社会行为。

而这些理论的提出为管理心理学的发展提供了更加全面的框架和方法。总而言之，20世纪六七十年代是管理心理学发展的重要时期，除了研究内容逐步扩展以外，还有以下表现：一是研究队伍不断壮大，专业研究人员迅速增加。更多的社会学家、经济学家、政治学家加入研究队伍中，呈现出跨学科研究的态势。二是研究方法从单因素分析向多因素分析转化。不局限于对单一变量的分析，而是更多地注重对不同变量的综合分析。同时，研究方法越来越多样化，除传统技术外，还引进了项目反应理论、时间历史分析、案例研究等新的研究方法。三是研究领域更加广泛。管理心理学在企业、政府、非营利组织等领域，均得到了广泛的应用。这些应用为管理心理学的进一步发展提供了更加广阔的舞台和支持。

1.3.4　管理心理学的前沿理论

1. 组织的变革发展研究

在20世纪80年代之前，管理心理学研究比较集中在个体理论的探讨，在激励理论、群体行为和领导行为理论的研究上产生了大量理论。进入20世纪80年代，随着经济全球化的推进和世界经济结构调整，对企业重组、战略管理、管理决策技术与管理创新、跨国公司或国际合资企业管理的研究成为热点。目前，由于管理环境研究的复杂程度增加，促使研究的注意力转向整个组织层面，因为如果不从整体的角度来考察问题，不论是企业的结构调整、管理者的决策、员工的适应，还是跨国公司管理中的组织文化建设、各种激励政策的制订，都难以实现理想的管理目标。

2. 管理心理学中积极心理的研究

20世纪末，西方心理学界兴起了对人的积极心理的研究。学者们致力于研究个体自身的积极因素，通过激发人类内在的积极力量和优秀品质，帮助个体最大限度地挖掘自身潜力。在管理心理学中，积极心理的研究主要关注以下几方面：一是人的积极人格特质。其研究积极人格特质对组织绩效、员工满意度等的影响。二是积极主观体验的研究。其关注的是如何使企业中的大部分人获得积极的情绪及体验，从而更好地实现组织目标。研究个体对待过去、现在和将来的积极体验。在对待过去主要研究满足、满意等积极体验；在对待现在主要研究幸福、快乐等积极体验；在对待将来则主要研究乐观和希望等积极体验。三是关注积极社会环境的研究。其指出，当员工的周围环境和领导、同事提供最佳支持时，员工就最有可能对积极工作产生动力，从而为组织做出更大的贡献。

3. 管理心理学中跨文化问题研究

随着经济全球化的普及，企业的跨国业务及跨国企业的经营管理活动都有增长的趋势。管理活动中的跨文化情境越来越多。由于不同文化背景下人们的价值观、行为方式、沟通方式等方面都存在差异，在跨文化管理中，需要了解和适应不同文化背景，以便更好地实现跨文化沟通和合作。管理心理学中的跨文化问题主要涉及以下几方面：一是跨文化背景下员工的心理健康研究。跨文化背景下人们可能会面临文化适应的压力和挑战，这也会对心理健康产生影响。这就需要研究在不同文化背景下，人们的心理健康状况和适应能力，并提供相应的支持和帮助。二是文化差异对管理心理的影响研究。不同文化对个体行为的规范和期望不同，这会内化为个体的不同的行为准则。而行为差异会进一步导致在跨文化交流中产生误解和冲突，影响个体对异文化的适应性。三是文化差异还会对跨文化团队的效率和协调造成很大的影响。管理者应对异文化之间的差异深入了解，并尊重文化差异，妥善处理文化差异问题。

总之，管理心理学作为工商管理的主干课程及现代组织管理中的重要面向，其重要性日益显现。尤其我国正处于重新判断人的价值、改革经济和政治组织的转型时期，因此面临着众多挑战：全球化竞争、劳动力多元化、员工忠诚度减弱、老龄化趋势加重，信息技术的普及、AI技术的应用等导致组织结构发生变化，生活与工作的平衡、新型的雇佣关系、组织伦理道德体系的缺位、对产品质量和生产率要求越来越高……管理心理学可以为这些问题提供一些有意义的启示或线索。

1.4　管理心理学的研究方法

管理心理学的研究方法受心理学、管理学、社会学、社会心理学等相关学科的影响，其中受心理学的影响最大。心理学的发展为管理心理学的发展提供了知识和方法，这使得后者的研究发展变得迅速而有效。此外，社会学、管理学的研究方法也成为管理心理学的重要研究方法来源。本节主要介绍观察法、访谈法、问卷法和实验法。

1.4.1　观察法

观察法是一切科学研究的基本方法之一。"观察"是指带着明确目的，用自己的感官和辅助工具直接地、有针对性地了解正在发生、发展和变化着的社会现象。观察法强调"参与"，是一种"在场"资料收集方式，研究者必须深入研究对象的现场。"观察"并非简单的"用眼睛看"，而是指广义的了解，包括听、看、问、思，甚至还有体验、感受和理解等。作为一种研究方法，观察法是指研究者通过感官或借助一定的科学仪器，在一定时间内有目的、有计划地观察客观对象并收集研究资料，然后分析并推测客观对象的心理活动和行为规律的研究方法。

作为科学研究方法的观察法不同于日常观察，应具有目的性和计划性。在观察之前，研究者对观察对象、观察内容、观察方式和记录方式等，都要有详细的考虑和明确的规定，以便尽可能地收集到对研究课题有意义的经验事实材料。

根据观察中研究者的位置或角色，观察法可以分为参与观察与非参与观察两种：参与观察要求研究者深入研究对象的生活背景中，在实际参与研究对象日常生活的过程中进行观察；非参与观察强调研究者独立于研究对象的生活世界之外，完全不参与其活动，尽量不对群体或环境产生影响。

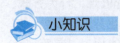 小知识

参与式观察

美国学者福塞斯曾描述了参与式观察的一个案例。在该案例中，调查者为了研究旅游

对农业生产和土壤环境所产生的影响，到泰国山民的乡村生活中体验生活。他们在去当地之前学习了一年泰语，而且得到了会泰语和英语的当地翻译的帮助。通过当地的一个开发组织，调查者能够确定关键的被调查者，并有机会住进村长家里。他们和这个大家庭共住一间大房子。调查者去过该地几次，共花了半年时间，逗留时间最长的一次为一个月。

调查者采用了定性和定量方法，最重要的信息来自定性的参与式观察和与村民之间的讨论。在每次调查逗留期间，调查者都要考察农业和旅游方面的活动，并详细询问一些关键的被调查者，还会组织相关群体的讨论活动。在等待了好几周以后，调查者才试图向关键的被调查者之外的其他村民提问调查，因为当地村民只有在确信调查不是出于评估非法活动的目的时，才愿意配合。

（资料来源：孙喜林. 管理心理学［M］. 人民邮电出版社，2022.）

观察法的优点有：第一，观察法通常是在现实情境中进行的，具有很强的客观性与真实性。第二，在实施观察法的过程中，观察者对研究对象不加任何干预和控制，其行为完全是自然的、真实的。第三，从总体上看，观察法收集的资料比较客观、全面和准确。第四，观察法简便易行，能够获得被观察者真实自然的心理和行为。

但观察法也存在一定局限性：第一，观察者始终处于被动地位，消极地等待被观察者行为的产生，费时费力。第二，观察者难以利用观察到的结果展开定量分析和因果推论，容易陷入主观主义的境地。观察所获得的结果只能说明"是什么"，而不能解释"为什么"。因此，由观察法所发现的问题，尚需用调查法、实验法进行研究，才能得到解决。第三，观察法的信度和效度都不高。第四，观察者在观察过程中难以始终保持客观、中立的立场，且通常会受到其他因素的限制。

1.4.2　访谈法

访谈的字面意思是"相互见面"。顾名思义，访谈就是研究者与研究对象相互见面，研究者"访问"研究对象，并与其进行"交谈"，对其"询问"以收集资料进行科学研究的一种活动。作为一种获取信息的方法，无论是在社会实践中，还是在科学研究中，访谈应用的频率都很高。

1. 访谈法的概念与特征

访谈法是指研究者通过与访谈对象进行口头交谈的方式来收集对方有关心理特征和行为数据资料的研究方法。作为社会科学研究中收集资料的一种重要方法，访谈法与其他的方法具有明显的区别和差异。总体而言，访谈法具有以下几方面的特征。

（1）访谈的目的性。访谈法与日常谈话有相似之处，都是进行面对面地交谈和沟通，但是两者又有着显著差别。日常谈话是一种非正式谈话，在很大程度上属于随意性的聊天，并没有明确目的。而访谈法是基于特定的调研课题而展开的一种社会调查方式，其目的是了解现状，获取信息。因此，访谈不是盲目地，而是一种有目的、有计划地围绕调研的主题而展开的正式谈话，针对性和目的性很强。当访谈对象的谈话内容偏离调研主题时，研究者要通过恰当的引导方式对其进行纠正，使访谈顺利进行，从而更好地获取所需资料。

（2）研究者与访谈对象的互动性。访谈法的实施过程虽然是由研究者来主导的，但并不意味着这是研究者对访谈对象的单向作用。在访谈中，一方面，研究者需要通过提问等方式作用于访谈对象；另一方面，访谈对象也会通过回答等方式反作用于研究者。在这种互动的过程中，研究者可以获取解释、提示、引导和追问的机会，从而可以探讨较为复杂的问题，使调查全面开展。尤其在面对面的访谈中，研究者可以从访谈对象身上了解更多非语言信息，观察其语气、眼神和肢体语言等，并以此来探析访谈对象的心理状态和鉴别其回答内容的真伪。如果研究者没有对访谈对象进行面对面访谈，访谈对象的这些隐藏的信息往往会失去表现的机会。因此，访谈法可以对访谈对象进行全面、深入地观察。

（3）适用范围广。从获取资料的类型来讲，研究者使用访谈法时不仅可以采用标准化的访谈方式获取定量分析材料，而且可以采用非标准化的方式获取定性分析材料。访谈法适用于各种人群，只要其具有正常的思维能力和一般的口头表达能力，就可以成为访谈对象。访谈法还可以克服问卷调查法回收率低的缺点，在访谈调查中，一些由于种种原因不愿在问卷调查中作答的调查对象，出于礼貌或者其他缘故却愿意向访谈员谈出他们对调查者需要调查的那些问题的观点、看法或意见、建议。

2. 访谈法的分类

可从不同角度将访谈法划分为不同的类型，如根据访谈涉及的人数多少可将访谈法分为个别访谈和集体访谈；根据访谈者与访谈对象接触方式的不同可分为直接访谈和间接访谈；根据访谈内容和过程有无统一的设计要求、有无一定的结构，可分为结构性访谈和非结构性访谈，等等。

（1）个别访谈和集体访谈。

个别访谈是指一对一的访谈方式，即研究者对访谈对象的单独访谈。访谈过程不会受到访谈外的第三者的直接影响，访谈员只要控制访谈环境，就能减少访谈对象内心的顾虑，使其畅所欲言。个别访谈能够就访谈对象对某一问题的潜在动机、信念、态度和情感进行了解。但个别访谈会耗费较多时间和精力，难以进行大规模的调查研究。

集体访谈是指由一名或数名研究者召集一些访谈对象到特定场合就需要调查的主题征求意见的调查方式。与个别访谈相比，集体访谈工作效率更高，能同时获取多个访谈对象的资料。通过集体访谈进行调查，可以集思广益、相互启发，将调查与研究紧密结合，访谈对象之间在思想的交流过程中往往能产生智慧的火花，找到解决问题的方法。同时，这也给集体访谈带来了困难，即无法完全排除访谈对象相互之间社会心理因素的影响。相应地，这也给研究者提出了更高的要求。

（2）直接访谈和间接访谈。

直接访谈又称为面对面的交谈，即研究者可以邀请访谈对象到事先安排的场合进行交谈，也可以深入实地访问。直接访谈能够就问题开展广泛探讨，了解访谈对象的观点、看法和见解，同时还能够观察访谈对象的表情、神态和动作等非语言信息，有利于判断访谈结果的可靠程度。直接访谈比较适用于题目太长，问题太多，题意较复杂的调查。不过直接访谈由于是访谈员与访谈对象面对面的双向互动，访谈员易于影响访谈的结果，因此，要注意保持客观、中立的提问与引导方式。此外，访谈法存在费时、费力、费财的缺陷。

间接访谈是研究者不与访谈对象直接见面，而通过电话、计算机等中介工具对访谈对象进行访问。电话访谈最容易接触到访谈对象，问卷回收率相对较高，可以对研究结果进行迅速分析，对于结果的真实性也有一定保障。电话访谈较为节约时间与经费，访谈时间的安排也较为灵活。对于一些不方便当面回答的问题，也可以采用电话访谈的方式。但电话访谈对于不使用电话的人无效，其适用范围有限。研究者无法实施现场控制，也无法观察到访谈对象的各种非语言信息，缺乏弹性与灵活度。另外，由于访谈时间通常较短，一般只能询问一些简单的问题，无法深入探讨相关问题。

（3）结构性访谈和非结构性访谈。

结构性访谈又称为标准化访谈，即按照统一的标准和方法选取访谈对象，通常采用概率抽样的方法。研究者按照预先设计好的问卷进行调查，题目既可以是开放式的，也可以是封闭式的，而对于后者，应预先设计好答案选项；必须严格按照问卷上的题目和顺序进行提问；提问时应尽量保持中性的语气语调；当访谈对象不清楚题目含义时，研究者只能重复题目，或者根据访谈手册中的统一口径对疑问做出解释；同时，对访谈对象的回答的记录方式也是完全统一的。结构性访谈组织比较严密，条理清晰，研究者易于对整个访谈过程进行控制，对研究者的要求相对较低；问卷的回答率和回收率都较高；结果比较容易统计和汇总；便于对不同访谈对象的回答进行对比分析。结构性访谈一般适合对事实只进行一般性的了解且规模较大的总体研究。

非结构性访谈也称为非标准化访谈。与结构性访谈不同，它不用事先制订统一的调查问卷，但仍有一个大致范围或根据范围细化后的问题大纲。访谈员按照粗线条的提问提纲进行提问，具体问题可以在访谈的过程中形成。至于提问的方式和顺序、对回答的记录、访谈时的外部环境等都不作统一要求，由访谈员灵活掌握。非结构性访谈比较适合探索性研究。访谈员可以通过灵活的提问方式了解新情况、新问题，有利于对社会问题进行较深入的探讨。对于个案研究，非结构性访谈也是较为理想的方式。个案研究一般希望对访谈对象有详尽的了解。访谈员可以根据访谈对象叙述的内容展开即兴提问，从而更多地获取信息。非结构性访谈有利于更好地发挥访谈员创造性的同时，对访谈者也提出了更高的要求，即能够控制环境，把握访谈的方向和进度，掌握较好的谈话方式和追问技巧。非结构性访谈的缺点是由于提问和回答的方式较为灵活，调查面较为广泛，难以对调查结果进行定量分析。

 【短视频】访谈法

结构性访谈还是非结构性访谈

霍桑工厂位于美国芝加哥西部，是一个制造电话交换机的工厂。到了20世纪20年代中后期，该工厂已经具备较完善的娱乐设施、医疗制度和养老金制度，但工人们仍经常抱怨，生产业绩也很不理想。为了找出原因，美国国家研究委员会组织研究小组对霍桑工厂展开实验研究，此研究被称为霍桑实验。霍桑实验共分为四阶段，分别是照明实验、福利实验、访谈实验和继电器装配室实验，其中的访谈实验由哈佛大学著名的心理学教授梅奥主持。

研究者在工厂中开始了访谈计划。此计划的最初想法是要工人就管理当局的规划和政策、工头的态度和工作条件等问题做出回答，但这种规定好的访谈计划在进行过程中却出现了意外，使研究者无法得出想要的效果。在访谈过程中，工人们想就工作提纲以外的事情进行交谈，认为重要的事情却并不是公司或调查者认为意义重大的事情。

当访谈者了解到这一点后，及时把访谈计划改为事先不规定内容，每次访谈的平均时间从 30 分钟延长到 1.5 小时，多听少说，详细记录工人们的不满和意见。该访谈计划持续了两年多。

在此期间，发生了一件非常有意思的事情。其中一位年轻的女性访谈对象向访谈者抱怨她的主管，抱怨和讨厌主管的原因是主管像她的继父。访谈者问她继父是什么样的人，她回答说继父是她最讨厌的人。访谈者又问她为什么继父会让她感到讨厌，她说继父总是批评她，指责她的行为，并且总是对她的表现提出更高的要求。访谈者进一步询问她主管是否也这样做了，她回答说主管确实也是这样，这让她感到非常不舒服。这次访谈的结果让访谈者非常意外，然而这样意想不到的访谈内容与结果是结构性访谈无法实现的。

访谈实验的结果是工人们长期以来对工厂的各种管理制度和方法有诸多不满，无处发泄，"谈话实验"使他们这些不满都发泄出来，从而感到心情舒畅，干劲倍增。宣泄和被人聆听后，员工心情舒畅，士气提高，使产量也相应得到了持续提升。

（资料来源：[美]乔治·埃尔顿·梅奥著，时堪译．工业文明中的社会问题[M]．机械工业出版社，2016．部分内容经过改编。）

1.4.3　问卷法

问卷法也称为问卷调查法，是研究者用统一、严格设计的问卷来收集与研究对象有关的心理特征和行为数据的一种研究方法。问卷是社会研究中收集资料的一种工具，也是研究者研究构想和经验现象的重要桥梁和纽带。

问卷调查常被用来探测、描述或解释社会行为、社会态度或社会现象。由于事物不是单独地存在于社会之中，在一次问卷调查中往往会包含很多问题，正是借助这些问题来发现变量之间的相互关系。

1. 问卷收集的方法

采用问卷法进行调查研究时，通常有多种问卷收集方法，常用的有面谈问卷、网络调查问卷、邮寄问卷等。

（1）面谈问卷。

面谈问卷是由面谈访问员根据问卷一一读出问题并根据被调查者的回答圈出答案，而后者是由被调查人自己阅读问题并圈出答案。面谈问卷的优点为：回收率较高，一般在 80% 以上；访问员可以控制填答情况，或当面解释被访者不清楚或有疑惑的地方，或对回答不清或笼统者进一步追问，可有效减少不回答或不知道等一类的回答；可以使用较长的问卷，因为一旦开始访问，被访者大多不会中途拒绝或中断调查。此外，访问员还可以通过观察环境来决定使用非语言的交流方式，以及视觉辅助工具。经过训练的访问员可以问所有类型的题目和复杂的问题，并可以广泛地开展深入访问。

面谈问卷的缺点是成本高。访问员的训练、交通费、监督以及人事成本可能非常惊人。访问员偏差在面谈中也是最高的，访问员的外貌、预期、问题措辞等都可能影响到被访者。因此，在招聘到面谈访问员后，要求他们必须衣着整洁、仪表大方，态度友好，给人留下较好的第一印象；访问员还要十分熟悉访问的内容，这样才能在必要的时候帮助被

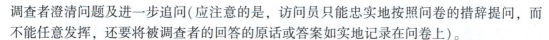

调查者澄清问题及进一步追问(应注意的是,访问员只能忠实地按照问卷的措辞提问,而不能任意发挥,还要将被调查者的回答的原话或答案如实地记录在问卷上)。

(2)网络调查问卷。

网络调查问卷是问卷调查人员或研究人员将问卷制作成电子文档,并通过网络形式将电子问卷发送给受访对象,由受访者按照相应要求填写,如电子邮件、微信、QQ 等。

这种调查的优点在于节约成本,省时省钱;可超越地理环境或国界的限制;所得的资料可以直接统计分析。其缺点是必须收集受访者的电子邮件地址或相应的网络联系账号,而且受访群体有限,因此,问卷结果的代表性无法确定,对受访者也有要求,要具备一定的计算机操作技能。另外,收集到的资料可信度差,可能是受访者随便填写的。

(3)邮寄问卷。

邮寄问卷就是研究者将所要收集的资料做成问卷,利用邮寄或其他方式送到受访者手中,并附上一个回邮信封,受访者填完后就可以直接寄回了。

邮寄问卷调查的第一个优点是节省成本,主要表现在:从调查队伍来看,一个研究者可以单独完成问卷;从调查费用上看,即使在制作邮寄问卷时使用高档的纸张、精致的说明信、挂号投递方式,其费用都比访问法低;同时,邮寄问卷的研究样本分布广,当我们想要调查的对象在区域上分布很广时,使用邮寄问卷可收到最快的效果;问卷可以同时寄给所有的调查对象,并且在一周以内,调查者就可以收到回复,而访问调查则必须陆续进行,往往要持续几个月才能完成。

这种方法的第二个优点是对调查对象来说比较方便。由于没有调查员在场,调查对象对自己身份的保密很放心,因此可能愿意回答社会上不受欢迎的或违反常规习俗的问题,这样可有利于更好地了解到真实的情况,还可以避免访问员与调查对象之间的偏见而影响问题的提出、回答、记录的准确性等。

邮寄问卷的第一个缺点就是回答率低,一般情况下,邮寄问卷的回收率达到 10% 就已经相当可观了,而寄回问卷的群体主要由那些能够取得联系并愿意回答问卷的人,而这个样本的代表性就可能成为问题。如何提高邮寄问卷回收率的问题总是困扰着研究人员。此外,回收速度也慢。相关研究表明,大部分的问卷在两周内会获得回复,其他的会在两个月后慢慢寄回。之后,即使进行几次催收,再次寄回的比例也很低。

邮寄问卷的第二个缺点是存在研究者无法控制填答的情景。问卷可能是大家聚在一起填的,也可能是由未被抽到的人完成的,由于调查者不能与调查对象直接接触,他就不能给予被调查者的填答以及时的督导,如调查对象的某一回答太模糊或太空泛而没有意义,调查者不能改变所问的问题,也不能进一步提问,同样,被调查者面对无法理解的问题时,也不能当场澄清,回答的误差可能较大,这些都可能影响资料的全面性与准确性。

邮寄问卷的第三个缺点是只有调查对象用言辞表述出来的信息,没有具体的环境做对照。而在访问调查时,访问员可观察被访者的非语言方面的行为,据此判断他的社会等级、性格特征等,这对后期的资料的分析是很有利的。

此外,邮寄问卷还有一些缺点,如回复的时间不好控制、不能使用较复杂的问卷等。

2. 问卷法的优点和局限性

问卷法有其他研究方法不具备的优点:第一,能用较少的投入、在较短的时间获取大量心理变量的数据。第二,问卷法能搜集到较为真实的材料,在大多数情况下,填问卷时既无人员监视，也不用署名，被调查者在填答一些不宜当面询问的敏感性、尖锐性和隐私性问题时不会产生顾虑。第三，问卷法以设计好的问卷为工具进行研究，目的性很强，可以有效获取量化资料，也可以用来研究被调查者的多种心理特征、行为和态度。

但同时，问卷法在使用时也存在一些局限：第一，研究者难以对问卷法所获得的数据给予正确可靠性的评定。第二，问卷设计具有规范、统一的特征，对所要调查的问题和备选答案都做了预先设定，被调查者只能对预定问题做出相应的回答，或对预定答案作某种选择，在一定程度上缩小了所获信息的容量。第三，问卷法是一种自陈式的数据获取方法，如果有些信息连被调查者自己都说不清楚，那么获取数据的有效性就会受到影响。第四，问卷的设计及数据处理需要研究者掌握相关的统计分析技术，如问卷题项设计、信效度检验、统计分析等。

1.4.4 实验法

《辞海》将科学实验规定为：根据一定的目的，运用一定的仪器、设备等物质手段，在人工控制的条件下，观察、研究自然现象及其规律性的社会实践形式，是获取经验事实和验证科学假说、理论真实性的重要途径。它包括实验者、实验手段和实验对象三要素。

按照实验进行的场所，可将实验法分为有实验室实验和现场实验两类。

1. 实验室实验和现场实验

实验室实验是通过建立一个完全人工的环境，研究者严格控制实验条件，从而研究人的心理活动和社会行为规律的方法。其特点是对研究的情境给予较高程度的控制，最大限度地突出重要因素，防止无关因素的干扰。研究者在采用实验室实验法时，必须精确操纵自变量、准确记录因变量，科学分析自变量和因变量的关系。实验室实验的优点是能够严格控制各种无关变量对实验结果的影响；缺点是具有很强的"人造"色彩，不能完全反映实际生活情境，在研究比较复杂的社会活动时一般不宜采用。实验室实验的结果在推广性、普遍性和概括性上往往较差。原因之一是较多的实验室实验都是以大（中）学生为实验对象，而他们与社会中的普通居民之间存在很大的差别。原因之二是实验室的环境与现实的社会生活环境之间的差别也很大。

现场实验是通过选择、采用一个真实的组织环境，通过设置一定情景所做的实验，目的在于发现和确定心理现象之间的因果关系及联系。研究者采用现场实验法进行实验时，必须得到实验场所组织和员工的支持和配合，而且要尽量排除其他干扰因素。现场实验的结果具有更大的实用价值，但是由于现实工作场所的具体条件比较复杂，对许多与实验无关的变量往往无法进行有效的控制和排除，因此，现场实验对研究者的技术要求更高，研究的周期也比较长。

无论使用哪种实验方法，都需要按照一定的步骤进行。首先，要进行实验设计，主要包括明确研究目的和假设，确定研究对象，并将其分为实验组和控制组，拟定实验程序。其次，进行实验时，主要观察和收集由自变量引发的心理现象（因变量）等方面的数据。最后，对从实验组和控制组获得的有关数据进行统计分析并得出结论，然后写出实验报告。

2. 实验法的适用范围

实验法本身的特点决定了它的适用范围。常见的适合用实验法研究的议题有两类。

第一类用于验证范围有限、界定明确的概念与假设。自然科学领域内的实验大多与此类似，追求的多是假设检验，是解释，而不仅仅是描述。

第二类用于研究小群体互动。这在心理学、社会心理学、管理学研究中是比较多见的，且比较容易获得成功。这类研究不必严格限制在实验室内进行，这样就有利于研究者考察真实情境下的社会、管理互动行为。

3. 实验法的优点

作为管理心理学研究中收集资料的一种重要的方法，实验法与其他方法相比，有自己的优势：第一，能够确立因果关系。实验法可以通过随机化地选择实验对象、建立实验组与控制组、引入和操纵实验刺激、进行前测和后测，最终通过比较和分析不同组间的前后测数据，达到令人信服地揭示出变量或现象之间的因果联系、验证理论假设的目的。这是实验研究方式最大的优点所在。第二，可重复性强。由于实验研究方式对实验条件、自变量以及因变量的严格控制，重复进行相同的实验时，实验结果应当也是相同的，这样就使实验研究更加可靠、准确，这也是为什么很多经典实验经常被重复的原因。第三，可控性强。实验法对研究对象、研究环境、研究条件等的控制能力较强，通过对实验条件、实验对象等的严格控制，可减少和排除各种外部因素和无关变量对实验结果的影响，从而使实验研究的可信度较其他研究方式更高。第四，经济成本较低。而实验法(尤其是实验室实验)由于其研究目的和方法的限制，参与实验的观察者以及实验对象数量、实验持续时间以及实验规模往往比较小，因此各项费用都比其他的社会研究方法低。

4. 实验法的局限性

实验法在适用中也存在一些局限性。第一，伦理道德及法律上的限制。实验研究为了保证因果推断的严格性，需要"孤立"或"净化"实验环境，以排除其他因素的影响。需要操纵和控制某些变量，需要人为地去改变某些变量的状态，而所有这些操纵、控制和改变一旦作用在人的身上时，就会遇到现实中的各种政治、伦理、道德限制。比如说我们不能为了研究恐慌状态下人群对政府的反应而制造恐慌。第二，对于一些无关变量的控制难度大。实验无关的各种因素和变量主要来自三个方面：实验环境、实验者、实验对象。无关变量对实验控制和实验正确性的影响非常重要。

1.5　数智化时代的管理心理学

1.5.1　大数据与管理心理学

随着大数据时代的到来，管理心理学的研究视角和研究领域不断更新和扩展，许多传统的管理心理学问题，都将能够借助大数据得到更准确、可视化的测量和呈现。例如，研究者可以借助大数据了解员工的网络使用情况，提取员工的网络行为特征，分析员工的心理特征和网络行为的关系；研究者可以借助大数据检测和评估员工的心理状态，能够及时发现不稳定因素，为人力资源管理提供科学、有效的应对方案，具体表现在以下几方面。

1. 大数据拓宽了管理心理学的研究广度

在大数据时代，一切事物都被数据化，管理心理学的研究视角和研究领域也得以不断拓展。在传统研究中，研究者需要花费大量时间成本，利用相当的人际优势方可获取大量员工心理数据，但在大数据时代，通过社交媒体、企业内部系统等途径，研究者相对较为便捷获取员工在工作中的心理状态、情绪变化、工作满意度等数据。通过这些数据，可以更深入地研究员工心理状态与其工作效率、绩效之间的关系，从而为企业提供更有效的管理策略。研究者也可以用量化的方式研究组织文化与员工心理健康之间的关系，从而为企业提供如何塑造积极健康的组织文化的建议。

2. 大数据增加了管理心理学的研究深度

在大数据时代，可以通过数据挖掘，深入分析个体和群体的心理特征和行为模式。李飞等（2016）利用大数据分析技术，建立了动态的个体心理健康状况的预估手段及追踪机制；能够帮助心理健康教育工作者更加客观地评价个体的心理发展；也能够为个体提供差异化的教育支持与服务。

3. 大数据创新了管理心理学的研究方法

在大数据时代，管理心理学研究方法不断创新，如数据挖掘、可视化分析等，使得研究更加科学、客观。例如，自从"获得感"一词被正式写入政府文件之后，迅速成为学术界热议的概念。周盛（2018）运用基于语义情感分析的数据挖掘技术，形成"主观—客观"获得感的关联性分析；运用基于社会网络分析的舆情研判技术，形成"数量—结构"获得感的可视化分析；运用基于多智能体系统的政策仿真技术，形成"过程—结果"获得感的迭代分析，不同的研究方法使"获得感"这一研究主题变得数字化、显性化。

4. 大数据优化了管理心理学的研究过程

在大数据时代，管理心理学研究过程更加优化，如通过数据分析和模拟实验，可以更好地预测个体和群体的行为反应。赵楠（2015）将网络大数据用于个体心理特征测量，提出了基于社会媒体用户的网络行为数据，建立并评估了个体人格、心理健康、主观幸福感等心理特征的预测计算模型。

由此可见，大数据时代的到来为管理心理学的研究提供了更广阔的视野和更多的可能性。利用大数据，我们可以更深入地研究员工心理状态、组织文化、领导力、人才测评等各个领域的问题，从而为企业提供更有效的管理策略和建议。

1.5.2　云计算对管理心理学的影响

继计算机和互联网出现之后，云计算是又一次革新。云计算是一种分布式计算，它是指利用网络"云"把巨大的程序分解为无数小程序，并用有多台服务器的系统分析和处理这些程序，然后把处理结果反馈到用户。在初期，它是分布式计算，对分发的任务进行处理，并合并计算处理的结果。因此，云计算又叫网格计算。利用这项技术，能够在几秒内处理完庞大的数据，实现强大的网络服务。云计算对管理心理学的影响主要表现在以下几点。

1. 云计算可以提高组织管理效率

云计算作为一种基于互联网的新型算法，能够将组织所需的各项资源进行整合和优化，从而为组织提供更加高效、便捷、低成本的服务。同时，云计算还可以提供更加灵活、可靠、安全的数据存储和计算服务，以帮助组织更好地应对市场变化和竞争挑战。再

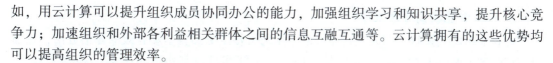

如，用云计算可以提升组织成员协同办公的能力，加强组织学习和知识共享，提升核心竞争力；加速组织和外部各利益相关群体之间的信息互融互通等。云计算拥有的这些优势均可以提高组织的管理效率。

2. 云计算可以促进组织创新与变革

云计算为组织提供了更加开放、自由、灵活的创新平台，可以帮助组织更好地实现技术创新、管理创新和结构创新等。这些创新可以为组织带来更多的机遇和挑战，从而对管理心理学产生更加深刻的影响，如企业采用云计算后，不仅可以改变基础信息架构部署方式，还可以促进 IT 流程的变化，也可以促进由 IT 支撑的业务部门及其工作流程发生改变，其虚拟化不受时间和空间限制的技术特点使各种生产和审批流程得以优化和便捷化。

3. 云计算可以改善员工的工作环境和心理健康

云计算为员工提供更加舒适、便捷、高效的工作环境，如云计算可以帮助开发交互式工作场所，通过通知工作场所设施的状态节省员工的时间；通过提供一种连接组织中不同员工和部门的媒介来确保有效的数字员工体验。同时，云计算还可以为员工提供更加健康、安全、可靠的数据存储和计算服务，从而帮助员工更好地保护个人隐私和数据安全，减少因数据泄露和安全问题带来的心理压力和负担。这些都可以改善员工的工作环境和心理健康，从而对管理心理学产生积极的影响。

1.5.3　人工智能环境下管理心理学的发展趋势

近几年，人工智能飞速发展。管理心理学对人工智能的研究主要集中在如何利用人工智能技术来提高组织的管理水平和绩效，以及解决人工智能带来的心理问题等方面。主要集中在以下几方面。

1. 人工智能使用过程中的员工及领导心理问题

研究者通过调查、实验等方法，了解了员工在使用人工智能辅助工具时的心理反应和行为变化，如员工担心自己的能力与技术能否跟上人工智能的发展，自己的工作是否将被机器人取代，从而造成心理压力和焦虑。对领导者而言，人工智能技术的快速发展使其担心自己公司的业绩落后于其他公司，从而造成焦虑和心理压力。在分析的基础上，研究者为人工智能辅助工具的设计和使用提供指导和建议，这将为人工智能作用在组织发展中的有效发挥提供学理借鉴。再如，在人工智能辅助决策中，可能会存在偏见和歧视等问题，组织管理者和研究者可以通过对决策过程的分析和控制，从而减少这些问题出现的概率。

2. 人工智能预测员工行为

基于人的行为和心理数据，通过模式识别和预测分析等技术，可以预测员工的离职意愿、工作满意度、绩效等，从而为管理者提供决策支持。如人工智能可以通过挖掘并分析员工的电子邮件、聊天记录、社交媒体帖子等文本数据，来获得员工的情绪、态度和行为等相关信息。例如，通过使用自然语言处理（NLP）技术，人工智能可以识别出员工对工作的满意度、离职意愿、绩效等关键指标，从而进行预测。再如，人工智能可以通过在线调查，收集员工对工作满意度、离职意愿和其他相关的指标的看法和感受，帮助企业更好地了解员工的心理状态。

3. 人工智能提高管理效率

在企业招聘的过程中，人工智能可以为招聘者提供更加科学和有效的评估方法，从而提高招聘的准确性和效率；在简历筛选中，人工智能可以利用 NLP 技术，根据关键词、技能、经验等条件对简历进行快速筛选和分类，大幅缩短了人工筛选简历的时间，从而提高了招聘效率。另外，人工智能也可以根据候选人的背景、技能、经验等信息，预测其在新职位上的表现，为人岗匹配提供有力支持。

在企业绩效评估中，人工智能可以通过自动化处理，减少人为干预和误差，提高绩效管理的效率和准确性。也可以通过对历史数据的分析，预测员工未来的绩效表现，为企业提供更客观、准确的绩效评估指标。

本章小结

管理心理学主要研究人们在工作过程中形成的内在心理状态和外在行为及规律，目的是提高管理者预测、引导、控制人的心理和行为的能力，旨在有效地实现组织目标。

管理心理学的研究内容主要包括三大部分：个体管理心理、群体管理心理和组织管理心理，这三个部分相互影响和制约，决定着管理心理学的形成和发展。管理心理学的学科基础包括心理学、社会学、人类学和管理学等学科。

1912 年，工业心理学之父明茨伯格创作了《心理学与工业效率》。该书系统地总结了早期管理心理学的思想和研究成果，论述了采用心理测验方法选拔合格员工的心理技术学问题。1958 年，美国斯坦福大学教授哈罗德·J.利维特出版了名为《管理心理学》的专著，它标志着管理心理学作为一门学科正式诞生。

数智化时代的主要表现有大数据、云计算和人工智能，大数据拓宽了管理心理学的研究广度、增加了管理心理学的研究深度、创新了管理心理学的研究方法、优化了管理心理学的研究过程；云计算在提高组织管理效率、促进组织创新与变革、改善员工工作环境与心理健康等方面发挥了重要作用；人工智能则在分析员工及领导心理、预测员工行为、提高组织管理效能等方面做出了贡献。

管理心理学中使用的方法很多，本章主要介绍观察法、访谈法、问卷法和实验法。

复习思考题

1. 什么是管理心理学？
2. 学习管理心理学有什么意义？
3. 管理心理学的学科体系包括什么内容？
4. 管理心理学中包含哪些学科基础？
5. 管理心理学是如何产生和发展的？
6. 数智化时代对管理心理学产生了哪些影响？

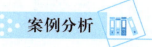

泛娱乐社交一代："95后"社交行为洞察报告

根据CNNIC提供的数据，2017年12月，我国社交网民规模近7.2亿，社交成为用户上网的核心诉求。社交应用由即时通信向综合性、娱乐化方向发展，种类和功能也越来越丰富。作为社交应用主力的"95后"，他们的社交诉求是什么？使用哪类社交产品？社交行为有哪些特点？

酷鹅用户研究院联合腾讯网产品研发中心，开展"95后"用户系列研究：

定量研究：线上问卷

本次调研通过酷鹅用户研究院用户社区、公众号等多渠道投放问卷，覆盖PC和移动端，根据CNNIC提供的中国网民结构对"95后"和"95前"用户按比例进行投放，共回收有效问卷13 530份。

定性研究：用户日志、深度访谈

历时一周通过用户行为日志对15名典型"95后"的生活及互联网产品的使用进行跟踪研究，并与30名"95后"进行深度交流，样本包括在校学生、在职人员，并涉及不同地域、不同兴趣领域的用户。

TGI指数说明：

TGI指数=(目标群体中具有某一特征的群体所占比例/总体中具有相同特征的群体所占比例)×标准数100

酷鹅核心洞察：

社交内容垂直化：对于"95后"而言，内容即是社交。"95后"在内容社交应用的使用上有着更高的偏好，使用过程中更多关注兴趣话题，获取垂直领域内容；同时，由优质内容带动个体关注的社交需求也更为明显。

社交玩法娱乐化："95后"乐于表达自己，喜欢尝试新鲜、趣味和个性化的互动形式，如在产品中引入弹幕、打赏、匿名评价等带有一定娱乐性质的新玩法，加入个性化元素，能够吸引"95后"使用。

社交匹配精准化："95后"乐于在"志同道合"的同辈群体中交流，注重社交产品的用户环境和交友体验感。在陌生人或匿名交友场景中，基于"95后"人群兴趣标签和性格特质，通过精准匹配的方式让他们找到同质群体，是提升"95后"交友体验的关键。

（资料来源：泛娱乐社交一代："95后"社交行为洞察报告 https：//www.sohu.com/a/239813497_286549）

问题和讨论：

1. "95后"产生社交行为的原因有哪些？

2. 组织管理者针对"95后"社会特征，应采取哪些更有效的激励措施？

第二章　个体心理与行为

🎯 学习目标

1. 掌握感觉、知觉与社会知觉的异同，了解影响知觉准确性的因素。
2. 掌握个体行为的一般规律：需要决定动机、动机决定行为。
3. 了解价值观对个体行为的影响。
4. 掌握能力的概念，了解个体的能力差异，探讨影响工作绩效的能力因素。
5. 了解归因理论及其在管理工作中的应用。
6. 掌握态度的内涵，了解态度与行为的关系及态度的测量方法。
7. 了解人格的内涵、气质的类型和性格分类，人格特质与组织绩效的关系；了解人格特质的测试方法，影响组织行为的主要人格特质，以及如何让人格与工作匹配。
8. 掌握意志的内涵并了解意志是如何影响行为的。
9. 了解兴趣的概念，明确兴趣与行为的关系。

📖 本章导读

　　个体是群体和组织的细胞，个体的心理与行为是群体心理与行为、组织心理与行为的基础。要研究个体的心理与行为，必须对人的本质——人性有明确的认识，了解人的需要、动机、行为之间的因果关系，还应对感觉、知觉、态度、人格、能力、兴趣、意志、情感等心理因素进行详细研究，它们是使个体心理与行为形成的原因和内在动力。

🔷 导入案例

乔布斯——有缺口的完美人生

　　完美是乔布斯喜欢的词语，是他毕生的追求、成功的秘诀。在产品设计上，乔布斯精

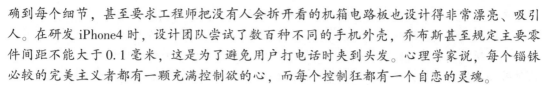

确到每个细节，甚至要求工程师把没有人会拆开看的机箱电路板也设计得非常漂亮、吸引人。在研发 iPhone4 时，设计团队尝试了数百种不同的手机外壳，乔布斯甚至规定主要零件间距不能大于 0.1 毫米，这是为了避免用户打电话时夹到头发。心理学家说，每个锱铢必较的完美主义者都有一颗充满控制欲的心，而每个控制狂都有一个自恋的灵魂。

一切从被收养开始

乔布斯从没有说过他具体哪年哪月哪天，以怎样一种方式知道了自己的身世。乔布斯的亲生父母在即将读研时生下了他，因父母无力抚养，他被一对蓝领夫妻收养，并取名史蒂夫·乔布斯。

在童年时，乔布斯是个爱哭、孤僻的孩子，若被同学欺负了，就躲在角落里悄悄地流眼泪，直到成为叱咤风云的"苹果帮"乔帮主后，他的不少工作伙伴仍然用"少言寡语""孤僻"来评价他，但成年后的乔布斯不再相信眼泪，他选择了一条更为坎坷的逃避之路。

1977 年，乔布斯 22 岁，苹果公司刚成立。但在这一年，乔布斯的女友布里南怀孕了。乔布斯不喜欢这个"惊喜"，建议她堕胎，但布里南不同意。1978 年，乔布斯的第一个女儿丽莎诞生，但他拒绝承认。即使亲子鉴定显示他的确是丽莎的亲生父亲，乔布斯仍然极力否认，甚至不惜牺牲自己的名誉和尊严，在法庭上说："我没有生育能力，不可能生出这个孩子。"直到 1980 年，乔布斯才承认了丽莎的身份。

那几年，没有人明白乔布斯究竟在想什么。他不承认丽莎，却又把新研发的电脑命名为"丽莎"。或许被亲生父母遗弃的乔布斯在用这种方式拒绝长大，他拒绝的不是丽莎，而是自己成为父亲的事实。

我是最重要的感觉

乔布斯也许永远也不会忘记自己是养子，这个从出生起就被抛弃的男人都追求着"我最重要"的感觉。

在苹果公司成立的那天，斯蒂夫·沃兹被推选为 1 号员工，而乔布斯则是 2 号员工。沃兹是乔布斯多年的合作伙伴，更是苹果电脑的设计者，即使如此，"2"的感觉仍然让乔布斯不满，于是他抗议一番后，给了自己一个让人觉得无奈又好笑的称呼：0 号员工。

乔布斯喜欢车，但从不给自己的车装上牌照，他"拉风"地对警察强调："我是名人，每天都会被人偷掉车牌，还不如不装。"乔布斯一度爱上一款保时捷手表，若有人夸他的手表好看，他就当场送给对方，过一会儿又"变"出一块戴在手上。原来这种价值 2 000 美金的手表，他一买就是上一箱，送出一块再戴上一块。对他来说，金钱是粪土，只要能引人关注，可以随便送出。

改变与控制

乔布斯表示，他是最重要的上帝，他可以改变世界，也可以控制世界。他做到了，他改变了全世界对科技的认知与审美，没有人能跟得上他超前的眼光和步伐，但前提是一切尽在掌握中。

乔布斯严格地控制着他创造的世界。他是个只吃鱼和其他素食的人，于是苹果公司的餐厅里就一直弥漫着豆腐的味道。保密是苹果公司最苛刻甚至带有侮辱性的公司政策：员工一旦泄密必遭解雇，哪怕是无心说漏嘴的；苹果公司内有无数摄像头监控着员工的工作情况；新产品必须蒙上黑布，揭开黑布时必须打开红色警示灯，甚至高管会故意在公司里散布错误的信息，用来测试是否存在泄密的可能性。

"控制"在苹果公司的产品上表现得淋漓尽致。苹果公司的产品缺少开放性和兼容性，永远是完美而封闭的；系统不开放，没有兼容的蓝牙设备，用户甚至不能自己动手更换电池。乔布斯用他的产品告诉用户：我可以给你最好的世界，但你必须放弃一切。

乔布斯对自己的舆论形象也严加控制。对于报道了自己诸多私生活的八卦记者，他禁止苹果公司的员工与其说话；未经他"官方授权"而撰写《乔布斯传记》的作者被他"封杀"。自 2008 年起，乔布斯的癌症恶化，他终于"授权"同意"官方"自传的采访和出版，这也许是他对死后舆论的最后的一次有效控制。

善解人意和粗野

乔布斯是全世界最善解人意的产品设计者。数十年来，"用户体验"一直是苹果最重要的追求目标，但乔布斯的善解人意很少惠及身边的人，他在生活中经常漠视他人的感受，是粗暴的自恋者。

27 岁时才与他相认的胞妹莫娜在第三部小说《一个凡人》中描写了一个抛弃女儿的自恋狂企业家，在小说中，这个企业家对他人的愿望和想法丝毫不关注，其人生目标是"这个星球因为他的诞生而从此改变"。大家都知道这位主人公的原型是谁。

乔布斯是个爱用"咆哮体"的老板，在公司里，他动辄怒吼道："你们这群笨蛋！"而"废物""饭桶"更是他经常用的词。

乔布斯的合作伙伴曾经这样评价他："在他的世界里，只有黑与白。"终其一生，乔布斯都像个孩子，被他"鉴定"为坏人的人，只有被羞辱、鄙视的份。

（资料来源：陈国海. 管理心理学［M］. 2 版. 清华大学出版社，2021.）

问题和讨论：

1. 请简要概括乔布斯的性格特征。
2. 乔布斯的性格对他的管理风格产生了哪些影响？
3. 为什么乔布斯能够让苹果手机风靡全球？

2.1 感觉与知觉

2.1.1 个体心理

个人所具有的心理现象称为个体心理，分为认识或认知、情绪或情感、个性或人格三个方面。

1. 认识或认知

认识或认知指人们在认识活动中获得知识信息与应用知识信息的过程，也叫作信息加工的过程，这是人的最基本的心理过程，它包括感觉、知觉、记忆、想象、思维和言语等。人脑受外界刺激输入的信息，经过头脑的加工处理，转换为内隐的心理活动，再进而支配影响人的行为，这个过程就是认知信息加工的过程，也就是认识过程或认知过程。

2. 情绪或情感

人在认识外界事物时，不仅能认知事物的属性、特征及其相互之间的关系，而且会产生对事物的态度，获得各种主观经验，这就是情绪或情感。情绪情感在认知的基础上产

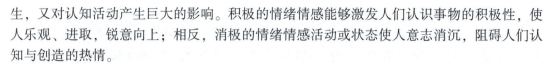

生，又对认知活动产生巨大的影响。积极的情绪情感能够激发人们认识事物的积极性，使人乐观、进取，锐意向上；相反，消极的情绪情感活动或状态使人意志消沉，阻碍人们认知与创造的热情。

3. 个性或人格

人的认识或认知、情绪或情感的活动过程中，还会形成各种各样的比较稳定的心理特性，造成人与人之间各种各样的心理差异。这些比较稳定且经常出现的心理差异，在心理学上称为个性心理特性或人格特征。个性心理特性包括能力、气质、性格和人格倾向性等，这是心理学研究对象的另一个重要方面。

【短视频】个体心理

2.1.2 感觉

1. 感觉的含义

感觉是直接作用于人的感觉器官的客观事物的个别属性或个别部分在人脑中的反映，包括视觉、听觉、嗅觉、味觉和触觉等。

(1) 感觉是事物直接作用于感觉器官而引起脑的反映结果。例如，光作用于视觉器官产生视觉，声音作用于听觉器官产生听觉，食物作用于味觉器官产生味觉，气味作用于嗅觉器官产生嗅觉等。

(2) 感觉是简单的认识过程，它反映的只是事物某一方面的特性或称个别属性。例如，一个苹果有颜色、香气、甜味、光滑等多种特性。而作为感觉，视觉只能看到颜色；嗅觉只能闻到香气；味觉只能尝到甜味；触觉只能感觉到光滑、软硬等。

感觉在人类的生活中具有非常重要的作用。首先，感觉是人们认识世界的开端。通过感觉，人们既能认识外界事物的颜色、亮度、气味、软硬等属性，也能认识自己机体的状态，如饥、渴等，从而有效地进行自我调节。借助感觉获得的信息，人们可以进行更复杂的知觉、记忆、思维等活动，从而更好地反映客观世界。其次，感觉是维持正常心理活动的重要保障。实验表明，若在动物个体发育的早期进行感觉剥夺，会使感觉功能产生严重缺陷，而人类也无法长时间忍受全部或部分感觉剥夺。感觉剥夺会使人的思维混乱，使注意力不能集中，甚至还会产生严重的心理障碍。

【短视频】感觉

2. 感觉的种类

根据所刺激的来源不同，感觉可以分为外部感觉和内部感觉。外部感觉是由机体以外的刺激引起、反映外界个别属性的感觉，包括视觉、听觉、嗅觉、味觉和肤觉。内部感觉是由机体内部的刺激引起、反映机体自身状态的感觉，包括运动觉、平衡觉和机体觉。

（1）外部感觉。

1）视觉。以眼睛为感觉器官，辨别外界物体明暗、颜色等特性的感觉叫视觉。光波的基本特性是强度、波长、纯度。与物理属性相对应，人对光波的感知也有三种特性：明度、色调与饱和度。

与光的强度对应的视觉现象是明度。明度是指由光线强弱决定的视觉经验，是对光源和物体表面明暗程度的感觉。如果我们看到的光线来自光源，明度来源于光源的强度。如果我们看到的是来自物体表面反射的光线，明度取决于照明的光源的强度和物体表面的反射系数。

与光的波长对应的视觉现象是色调。色调指物体的不同颜色。不同波长的作用于人眼引起不同的色调感觉。如700纳米的光波引起的色调感觉是红色，620纳米的光波引起的色调感觉是橙色，70纳米的光波引起的色调感觉是蓝色。

饱和度反映的是光的成分的纯度。例如，浅绿色、墨绿色等是饱和度较小的颜色，而鲜绿色是饱和度较大的颜色。

与光的时间特性对应的视觉现象是后像和闪光融合。视觉刺激对感觉器的作用停止后，感觉现象并不消失，还能保留短暂的时间，这种现象叫后像。例如，当我们注视亮着的电灯几秒后，闭上眼睛，眼前会出现一个亮着的灯的形象位于暗的背景上，这是正后像，下后像的品质与刺激物相同；随后可能看到一个黑色的形象位于亮的背景上，这是负后像。彩色视觉常常有负后像。例如，注视一个红色正方形1分钟后，再看白墙，上面将出现一个绿色的正方形。当断续的闪光达到一定的频率时，人们不会觉得是闪光，会得到融合的感觉，这种现象叫闪光融合。例如，日光灯的光线其实是闪动的，每秒闪动100次，但我们看到的却不是闪动的光线，而是融合。

2）听觉。声波振动鼓膜产生的感觉就是听觉。外界的声波经过外耳道传到鼓膜，鼓膜的震动通过听小骨传到内耳，刺激了耳蜗对声波敏感的感觉细胞，这些细胞通过听神经将声音传给大脑中的一定区域，就会产生听觉。引起听觉的适宜刺激是频率为16~20 000赫兹的声波，而低于16赫兹的振动是次生波和高于20 000赫兹的振动是超声波都是人耳接收不到的。接收声波刺激的感觉器是内耳的柯蒂氏器官内的毛细胞，当声音刺激经过耳朵传达到内耳的柯蒂氏器官内的毛细胞时会引起毛细胞兴奋，这种兴奋沿着听神经传达到脑的听觉神经中枢，这就产生了听觉。听觉器官对声波的反映表现为音高、响度和音色。

3）嗅觉。某些物质的气体分子作用于鼻腔黏膜时产生的感觉叫作嗅觉。

引起嗅觉的适宜刺激是有气味的挥发性物质，接收嗅觉刺激的感觉器是鼻腔黏膜的嗅细胞。有气味的气体物质作用于嗅细胞，细胞产生兴奋，经嗅束传至嗅觉的皮层部位（位于颞叶区），因此产生了嗅觉。

人的嗅觉受多种因素的影响，如刺激物的作用时间、机体生理状态、空气的温度和湿度等。例如，温度太高、太低，空气湿度太小，机体感冒等，都会降低嗅觉的敏感性。研究表明，嗅觉刺激可以唤起人们的记忆和情绪。芳香的气味可以使人心情好，提高工作效率。

4）味觉。可溶性物质作用于味蕾产生的感觉叫作味觉。引起味觉的适宜刺激是可溶于水或液体的物质，接收味觉刺激的感受器位于舌表面、咽后部和腭上的味蕾。

味蕾的再生能力很强，所以即使因为吃了热的食物烫伤了舌头，也不会对味觉有太大的影响，但是随着年龄的增长，味蕾的数量会减少，因此人的味觉敏感性也会逐渐降低。吸烟、喝酒会使味蕾加速减少，因而会加速味觉敏感性的降低。基本的味觉有酸、甜、苦、咸四种，其他味觉都是由这四种味觉混合而来的。舌尖对甜味最敏感，舌中对咸味最敏感，舌的两侧对酸味最敏感，舌后对苦味最敏感。食物的温度对味觉敏感性有影响。一般来说，食物的温度在 20~30 ℃时，味觉敏感性最高。机体状态也会影响味觉敏感性。饥饿的人对甜味和咸味比较敏感，而对酸味和苦味不太敏感。

不同的味觉对人的生命活动起着信号的作用：甜味是需要补充热量的信号；酸味是新陈代谢加速，食物变质的信号；咸味是帮助保持体液平衡的信号；苦味是保护人体不受有害物质危害的信号。

5）肤觉。肤觉是物体的机械、温度特性作用于皮肤表面而引起的感觉。接受肤觉刺激的感受器位于皮肤、口腔黏膜、鼻黏膜和眼角膜上，呈点状分布。肤觉的基本形态包括触压觉、温度觉、痛觉。其他各种肤觉是由这几种基本形态构成的复合体。

①触压觉。由非均匀的压力在皮肤上引起的感觉叫作触压觉。触压觉包括触觉和压觉。当机械刺激作用于皮肤表面而未引起皮肤变形时产生的感觉是触觉；当机械刺激使皮肤表面变形但未达到疼痛时产生的感觉是压觉。相同的机械刺激在皮肤的不同部位引起的触压觉的敏感性不同，如额头、眼皮、舌尖、指尖较敏感，手臂、腿次之，胸腹部、躯干的敏感性较低。

②温度觉。温度觉指皮肤对冷、温刺激的感觉。温度觉包括冷觉和温觉两种。冷觉和温觉的划分以生理零度为界限。生理零度指皮肤的温度，随着温度的变化而变化。温度刺激高于生理零度，引起温觉；温度刺激低于生理零度，引起冷觉；温度刺激与生理零度相同，则不能引起冷觉和温觉。人体不同部位的生理零度不同，面部为 35 ℃，舌下为 37 ℃，前额为 35 ℃，当温度刺激超过 45 ℃时，会使人产生热甚至烫的感觉，这种感觉是温觉与痛觉的复合。

③痛觉。痛觉是对伤害有机体的刺激所产生的感觉。引起痛觉的刺激很多，包括机械的、物理的、化学的、温度的以及电的刺激。痛觉对有机体具有保护作用。不仅是皮肤，全身各处的损伤或不适应会产生痛觉，痛觉既可以是外部痛觉，也可以是内部痛觉。痛觉常伴有生理的变化和情绪变化。皮肤痛定位准确；肌肉、关节痛定位不准确；由于内脏痛定位不准且具有弥散的特点，且影响痛觉的因素很多，我们可以通过药物、电刺激、按摩、催眠、放松训练、分散注意力等方式减轻痛觉。

（2）内部感觉。

1）运动觉。反映身体各部分运动位置的感觉叫运动觉。引起运动觉的适宜刺激是身体运动和姿势的变化，接受运动觉刺激的感受器位于肌肉、韧带、关节等的神经末梢，凭借运动觉，我们可以行走、劳动，还可以进行各种体育活动，完成各种复杂的运动技能；凭借运动觉和触觉、压觉等的结合，我们可以认识物体的软硬、弹性、远近、大小和滑涩等特性。

2）平衡觉。反映头部位置和身体平衡状态的感觉叫平衡觉。引起平衡觉的适宜刺激是身体运动时速度和方向的变化，以及旋转、震颤等，接受平衡觉刺激的感觉器是位于内耳的前庭器官，即椭圆囊、球囊和三个半规管。平衡觉的作用在于调节机体运动、维持身体的平衡。平衡觉与视觉、机体觉有联系。当前庭器官受到刺激时，视野中的物体仿佛在移动，会产生眩晕、恶心、呕吐等症状，如晕船或晕车等。

3）机体觉。机体内部器官受到刺激时产生的感觉叫机体觉。引起机体觉的适宜刺激是机体内部器官的活动和变化，接受机体觉刺激的感受器分布于人体各脏器的内壁，机体觉在调节内部器官的活动中具有重要的作用，它能及时地反映机体内部环境的变化、内部器官的工作状态。当人体的内部器官处于健康、正常的工作状态时，一般不会产生机体觉。机体觉表现形式有饥、渴、气闷、恶心、便意、性、胀、痛等。机体觉在调节内脏器官的活动中起着重要的作用，它能及时汇报体内的变化和内部器官的工作状态，使有机体能更好地适应环境，从而维持生命。

2.1.3 知觉的含义

知觉是直接作用于感觉器官的客观事物的整体属性或各个部分在人脑中的反映。

1. 感觉和知觉的共同点、区别与联系

（1）共同点：感觉和知觉都是直接作用于感官的当前事物在人脑中的反映，其所产生的主观映象都是具体的感性形象。

（2）区别：感觉是指人脑对客观事物个别属性的反映。知觉是指人脑对客观事物各种属性、各个部分及其相互关系的综合的整体的反映。

（3）联系：感觉是知觉的成分和基础，知觉是在感觉的基础上产生的。人们通过知觉，可以对事物产生整体与全面的认识。

感觉是有机体对客观事物个别属性的反映。我们看到一个苹果，说这个苹果是红的，对"红"的反映就属于感觉过程，而认识到这是一个"苹果"，则属于知觉过程。

 【短视频】知觉

知觉为什么对于个体行为那么重要？

人的行为是基于对现实的知觉（或我们认为看到的现实，而不是现实本身）反映。这个世界是我们知觉到的世界。不同的人对同一客观现实的知觉不同，导致其行为表现也存在差异。但知觉不等于外部现实，也不是对客体的绝对的镜像反映。

（1）世界中有许多东西我们知觉不到。

（2）我们知觉中的某些内容有时并非外在世界本身所具有的。

（3）我们的需要、期望、价值观等都影响知觉。

我们并没有看到现实，而是对自己所看到的物体做出解释，并称它为现实。

2. 知觉的特点

知觉的特点是具有选择性，即当人们感知外部事物时，能优先把知觉对象从背景中清晰地分离出来。

（1）影响知觉选择性的客观因素。

1）知觉对象本身的特征：鲜艳的颜色、醒目的标记、响亮的声音等均容易被人清晰地知觉。

2）对象与背景的差别：二者的反差越大，越容易被人脑识别。

3）对象的组合方式：对象在距离和形态上的接近更容易被人们视为整体觉，如图 2-1 所示。

图 2-1　杯子与人头像

（2）影响知觉选择性的主观因素。

1）兴趣：人们常常把知觉集中在自己感兴趣的事物上，而其他事物则作为背景，被排除在知觉之外。

2）需要与动机：能够满足人们需要，符合人们动机的事物，常被人们当作知觉对象。

3）个性特征：人们的个性、气质、性格特征都会对知觉产生影响，如多血质的人群对事物感知速度快，而抑郁质的人群则对事物感知细致入微。

4）经验：内行与外行对事物感知的深度有很大的差别。

5）环境与文化：不同的环境与文化背景，即使感知同类事物，也会有不同的评价。

（3）知觉的整体性是指人们可以根据经验，来按照事物的局部特征和个别属性去感知事物的整体。

1）接近率——空间、时间上接近的客体易被知觉为一个整体。

2）相似率——物理属性（强度、颜色、大小、形状等）相似的客体易被知觉为一个整体。

3）连续率——具有连续性或共同运动方向等特点的客体，易被知觉为同一整体（图 2-2）。

4）封闭性——在知觉中，过去的经验、知识可对当前知觉活动提供补充信息，把不完整的图形看作完整图形是一种知觉组织过程。

图 2-2　是桥还是船队？

（4）知觉的理解性是指当人们知觉某一对象时，可以根据自己的经验加深理解并对其做出解释（图 2-3）。

（a）　　　　　　　　　　　　（b）

（c）　　　　　　　　　　　　（d）

图 2-3　知觉的理解性

（a）你看到的是少女还是老妇呢？；（b）图中有多少匹马？；（c）你能找到其中的狗吗？；（d）你看到了什么？

（5）知觉的恒常性是指当知觉的条件在一定范围内发生某些变化时，映象仍然保持不变（图2-4）。

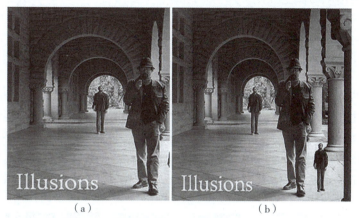

（a）　　　　　　　　　　　　　（b）

图2-4　知觉的恒常性

（a）示意一；（b）示意二

图2-5中是奇怪的大狗，还是奇怪的大小孩？在这两张照片中的主角都一样，一只狗和一位男孩，但是大小却因站的位置不同而有所区别，这是为什么呢？

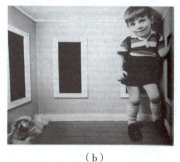

（a）　　　　　　　　　　　　　（b）

图2-5　奇怪的大狗，还是奇怪的大小孩？

（a）示意一；（b）示意二

（6）知觉定势：发生在前面的知觉直接影响到后来的知觉，产生了对后续知觉的准备状态，这种现象称为知觉定势（图2-6）。

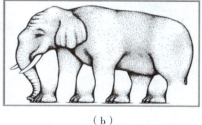

（a）　　　　　　　　　　　　　（b）

图2-6　知觉定势

（a）是男生吹喇叭还是女生的脸？；（b）大象有几条腿？

3. 知觉错觉

知觉并不一定都是完全正确的，也可能产生错觉。其原因是：

（1）知觉器官认识事物上的局限性，表现为视觉、听觉、嗅觉等感知上的局限性，如图 2-7 和图 2-8 所示。

图 2-7　知觉错觉(1)

图 2-7 中的两条等长线段经过加工后，可以让人产生知觉错觉。

（2）根据过去的经验，感知眼前变化了的事物。由于感知器官不适应外部条件的变化，反映迟钝和固守经验也能导致错觉。知觉错觉是一种消极因素，但如果运用得当，也能产生积极效果，可以广泛应用在视觉艺术（如放映电影、服装设计）领域。错觉的种类包括空间错觉、时间错觉、运动错觉、形重错觉、颜色错觉、大小错觉、形状错觉、方位错觉等。

（a）　　　　　　　　　　　　　　　　　　　（b）

（c）

图 2-8　知觉错觉(2)
(a)柱子是圆形的还是方形的?；(b)亲吻的情侣幻觉；(c)把整幅图旋转 90°可以发现其中的奥秘

(d)   (e)

(f)   (g)

图2-8 知觉错觉(2)(续)

(d)婚姻果真是爱情的坟墓吗？；(e)不信你不晕；(f)这是老人的脸，还是一对情侣在花圈锦簇的公园接吻？；
(g)荧光剂？窗口保护屏？飞跃的宇宙？

2.2 社会知觉

2.2.1 社会知觉

社会知觉是个体在社会环境中对他人(个体或群体)的心理状态、行为动机和意向(社会特征和社会现象)做出推测与判断的过程。它包括三方面内容：对人的知觉(包括对自己或他人的知觉)、对社会事件因果关系的知觉和对人际关系的知觉。

2.2.2 社会知觉的独特性

与对物的知觉相比，社会知觉的独特性表现在以下三方面：
(1)认知对象的独特性：社会知觉的主体可能同时还是社会知觉的对象。

（2）社会知觉加工过程的特殊性：知觉者的经验会严重影响社会知觉的过程与结果。

（3）对他人行为的期望会影响社会知觉过程：社会知觉的主客体能够理解彼此间的行为对对方的利害关系，知觉者和被知觉者都可以有意识地操纵和利用彼此。

2.2.3 影响社会知觉的因素

（1）认识对象的特点——该对象对认知者所具有的价值及其社会意义的大小（兴趣和爱好、需要与动机、知识与经验、个体特征）。

（2）当时的情境。

2.2.4 社会知觉误区

1. 第一印象效应（首因效应）

第一印象效应是指在有效交往中，社会知觉对象给知觉者留下第一印象对社会知觉者的影响作用。由于人们在心理上存在认知上的惰性，所以在对待他人的知觉方面，首次印象往往能给人留下深刻印象，产生心理定式。

 【短视频】首因效应

 小故事 1

2019 年 3 月的一天上午，林同学在去教室的途中看到一位姓刘的女同学，从此便魂不守舍、凤夜难寐、痴痴呆呆的，并且上课经常走神，大家说说这是因为什么？

2. 强大的第一印象效应（首因效应）

留给别人良好的第一印象，在人际交往中十分重要。

 小故事 2

一位心理学家曾做过这样一个实验：他让两名学生做对 30 题中的一半，但是让学生 A 做对的题目尽量出现在前 15 题，而让学生 B 做对的题目尽量出现在后 15 题，然后让一些人根据 A、B 两名学生的试卷对他们进行评价，比一比他们两人谁更聪明。结果发现，大多数参与评价的人都认为 A 更聪明一些。

 小故事 3

你一见钟情需多长时间呢？

英国赫福郡大学教授怀特曼进行了两项实验。第一项测试时，他让 100 名年龄为 22～45 岁的单身人士参与 10 次急速配对实验，以决定他们希望约会的对象。

结果表明，45% 的女性在 30 秒之内就能做出决定，而男士们却需要 90 秒才能做出决定。

在实验中，有一对男女在10次速配中都希望再次约会对方。怀特曼称，这对男女懂得如何发问有趣而古怪的问题。怀特曼说："男士问对方希望成为哪套电视比赛节目的参赛者，女士希望知道对方最喜欢的薄饼配料。"相反，过分阿谀奉承及自我吹嘘的套话会让其自食恶果，包括"我拥有计算机博士学位、我最喜欢的地方是你住的地方"等，都会让女士们感到厌烦。在第二项实验中，他让500人为一名30岁的男士凯斯寻找最理想的伴侣。凯斯要分别与4名单身女士进餐，而这500人只能凭4名女士的照片和简单介绍预测凯斯的意中人。

怀特曼发现，在4人中，26岁的护士雷最受欢迎，支持率达37%，但结果凯斯却选择了支持率只有23%的简。凯斯说："我每次在数分钟内就能做出决定，因为我与简交谈时感觉很自然，简与我见面时还轻吻了我的面颊，而其余三人只选择与我握手。"由此可见，自然交谈和额外的身体接触能够增加彼此的好感。

为什么对于同样的人，大家的第一印象可能会不一样呢？

因为第一印象具有主观性。警惕不要因为先入为主的第一印象导致了我们对别人的错误判断。因此，大家要学会在以后的人际交往中去验证（证实或者证伪）你的第一印象。

 小故事4

《三国演义》中庞统当初准备效力东吴，于是去面见孙权。孙权见到庞统相貌丑陋，心中先有几分不喜，又见他傲慢不羁，更觉不快。最后，这位广招人才的孙仲谋竟把和诸葛亮比肩齐名的奇才庞统拒之门外。尽管鲁肃苦言相劝，也无济于事。结论：以貌取人往往是不明智的。

 小故事5

东晋名士许允之妻阮氏，是阮德慰的女儿（人物背景：中国古代四大丑女——轩辕黄帝次妃嫫母、战国时齐宣王王后钟离春、东汉贤士梁鸿之妻孟光、东晋名士许允之妻阮氏）。

东晋名士许允娶了阮德慰的女儿为妻，洞房花烛之夜，许允发现阮家女儿容貌丑陋，匆忙跑出新房，从此不肯再进。后来，许允的朋友桓范来看他，对许允说："阮家既然嫁丑女于你，必有原因。"许允听了桓范的话，果真跨进了新房。但他一见妻子的容貌，拔腿又要往外溜，新妇一把拽住他。许允说："妇有'四德'（妇德、妇言、妇容、妇功），你符合几条？"新妇说："我所缺的，仅仅是妇容。而读书人有'百行'，您又符合几条呢？"许允说："我百行俱备。"新妇说："百行德为首，您好色不好德，怎能说俱备呢？"许允哑口无言。从此，夫妻二人相敬相爱，感情和谐。

如何留给别人良好的第一印象呢？

应做到衣着整洁大方，待人不卑不亢，显露自信和朝气蓬勃的精神面貌，且要讲信用、守时间和注意文明礼貌。

3. 晕轮效应

晕轮效应（以点概面）是指人们对他人的认识判断首先是根据个人的好恶得出的，然后从这个判断推论出认识对象的其他品质的现象。该效应的提出者是美国心理学家凯利

（H. Kelly）。人的某种品质或物品的某种特性给人以非常好的印象，在这种印象的影响下，人们对人的其他品质或物品的其他特性也会给予较好的评价。

晕轮效应又称为光环效应，它是一种影响人际知觉的因素。这种爱屋及乌的强烈知觉的品质或特点，就像月晕的光环一样，向周围弥漫、扩散。和光环效应相反的是恶魔效应，即对人的某一品质，或对物品的某一特性有坏的印象，会使大家对人的其他品质或物品的其他特性的评价偏低。

 **小故事 6**

百年润发

百年润发是周润发为数不多的广告中的精品，精品到他人无法企及，甚至自己都难以超越。他演绎的人物，十年前与女主角相依相恋，命运安排天涯远隔，十年后故地重游，竟与故人重逢。短短几分钟的广告，却是一幕人生的悲喜剧。周润发的演技可谓是出神入化：年轻相恋时的柔情似水，恋人离去后的怅惘凄凉，再游故地时的物是人非，与故人重逢时的如梦如幻。这一切都在周润发的眼神与举止中，尤其是最后那逐渐绽开的笑容，以无可比拟的魅力迅速征服了全世界。有人说，这个微笑是上帝之笑。百年润发广告播出当年，奥妮取得了公司发展史上最辉煌的胜利——年销售收入达到 8 亿元，市场占有率为12.5%，仅次于宝洁公司。奥妮成为业界和媒体心目中"国产洗发水"的翘楚。

人们往往用一些明显的品质和特点来掩盖其他品质和特征，以致影响对知觉对象本质的了解及全面正确评价，从而产生偏见。一俊遮百丑，一好百好，情人眼里出西施都是晕轮效应弥散的体现。

 小故事 7

《韩非子·说难篇》中有一个故事：卫灵公非常宠幸弄臣弥子瑕。有一次弥子瑕的母亲病了，他得知后就连夜偷乘卫灵公的车子赶回家去。按照卫国的法律，偷乘国君的车子是要处以刖刑（把脚砍掉）的，但卫灵公却夸奖弥子瑕孝顺母亲。又有一次，弥子瑕与卫灵公同游桃园，他摘了一个桃子吃，觉得很甜，就把咬过的桃子献给卫灵公尝，卫灵公又夸他有爱君之心。后来，弥子瑕年老色衰，不受宠了。卫灵公因不喜爱他的外貌而不喜爱他的其他品质了，甚至以前夸奖过的两件事，现在也成了"欺君之罪"。

4. 近因效应

近因效应是指在知觉过程中，最后给人留下的印象最为深刻，对以后该对象的印象起着强烈的影响。心理学的研究还表明，在人与人的交往中，交往的初期，即在延续期还生疏阶段，首因效应的影响重要；而在交往的后期，即在彼此已经相当熟悉时期，近因效应的影响更为重要。在现实生活中，近因效应的心理现象相当普遍。

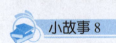 **小故事 8**

这人完全变了

张林与李萌是小学同学，一直是好朋友，非常了解彼此。可是，最近一段时间，李萌

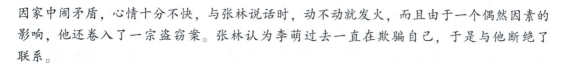

因家中闹矛盾，心情十分不快，与张林说话时，动不动就发火，而且由于一个偶然因素的影响，他还卷入了一宗盗窃案。张林认为李萌过去一直在欺骗自己，于是与他断绝了联系。

其实，这就是近因效应在起反作用。朋友之间的负性近因效应大多产生于交往中遇到与愿望相违背，或感到自己的善意被误解时，情绪多激动。在激动的状态下，人们对自己行为的控制能力和对周围事物的理解能力都会有一定程度的降低，容易说出错话、做出错事，产生不良后果。因此，遇事不发火，待心平气和后再理论。

5. 定型效应

定型效应(思维定式)是指人们在头脑中把形成的对某类知觉对象的形象固定下来，并对以后有关该类对象的知觉产生强烈的影响。例如，英国人有绅士风度、聪明、因循守旧、爱传统、保守；美国人民主、天真、乐观、友善热情；法国人爱好艺术、轻率、热情、开朗等。

定型作用，往往使人们对他人的认识形成脸谱化，妨碍人们对事物特殊性的理解，从而导致偏见。例如，女生一般不太擅长理科科目，而男生文科科目较差；女人比男人更擅长养育子女、照料人而且性格温柔；戴眼镜的人都是有知识的。

以上的判断你认同多少？

我们常把某些刻板的印象归于一个类别中的人，从而忽略了对他的深入了解。

6. 选择性知觉

任何人、物、事件的突出特点都会提高人们对它知觉的可能性。由于我们无法注意到周围发生的所有事情，只能进行选择性知觉。

7. 对比效应

人们的知觉往往受到参照物的影响，这会使知觉失真。

 **小故事9**

蜀汉后主刘禅真的乐不思蜀吗？

刘禅是蜀汉后主，字公嗣，又字升之，小名阿斗。刘备之子(非长子，刘备的长子是谁已不可考，但肯定是多次被吕布以及曹操俘虏)，母亲是昭烈皇后甘氏。三国时期蜀汉第二位皇帝，公元223—263年在位。公元263年，蜀汉被曹魏所灭，刘禅投降曹魏，被封为安乐公。

8. 投射效应

投射效应(与我相似效应)是指将自己的特点归因到别人身上的倾向，是指以投射效应度人，认为自己具有某种特性，别人也一定会有与自己相同的特性，把自己的感情、意志、特性投射到别人身上并强加于人的一种认知障碍。例如，一个心地善良的人会认为别人都是善良的；一个经常算计别人的人就会觉得别人也在算计他。

投射效应能使我们对别人的知觉产生失真。人们在对别人形成印象时，有一种强烈的倾向，就是假定对方和自己有相同之处，即"以己推人""以己之心，度人之腹"。比如，心地善良的人总不相信有人会加害于他；而敏感多疑的人，则往往会认为别人不怀好意。

投射使人们倾向于按照自己是什么样的人来知觉他人，而不是按照被观察者的真实情况进行知觉。当观察者与观察对象十分相像时，观察者会很准确，但这并不是因为他们的知觉准确，而是因为此时的被观察者与自己相似。因此导致他们的发现是正确的。投射效应是一种严重的认知心理偏差，而一分为二地去对待他人和自己，是克服投射效应的良方。

人们倾向喜欢与自己相似的人，它会使我们对其他人的知觉失真，即道不同不相为谋。

投射效应的表现形式主要有两种。

（1）感情投射，即认为他人的好恶与自己相同，把他人的特性强行纳入自己既定的框框中，按照自己的思维方式加以理解。例如，自己喜欢某一事物，跟他人谈论的话题总是离不开这件事，不管他人是不是感兴趣、能不能听进去。如若无法引起对方共鸣，就认为是对方不给面子或不理解自己。

（2）认知缺乏客观性，例如，有的人对自己喜欢的人或事越来越喜欢，越看优点越多；对自己不喜欢的人或事越来越讨厌，越看缺点越多。因此，表现出过分赞扬和吹捧自己喜欢的人或事，过分指责甚至中伤自己所厌恶的人或事。这种认为自己喜欢的人或事是美好的，自己讨厌的人或事是丑恶的，并且把自己的感情投射到这些人或事上进行美化或丑化的心理倾向便失去了人际沟通中认知的客观性，从而导致主观臆断并陷入偏见的泥潭。

 【短视频】投射效应

 小故事 10

宋代著名学者苏东坡和佛印和尚是好朋友。一天，苏东坡去拜访佛印，与佛印相对而坐。苏东坡对佛印开玩笑说："我看你是一堆狗屎。"而佛印则微笑着说："我看你是一尊金佛。"苏东坡觉得自己占了便宜，很是得意。回家以后，苏东坡得意地向妹妹提起这件事，苏小妹说："哥哥你错了。佛家说'佛心自现'，你看别人是什么，就表示你看自己是什么。"

 小故事 11

心理学家罗斯做过试验来研究投射效应，他在80名参加实验的大学生中征求意见，问他们是否愿意背着一块大牌子在校园里走动。结果，其中48名大学生同意背牌子在校园内走动，并且认为大部分学生都会乐意背，而拒绝背牌子的学生则普遍认为只有少数学生愿意背。可见，这些学生将自己的态度投射到其他学生身上了。

"以小人之心度君子之腹"就是一种典型的投射效应。当别人的行为与我们不同时，我们习惯用自己的标准去衡量别人的行为，认为别人的行为违反常规；喜欢嫉妒的人常常将别人行为的动机归纳为嫉妒，如果别人对他稍不恭敬，他便觉得别人在嫉妒自己。

小故事 12

在一家出版社的选题讨论中，出现了这样一种有趣的投射效应现象。

编辑们分别列出他们认为最重要的一个选题为：

编辑 A 正在参加成人教育以攻读第二学位，他选的是"怎样写毕业论文"。

编辑 B 的女儿正在上幼儿园，她的选题是"学龄前儿童教育丛书"。

编辑 C 是围棋迷，他的选题是"聂卫平棋路分析"……

心理学研究发现，人们在日常生活中常常不自觉地把自己的心理特征(如个性、好恶、欲望、观念、情绪等)归属到他人身上，认为他人也具有同样的特征，如自己喜欢说谎，就认为他人也总是在骗自己；自己自我感觉良好，就认为他人也都认为自己很出色……心理学家们称这种心理现象为"投射效应"。

由于投射效应的存在，我们常常可以从一个人对他人的看法中来推测这个人的真正意图或心理特征。

2.2.5 社会知觉与管理

1. 社会知觉对人员聘用的影响

人员聘用中，首因效应常常发挥重要影响。被知觉者应当学会利用知觉偏见，给管理者留下良好印象。

2. 社会知觉对决策的影响

由于决策者的特性(功利型、人权型、公正型)各异，对决策目标、需求的理解不同，不可能做到完全理性决策。而在直觉决策中，知觉往往是决定性因素。

3. 社会知觉对人员绩效期望的影响

根据心理学中的皮革马利翁效应可知，管理者对其下属的期望值越高，他们完成工作的成果就越突出。

小故事 13

皮革马利翁效应

传说古希腊塞浦路斯岛有一位年轻的王子，名叫皮革马利翁，他酷爱艺术，通过自己的努力终于雕塑了一尊女神像。他对于自己的得意之作爱不释手，整天含情脉脉地注视着这尊女神像。天长日久，女神竟神奇般地复活了，并乐意做他的妻子。这个故事蕴含了一个非常深刻的哲理：期待是一种力量，而这种力量被心理学家称为皮革马利翁效应。

皮格马利翁效应告诉我们，对一个人传递积极的期望，就会使他进步得更快，发展得更好。反之，向一个人传递消极的期望则会使他自暴自弃，从而放弃努力。

2.3　个性与行为

2.3.1　个性概述

1. 个性的定义

个性开始是指演员所戴的面具，后来指演员——一个具有特殊性格的人。一般来说，个性在西方又称人格。个性在心理学中的解释是：一个区别于他人的，在不同环境中显现出来的，相对稳定的，影响人的外显和内隐性行为模式的心理特征的总和。

2. 研究个性的意义

(1)认识个性心理规律，合理安排，人尽其才。

(2)利用个性差异，采用合理的激励手段，实现最佳管理。

(3)根据个性特点，因材施教，培育人才。

(4)重视个性特征，但注意个性特征不决定成就大小。

3. 个性的特点

(1)独特性：个性的独特性又叫差异性，是指任何一个人的个性心理与他人不同的独有的特点。每个人都有不同于他人的能力、气质、性格、需要、动机、兴趣等。就如同世界上无法找到两片完全相同的树叶一样，我们也很难找到个性完全相同的两个人。

(2)稳定性：稳定性是指个体经常表现出来的特点，是个体一贯的行为方式总和。"江山易改，本性难移"就是个性稳定性的表现。一个人的某种个性一旦稳定下来，要改变是较为困难的。人的个性不是一朝一夕形成的，而是在长期的社会生活中逐渐形成的，因此它一经形成就比较稳定，表现为一个人典型的行为特点。

(3)整体性：个性是一个整体，个性中的各个要素不是孤立存在的，而是一个交互作用的整体，相互联系、相互渗透。例如，一个活跃的人，在认知、情感、意志等方面都会表现出与活跃相协调的特点，如活泼好动，情绪、情感易波动、变化，意志力不足等。如果其中一些要素发生变化，其他要素也将发生变化。

(4)功能性：个性是一个人生活成败、喜怒哀乐的根源。正如人们常说的"性格决定命运"，即个性决定了一个人的生活方式，有时甚至会决定一个人的命运。

4. 影响个性发展的因素

(1)先天的遗传素质是个性形成和发展的物质基础和基本前提。

遗传素质是个体从父母处继承下来的解剖生理结构，特别是高级神经系统的类型特征，这是人的个性形成和发展的物质基础和基本前提。遗传素质是个性形成和发展的影响因素，但是遗传素质并不起决定性作用。

(2)社会因素是个性形成和发展的重要条件。

人是具有社会性的高级动物，每个人都是社会人。一定的社会条件所形成的文化对个性的形成和发展会产生直接且重大的影响。在影响个性形成和发展的众多社会因素中，家庭环境、学校教育和社会环境是最直接的、最重要的影响因素。

1)家庭环境。家庭是社会的"细胞"，是个体生活的场所。在人格形成的关键期——儿童期和青年早期，个体家庭生活的时间约占个体全部生活时间的三分之二。家庭中成人(特别是父母)的生活经验、价值观念、行为方式等都可以通过言传身教或其他潜移默化的方式影响个体个性的形成与发展。父母是子女模仿的对象，因此，父母本身的个性特征也通过言传身教直接影响子女的个性。例如，父母情绪易失控，其子女的自控能力也比较差。

子女的个性与父母相似，不仅是由于遗传素质的影响，家庭环境与家庭教育的深刻影响也起着非常重要的作用。俗话说得好：有其父必有其子，这说明家庭教育会深深地影响个体的个性。心理学研究表明，父母的教养方式、榜样作用等，会在相当程度上决定个体个性发展的总体趋势。

帕金斯曾把家庭比喻为"制造人格的工厂"，一方面，家庭把遗传基因传递给后代；另一方面，家庭是最早向子女传授社会经验的场所。例如，家庭所处的经济与社会地位、父母对子女的教养态度和教养方法、家庭成员之间的相互关系以及子女在家庭中的地位等，对于子女个性的形成和发展有很大的影响。

2)学校教育。学校是仅次于家庭的、对个性形成和发展具有显著影响的社会组织。在个性的形成和发展过程中，学校教育起着至关重要的作用。学校生活时期是一个人的个性形成和发展的主要时期。例如，在学习文化知识的过程中，学生能够正确树立自身的价值观和人生观；在参与集体活动的过程中，学生的责任感和义务感不断增强，这有助于培养他们热爱集体、关心他人的优秀品质。在教师与学生的互动过程中，教师的一言一行、一举一动、思维方式和待人接物的态度等都强烈影响着学生的智慧、情感和意志品质的发展，影响着他们的生活，也影响着他们的个性。另外，学生在学校中与同学结成的伙伴关系也会影响其个性的形成和发展。例如，在与同学交往的过程中，学生能够得到他人对自己的评价，这对于规范自身行为、认识自身所扮演的角色具有非常重要的意义。

3)社会环境。不同的国家和地区的经济发展水平、政治法律制度与文化特征，如语言文字、道德理想、价值观念、生活方式及风俗习惯对人的个性都具有重要影响，这些因素会在人的个性上打上不同的烙印。

小故事14

孟母三迁

孟子在很小的时候，父亲就去世了，母亲一个人抚养他。刚开始，他们住在墓地旁边，孟子就和邻居的小孩一起学着大人跪拜、哭嚎的样子，玩起办理丧事的游戏。孟子的母亲看到了，就皱起眉头："不行！我不能让我的孩子住在这里了！"孟子的母亲就带着孟子搬到市集旁边去住。到了市集，孟子又和邻居的小孩学起商人做生意的样子。一会儿鞠躬欢迎客人、一会儿招待客人、一会儿和客人讨价还价，表演得真实极了！孟子的母亲知道了，又皱皱眉头："这个地方也不适合我的孩子居住！"于是，他们又搬家了。这一次，他们搬到了学校附近。孟子开始变得守秩序、懂礼貌、喜欢读书。这个时候，孟子的母亲很满意地点着头说："这才是我儿子应该住的地方呀！"

(3)社会实践是个性形成和发展的主要途径。

遗传和环境对人的个性形成和发展至关重要，但无论是遗传，还是环境都不能简单地决定人的个性形成和发展；人在特定的环境下所从事的社会实践是其个性形成和发展最直接的决定因素。在社会实践中，个体扮演着特定的社会角色，接受一定的任务，承担一定的社会责任，个体只有适应社会环境才能顺利地生活和发展，这就在一定程度上促进个体形成符合社会要求的态度体系、行为方式、工作和生活能力等，即促使个体努力塑造和发展自己的个性品质。

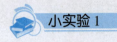 **小实验 1**

个性内向的人，"假装"外向会更快乐吗？

个性的内向与外向本无对错，但在主流文化中，与个性有关的形容词常常更具表扬意味。从心理学的角度来看，性格特征与人们的幸福感有关系。研究表明，性格内向的人如果"假装"外向，会感觉更加快乐。

上述结论来自一项前所未有的研究，该研究要求参与者在较长时间内像外向者那样行事。研究人员要求 123 名参与者在一周内，超越自我意愿参加活动，像外向者那样为人处世；在另一周里，研究人员要求这些参与者像内向者那样行事。

性格外向（包括"强制外向型"）的好处过去曾报道过，但这些研究通常只持续较短时间。在一项研究中，研究人员要求一些乘客在火车上与陌生人交谈，对照实验组则被要求沉默，结果是与人交谈者的体验报告结果更加积极。

加州大学里弗赛德分校的研究人员索尼娅·柳博米尔斯基希望延长这种"虚假"的外向性的存在时间，以验证这种行为是否会带来幸福感。

柳博米尔斯基说："研究表明，对很多人来说，改变社会行为是可以实现的目标，外向的行为方式会增进幸福感。"柳博米尔斯基是一位心理学家，也是该研究报告的合著者之一，这份研究报告发表在《实验心理学杂志·综合》期刊上。

"外向"在美国文化中是一种受到褒奖的个性特征，这也是该研究面临的最初挑战，即假定外向的个性特征是好的，相比"沉默寡言""安静""保守"，很多同外向有关的形容词比同内向有关的形容词更有表扬意味。

接下来，研究人员告诉"表现内向"组和"表现外向"组的参与者，他们在此前的研究中发现，每种行为方式都是有益的。最后研究人员让参与者尽可能变得"健谈""坚定自信""自发"，之后研究人员又让同一组参与者保持"深思熟虑""安静""保守"。研究人员每周三次通过电子手段提醒参与者改变行为方式。

研究人员使用多种方式衡量了参与者的幸福感，参与者在外向行为周后表示感觉更加幸福，而在内向行为周后表示幸福感降低。有趣的是，"假装"外向的人没有报告不适或不良反应。

柳博米尔斯基说："结果表明，人为增加外向行为可以极大提升幸福感，人为操纵个性相关行为长达一周或许比过去预想的更容易，而结果可能非常好，令人感到意外。"

研究人员表示，未来有关这一问题的实验可能会改变一些变量，之前的参与者是大学生，其在改变习惯方面来讲可塑性较强。柳博米尔斯基还表示，"假装"外向带来的改变可能会在更长的研究周期显现。

（资料来源：中国日报网 2019-09-20）

2.3.2　气质

1. 气质的意义

气质是指人们常说的脾气和秉性，表现在情绪和行动发生的速度、强度、持久性、灵活性等方面的动力性的个体心理特征。例如，一个人的反应快慢、情绪的活泼与安静、注意力的长短都是气质的表现。

希波克拉底在《论人的本性》中将人的气质分为胆汁质、多血质、黏液质、抑郁质四种类型。

2. 气质的生理基础

（1）高级神经活动类型学说。

巴普洛夫根据神经系统在兴奋和抑制中的强度、均衡性、灵活性三个特性将高级神经活动划分为以下四种类型：强而不平衡的类型（兴奋型）；强、平衡而灵活的类型（活泼型）；强、平衡而不灵活的类型（安静型）；弱而不平衡、不灵活的类型（抑制型）。

小实验 2

条件反射

伊万·巴甫洛夫（1849—1936），俄国著名生理学家，早期主要从事血液循环生理学研究，后来转向消化生理学领域，在消化器官的神经控制方面取得了多项成果，发明了慢性实验外科法。1902 年起，他又在消化生理学研究成果的基础上开始研究大脑和高级神经活动和行为生理学，发现了条件反射。

条件反射的实验主要任务是教会狗在听到铃声后做出分泌唾液的反应。巴甫洛夫给狗做了一个简单的外科手术，使自己可以精确测量出狗所分泌的唾液量。当他把一片肉放在狗面前时，狗的唾液分泌量明显增加。当他藏起这片肉只是摇铃时，狗并不会分泌唾液。然后，当巴甫洛夫将肉和铃声结合起来，即让狗在每次得到食物之前都会听到铃声，并反复数次。于是，狗听到铃声后就立即开始分泌唾液。

后来，狗即使只听到铃声而没有得到食物，也会分泌唾液。事实上，狗已经学会了一种新的反应，即听到铃声后分泌唾液。

食物是无条件刺激物，它必然会使狗做出某种具体方式的反应。只要无条件刺激物出现，这种反应就会发生，因此，这种反应称为无条件反应（在这一实验中，这种反应为唾液分泌量的明显增加）。铃声是人工刺激物，或称条件刺激物。它原本是中性的，但食物（无条件刺激物）与铃声多次匹配之后，最终可以使条件刺激物单独出现时也产生反应。最后一个概念为条件反应，它描述的是狗的行为，即在仅有铃声时也产生唾液分泌反应（图 2-9）。

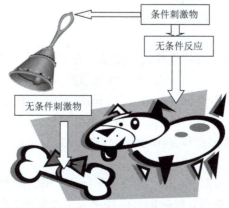

图 2-9 条件反射实验示例

条件反射的学习：建立条件刺激与无条件刺激之间的联系（图2-10）。

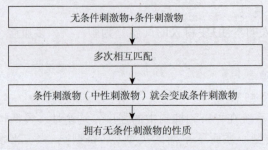

图 2-10　建立条件刺激与无条件刺激之间的联系

（2）激素理论。

伯曼根据腺体发达程度、激素分泌水平，把人的气质分为甲状腺型、垂体型、肾上腺型和性腺型四种类型。

3. 气质类型

巴甫洛夫认为，兴奋型相当于胆汁质，活泼型相当于多血质，安静型相当于黏液质，抑制型相当于抑郁质（表2-1）。

表 2-1　四种气质类型

气质类型	神经过程	行为表现
胆汁质（兴奋型）	强，不平衡，不灵活	精力充沛，兴奋性行为反应，敏捷而迅速，情绪的抑制较弱，行为外倾性明显
多血质（活泼型）	强，平衡，灵活	精力充沛，行为反应灵活而敏捷，行为的外倾性明显
黏液质（安静型）	强，平衡，不灵活	有精力，行为反应迟缓，情绪易抑制，行为内倾，对兴奋性行为的改造较为容易
抑郁质（抑制型）	弱，不平衡，不灵活	感受性很强，精力较为不足，行为细致，带有刻板性，行为内倾，对行为的改造较难

（1）胆汁质。

胆汁质气质的人脾气暴躁，好挑衅，态度直率，活动精力旺盛。他们能够以极大的热情投身事业，埋头工作，能够克服在达到既定目标道路上的重重困难。但是，一旦精力消耗殆尽，这种人往往会对自己的能力失去信心，情绪低落下来。

（2）多血质。

多血质气质的人最突出的特点是热忱和有显著的工作效能。他们对自己的事业有着浓厚的兴趣，并能保持相当长的时间。这种人有很高的灵活性，容易适应变化了的生活条件，善于交际，在新的环境里不感到拘束。他们精神愉快，朝气蓬勃，但是一旦事业不顺利，或需要付出艰苦努力时，其热情就会大减，情绪容易波动。这种人大都机智敏锐，能较快地把握新事物，在从事多变和多样化的工作时，成绩卓著。

（3）黏液质。

黏液质气质的人表现为安静、均衡，始终是平稳的、坚定的和顽强的。这种人能够较好地克制自己的冲动，能严格地遵守既定的生活规律和工作制度。他们态度持重，交际适度。他们的不足之处是其固定性有余而灵活性不足。但这种惰性也有积极的一面，可以保持从容

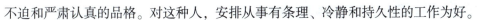

不迫和严肃认真的品格。对这种人，安排从事有条理、冷静和持久性的工作为好。

(4)抑郁质。

抑郁质气质的人的突出特点是具有高度的敏感性，因而最容易受到挫折。他们比较孤僻，在困难面前优柔寡断，在面临危险情势时会感到极度的恐惧。这种人常常为微不足道的缘由而动感情。他们很好相处，能胜任别人的委托，能克服困难，具有坚定性。

补充资料1：气质血型说。

此学说在日本比较有影响，由日本学者古川竹二提出。古川竹二认为：A型血的人消极保守、焦虑多疑、冷静但缺乏果断，富于情感；B型血的人积极进取，灵活好动、善于交际，爱说寡信，多管闲事；O型血的人胆大好胜，自信、坚强，爱支配人；AB型血的人，外表与B型血的人相似，内在却与A型血的人相似。

其实人的血型不止这几种，在实际生活中血型相同而气质类型不同，或者气质相同而血型不同的现象并不少见，所以血型说是缺乏根据的。

补充资料2：气质体型说。

20世纪20年代，德国心理医生克雷奇米尔根据自己的临床经验发现，病人所犯精神病的种类和他的体型有关。躁狂抑郁症多是矮胖型的；精神分裂症多是强壮型或发育异常型。他认为正常人和精神病人之间没有质的区别，只有量的区别。所以，我们可以根据人的体型特征来预见他的气质特点。

美国医生谢尔顿在20世纪40年代提出，人的体型由胚叶型决定的，因此，胎儿的发育就决定了他的气质体型。

补充资料3：不同气质类型的人在行为上的差异。

不同气质类型的人对待同一件事情，其态度和处理方法迥然不同。国外有人研究具有上述气质类型的人是如何对待看戏迟到这件事情的。

胆汁质的人与剧场门卫争执起来，企图进到自己的座位上去(按规定迟到者应在幕间入场，以免影响别人)。他争辩说，戏院的时钟走快了，他不会影响别人，打算推开门径直跑进去。

多血质的人立刻明白，门卫是不会放他到座位上去的，但自己可以找一个适当的办法溜进去。

黏液质的人看到不让入场，就想"反正第一场不会太精彩，我先去外面转转，等到幕间再进去"。

抑郁质的人说："我老是不走运，偶尔来看一次戏，竟如此倒霉。"于是回家去了。

4. 气质差异与应用

在气质差异的运用中，应注意以下三点。

(1)气质无好坏之分，各有千秋。

气质虽然赋予人的心理活动和行为的某种色彩，但它本身不能决定人的性格的品德。另外，气质只影响人们智力活动的方式，不影响人的成就和智力发展的水平。

(2)气质可以影响人的感情和行为，进而影响人的活动效率和对环境的适应。

1)根据人的气质特征来调动人的积极性，合理用人。

2)根据人的气质特征来合理调整组织结构，提升团体的工作力。

3)根据人的气质特征来做好思想政治工作。

（3）气质和工作性质相匹配可提高职工的工作效率。

1）胆汁质的人：应急性强、冒险性较大的工作。

2）多血质的人：社交性、多变性的工作。

3）黏液质的人：原则性强的工作。

4）抑郁质的人：平静的、刻板的、按部就班的工作。

2.4 需要、动机与行为

2.4.1 需要与动机的关系

（1）行为是人类有意识的活动。行为科学的观点认为，行为既是人的有机体对外界刺激做出的反应，又是人类通过一连串活动实现其预定目标的过程。

行为产生的原因是心理学家争论的焦点。有人认为行为是个体的生物本能，有人强调行为是由社会环境决定的。心理学家卢因融合各派理论之长，经研究后认为，人的行为是环境与个体相互作用的结果，于1951年提出了著名的人类行为公式：

$$B=f(P.E)$$

式中：B——行为；

　　　P——个人；

　　　E——环境；

　　　f——函数关系。

卢因的理论得到多数人的认同。根据这种理论，人的行为是由动机决定的，而动机是由需要支配的。

（2）需要是指客观的刺激作用于人们的大脑所引起的个体缺乏某种东西的状态。这里的刺激物可以是物质的，也可以是精神的。精神刺激物可以反映个体的要求，也可以是环境的要求。

（3）动机的原意是引起动作。心理学上把引起个人行为、维持该行为并将此行为导向满足某种需要的欲望、愿望、信念等心理因素称为动机。动机是在需要的基础上产生的，但需要并不必然产生动机，使其转变为动机的条件有两条：第一条是需要达到一定的强度，产生满足的愿望；第二条是需要对象（目标）的确定。需要强度只有在某种水平以上才可能成为动机并引发行为。当人产生的需要在萌芽状态时，它以不明显的、模糊的形式反映在人的意识之中，使人产生不安之感，这时，人的需要以意向的形式存在着；需要增强到一定的程度，而又未能满足时，心理上就产生一种紧张状态，人也明确地意识到通过什么手段可以解除这种紧张，这时，意向就转化为愿望，但愿望只反映了内心需要，是人活动的内在驱动力，由于没有明确的对象（特定目标），这种驱动力没有方向，依然不是动机。在遇到能满足需要、解除心理紧张的具体对象（特定目标），且展现出达到目标的可能性时，这种驱动力就有了方向，以愿望形式出现的需要就变成了动机，从而推动人去进行某种活动，并使人向着目标前进，如图2-11所示。

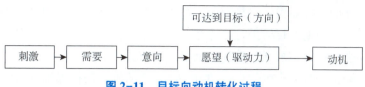

图2-11　目标向动机转化过程

有一定强度的需要还要有诱因条件才能成为推动实际活动的动机。动机是内在的愿望和外部具体对象(诱因条件)建立心理联系时产生的。

如上所述,有某种需要不一定就会产生某种动机,同样有某种动机不一定就会引发某种行动。在实际生活中,一个人的需要问题多种多样的,这种种需要会形成一定的需要结构。不同的人有不同的需要结构,同一个人在不同的时期也会有不同的需要结构,如老年人的需要结构有别于青年人的需要结构,成年人的需要结构也不同于儿童的需要结构。不同的需要结构,必然导致不同的动机结构;在相同的需求下,也会产生不同的动机。一个人往往同时存在着各种各样的动机,这些动机之间不仅有强弱之分,而且会有矛盾和斗争,以其一定的相互关系构成动机体系(或动机系统)。动机体系中,各种动机的强度也不同,体现在同一个人身上所占的地位和所起的作用也不同,那种最强烈而又稳定的动机,叫优势动机,其他动机叫辅助动机。一般来说,只有优势动机可以引发行为。一个人的行为是受优势动机支配的,辅助动机对行为存在影响,但不起支配作用。事实上,一项行为的产生,往往并非由一种动机引起,而是其中的几种动机在起作用,但对人的行为起支配作用的则是优势动机。

行为科学认为,人的行为分为三类:第一类是目标导向行为,指为了达到目标所表现的行为。有了动机就要选择和寻找目标,目标导向行为代表寻求、到达目标的过程。第二类是目标行为,指直接满足需要的行为,也即实现目标、达到满足的过程。第三类是间接行为,指与当前目标暂无关系,为将来满足需要做准备的行为。

一般情况下,由优势动机引发的行为由目标导向行动与目标行动两部分构成。也就是说,从确立目标到实现(完成)目标的过程,可分为目标导向行为和目标行为阶段。例如,若发表一次演讲,从收集资料、进行构思到准备完毕,属于目标导向行为阶段;从上台演讲到演讲完毕,则为目标行为阶段。

根据心理学的研究,在目标导向行为和目标行为阶段,动机(需要)强度的变化是不同的。对目标导向行为来说,动机强度会随着这种行动的进行而增强,越接近目标,动机强度越强,直到实现目标或者遭到挫折停止,而目标行为则不一样,当目标行为开始后,需要强度就有减弱的趋势。例如,一个饥饿的人,为了充饥,迫不及待地觅食,对食物的需要强度会不断增加,而当他得到了食物并开始吃东西,随着进食的增多,对食物的需要强度便会逐渐降低,吃饱后,进食动机便暂时消失。

当优势动机引发的行为后果达到目标后,紧张的心理状态会消除,需要得到满足。一个需要满足了,又会有新的需要产生,这样周而复始地发展下去,从而推动人去从事各式各样的活动,实现一个又一个的目标。这就是需要、动机和行为的关系,也是需要、目标、动机和行为的一般规律。

2.4.2　动机与行为的关系

动机具有原发性、内隐性、实践活动性的特征,也具有三种机能:一是始发机能,动机是个体行为发动的直接原因；二是导向、选择机能，动机指导人们做出相应选择，使行为朝着特定的方向、预期的目标进行；三是强化机能，行为结果对动机有反作用，动机因良好的结果而加强，使行为加强、重复；反之，则减弱、消失。

一般来说，动机是行为产生的直接动力，行为是动机的外在表现，由优势动机引发人的行为。那么，动机和行为之间的关系是不是完全对应关系呢？不是的。从卢因的人类行为公式可知：任何一个行为都是个人因素与环境相互作用的结果，对同一个人、相同的动机，不同的环境会导致其有积极、消极之分，各种成分混杂，因此，人的行为是这些因素的综合效应，从而使动机和行为有着复杂的关系，具体表现在以下五个方面。

（1）同一动机可以引起多种不同的行为。例如，人们都想装修一套较为舒适的住房，这种动机可能会在不同的人身上引起不同的行为：第一，努力工作，多得奖金，攒钱装修；第二，平时省吃俭用，省钱装修；第三，努力用正当经营赚钱装修；第四，搞歪门邪道、捞不义之财装修；第五，偷钱物来装修，等等。

（2）同一行为可出自多种不同的动机。例如，一个人埋头工作，可由种种不同的动机引起的。第一，争取做优秀职工，为社会多做贡献；第二，为了受表扬得个好名声；第三，得到领导的好感，以便受到提拔重要；第四，为了多拿奖金，改善生活。

（3）同一种行为可出自不同的动机。例如，有的职工工作很积极，分析一下他们的动机，其中有为社会多做贡献的动机，也有想得到领导的提拔重要的动机，也可能有希望获得先进工作者荣誉称号的动机，还有可能有多拿奖金的动机等。当然，其中的优势动机是该行为的主要驱动力量。

（4）合理的动机可能引起不合理的甚至错误的行为。例如，有的管理者看到自己的下级工作出了差错很痛心，一心想帮助其改变，但因急于求成，采取了简单、粗暴的做法，结果未能使他认识自己的错误，反而使他产生了抵触情绪。

（5）错误的动机有时被外表积极的行为所掩盖。例如，在已经查处的经济犯罪分子中，有的早出晚归，对领导人百般殷勤，还被评选为先进工作者，但其产生"先进"的行为，正是为了掩盖犯罪动机。

由此可见，人的动机与行为之间的关系是十分复杂的。无论动机与行为的关系如何复杂，但需要、动机、行为关系已经较明显地揭示出它们之间的关系以及发展规律，即需要—心理紧张—动机—目标导向行为—目标行为—需要满足—新的需要的产生。遵循这一规律，管理者能从宏观上掌握员工的心理，从而制订相应的较为科学的管理措施，高效地实现组织目标。

2.5 价值观与行为

在日常生活中，价值观潜移默化地影响着人们的行为，而且影响着人在工作和组织中的整体感受是否愉快、健康、如意。我们经常听到一些议论："我找工作时，首先看的是能否有发展提高的机会。""领导太专制了，我无法忍受。"这些漫不经心的闲谈实际上反映了价值观对人们观念和行为的影响。

2.5.1　价值观的内涵

1. 价值观的概念

价值观是基于人的一定的思维感官之上而做出的认知、理解、判断或抉择，也就是人认定事物、辨别是非的一种思维或价值取向，从而体现出（人、事、物）一定的价值或作用。这个定义包含着判断的成分，反映了人们在观念上对正确与错误、重要与不重要、好与坏的判断与评价。一个人认为最有意义的、最重要的客观事物，就是最有价值的东西；反之，就是最无价值的东西。例如，人们对金钱、友谊、权力、自尊心、工作成就和对社会的贡献等因素的总看法、总评价就不尽相同，即有人看重金钱，有人注重工作成就，有人认为地位和权力最重要，有人把对国家的贡献看得最有价值等，这反映了人们不同的价值观。

2. 价值观的属性

价值观包括内容和强度两个属性：内容属性说明某种方式的行为或存在状态的重要性；强度属性表明其重要程度。如果根据强度排列一个人的价值观时，将对各个事物的看法和评价，根据主次轻重、相对重要性排列次序，这就是价值观体系。价值观和价值观体系是决定人们行为的核心因素。价值观能告诉人们应该做什么，不应该做什么，应该优先选择做什么。

2.5.2　价值观的特性

1. 相对稳定性和持久性

价值观具有相对的稳定性和持久性。价值观是人们思想认识的深层基础，它随着人们认知能力的发展，在环境、教育的影响下，逐步培养而形成。人们的价值观一旦形成便是相对稳定的，具有持久性。比如，对某种事物的好坏总有看法和评价，且条件不变的情况下，这种看法不会改变。

2. 历史性和层次性

在不同的时代、不同的社会生活环境中形成的价值观是不同的。一个人的价值观是从出生开始，在家庭和社会的影响下逐渐形成的。一个人所处的社会生产方式及其所处的经济地位，对其价值观的形成有决定性的影响。由于价值观居于核心地位，它制约和引导其他价值观，就整个社会的价值体系而言，有的价值观居于主导地位，它引导着社会主体价值取向和价值判断。

3. 主观性（差异性）与可变性

由于先天条件与后天环境不同，人生经历也不尽相同，价值观的形成会受到不同因素的影响，因此，每个人都有自己的价值观和价值观体系。在同样的客观条件下，具有不同价值观和价值观体系的人，由于动机模式不同，产生的行为也不同。

不同心理水平的人，尤其是形式思维能力不同的人，所持有的价值观是不同的。随着环境的改变，人们的思想更加成熟并积累了丰富的经验，对社会问题的理解更加深入，于是各种需要和目标也会发生变化，价值观也就随之改变。

2.5.3 价值观的类型

价值观与社会、政治、经济、文化的发展联系密切，不同的学者因价值观研究角度不同，对价值观的分类方式也不同，影响较为广泛的主要有奥尔波特、罗克奇、霍夫斯泰德等学者对价值观的分类。

1. 奥尔波特的价值观分类

奥尔波特（Gordon Willard Allport）美国著名心理学家，现代心理学创始人之一，"社会促进"概念提出者，美国人本主义心理学家的代表人物之一。1939年当选为美国心理学会主席，于1964年获得美国心理学会颁发的杰出科学贡献奖。其兄长F.H奥尔波特是美国著名社会心理学家，出版过《社会心理学》。

心理学家奥尔波特将事物的价值分为六种，即社会的价值、理论的价值、经济的价值、宗教的价值、审美的价值和政治的价值。相应地人的价值也可以分为六种。

（1）社会型：注重人际关系与友爱，为人处世公平正义，乐于助人，诚实可信；喜欢民主有效的集体，建立和谐的人际关系，喜欢互相依靠、共同生活，爱他人也希望被他人爱，把人与人之间的友谊放在首位，所以他们基本上不会计较得失。

（2）科学型（理论型）：重知识，爱科学；看重能力，勤于思考，追求真才实学；讲原则，不拘人情；重理轻利，理性化，注重理性思考，反感不合道理的事情，从不被感性的事情所迷惑。

（3）实用型（经济型）：追求事物的功利价值，喜欢明确学习的用处，追求实用性，讲究经济效益，喜欢积累财富；以是否有利于个体、集团和社会的生存与发展作为评价事物的标准。比起过程他们更注重结果。

（4）信仰型（宗教型）：追求理想与信仰；喜欢探索人生的意义和宇宙的奥秘；注重精神生活与道德修养；凡事随缘，顺其自然；相信宗教与自然的力量，有人重视人生，也有人重视超现世的价值，还有人对两者都很重视。

（5）审美型：追求艺术美感，做事尽善尽美，讲究生活、学习、工作丰富多彩、和谐完美；以美感、对称、和谐的观点评价与体验事物，认为美的体验具有很大价值，讨厌世俗和纠纷，和周围人始终保持最低限度的接触，通常给人很冷漠的感觉。

（6）政治型：关心国家与民族发展，以振兴国家与民族为己任；追求自尊与自强，责任感强，重视领导能力的培养，希望显示自己的能力与影响；关心伟人生平；勇敢顽强，喜欢奋斗与竞争。这类人喜欢支配他人，认为人生就是一场战争，为了胜利可以采取一切手段。与他人交往也是他们达成目标的一种手段，基本没有情分可言。

奥尔波特认为类型相同的人容易亲近，而不同类型的人就难以相处。但是人的价值观不同并不代表他们就永远无法达成共识。彼此尊重、理解对方是很重要的。

当然，没有哪个人是绝对属于某一种类型的，且大家并不只有一种类型的价值观，具体见表2-2。

表 2-2 奥尔波特的六种价值观的特点

类型	价值观特点
社会型	强调对人的热爱
科学型	重视以批判和理性的方法寻求真理
实用型	强调有效和实用
信仰型	关心对宇宙整体的理解和体验的融合
审美型	重视外形与和谐匀称的价值
政治型	重视拥有权力和影响力

2. 罗克奇价值观调查

罗克奇设计了罗克奇价值观调查问卷,将价值观分为两种类型:第一种类型称为目的价值观,指的是一种期望存在的最终目的,它是一个人希望通过一生实现的目标;第二种类型称为工具价值观,这种价值观指的是偏爱的行为方式或实现目的的价值观的手段,主要表现在道德和能力两个方面。

罗克奇价值观调查表(表 2-3)中包含 18 种目的性价值和工具性价值,每种价值后都有一段简短的描述。测试时,让被试者按其对自身的重要性对两类价值观系统分别排列顺序,将最重要的排列在第 1 位,次要的排在第 2 位,依此类推,最不重要的排在第 18 位。该量表可测得不同价值在不同的人心目中所处的相对位置或相对重要性程度,这种研究是把各种价值观放在整个系统中进行的,因此,更体现了价值观的系统性和整体性的作用。

表 2-3 罗克奇价值观调查表

目的价值观	工具价值观
舒适的生活(富足的生活)	雄心勃勃(辛勤工作、奋发向上)
振奋的生活(刺激、积极的生活)	心胸开阔(开放)
成就感(持续地贡献)	能干(有能力、有效率)
和平的世界(没有冲突和战争)	欢乐(轻松愉快)
美丽的世界(艺术与自然的爱)	清洁(卫生、整洁)
平等(兄弟情谊、机会均等)	勇敢(坚持自己的信仰)
家庭安全(照顾自己所爱的人)	宽容(谅解他人)
自由(独立、自主选择)	助人为乐(为他人的福利工作)
幸福(满足)	正直(真挚、诚实)
内在和谐(没有内心冲突)	富于想象(大胆、有创造力)
成熟的爱(性和精神上的亲密)	独立(自力更生、自给自足)
国家的安全(免遭攻击)	智慧(有知识的、善于思考的)
快乐(快乐的、闲暇的生活)	符合逻辑(理性的)
救世(救世的、永恒的生活)	博爱(温情的、温柔的)
自尊(自重)	顺从(有责任感、尊重的)

续表

目的价值观	工具价值观
社会承认(尊重、赞赏)	礼貌(有礼貌的、性情好)
真挚的友谊(亲密关系)	负责(可靠的)
睿智(对生活有成熟的理解)	自我控制(自律的、约束的)

3. 霍夫斯泰德的民族文化价值观维度

荷兰社会学家吉尔特·霍夫尔泰德(G. H. Hofstede)提出了一种由五种文化维度组成的框架，可以用来比较民族文化的价值观。

(1)权力距离，指某一社会中，地位对于权力在社会或组织中不平等分配的接受程度。各个国家由于对权力的理解不同，在这个维度上存在很大的差异。欧美人不是很看重权力，他们更注重个人能力，而在亚洲国家由于体制的关系，人们比较注重权力的约束力。

(2)不确定性规避，指某一社会受到不确定的事件和非常规的环境威胁时，是否通过正式的渠道不避免和控制不确定性。回避程度高的文化比较重视权威、地位、资历、年龄等，并试图提供较大的职业安全，建立更正式的规则，不容忍偏激观点和行为。回避程度低的文化对于反常的行为和意见比较宽容，规章制度少，在哲学、宗教方面容许种种不同的主张同时存在。

(3)个人主义/集体主义维度，用以衡量某一社会总体是关注个人的利益还是关注集体的利益。个人主义倾向的社会中，人与人之间的关系是松散的，人们倾向关心自己及小家庭；而具有集体主义倾向的社会则注重族群的关系，关心在大家庭，牢固的族群关系可以持续地保护人们，而个人则必须对族群绝对忠诚。

(4)男性化与女性化维度，这一维度主要看某一社会代表男性的品质，如竞争性、独断性更多，还是代表女性的品质，如谦虚、关爱他人更多，以及对男性和女性职能的界定。男性维度指数的数值越大，说明该社会的男性化倾向越明显，男性气质越突出；反之，则说明该社会的女性气质更突出。

(5)长期取向和短期取向维度，指的是某一文化中的成员对延迟其物质、情感、社会需要的满足所能接受的程度。这一维度显示有道德的生活在多大程度上是值得追求的，而不需要任何宗教来证明其合理性。长期取向指数与各国经济增长有着很强的关系。20世纪后期，东亚国家的经济突飞猛进，长期取向是促进其发展的主要原因之一。

4. 三种经营管理价值观

经营管理价值观是对经营管理好坏的总的看法和评价。作为企业对某种特定的行为方式所存在的基本信念，企业价值观在整个企业运作中起着至关重要的作用。企业主要有三种经营管理价值观，即最大利润价值观、企业价值最大化价值观和企业价值—社会效益最优价值观。表2-4对上述三种经营管理价值观分别进行了比较。

表2-4　三种经营管理价值观的比较

比较方面	最大利润	企业价值最大化	企业价值—社会效益最优
一般目标	最大利润	令人满意的水平加上其他集团的满意	利润只是一种手段，只具有第二位的重要性

比较方面	最大利润	企业价值最大化	企业价值—社会效益最优
指导思想	个人主义、竞争、野心勃勃	混合的，既有个人主义，又有合作	合作
政府的作用	越少越好	虽然不好，但不可避免，有时是必要的	企业的合作者
对职工的看法	只是一种手段，只有经济的需要	既是手段，也是目的	本身就是目的
领导的方式	专权方式	开明、专制和民主的混合	民主、高度的参与式
股东的作用	头等重要	主要的，但其他集团也要考虑	并不比其他集团更重要

企业经营管理价值观与企业经营行为有着直接关系，决定着企业行为的选择和结果。两名研究者对美国、日本、印度、澳大利亚的两千多名经理的价值观进行了评估，结果表明，高盈利者一般都重视生产率、能力、进取心、创造性、竞争和变革等观念；低盈利者则重视服从、安排、信任、遵从、社会福利等观念。

随着企业内外部经营环境的变化，企业经营管理价值观也发生了相应的变化。根据罗伯特·海与爱德·格雷的研究，美国企业的经营管理价值观是从 20 世纪初的追求利润最大化，发展为 20 世纪 30 年代的追求满意的利润水平，再发展至 70 年代兴起的生活质量哲学。生活质量经营哲学对员工的基本看法是企业员工的利益与企业的利益是一致的。企业的人比金钱和技术更为重要，员工的尊严应受到保护。也就是说，美国企业的经营价值观经历了从利润最大化到企业价值最大化，再到社会效益最优的发展过程。

2.5.4　价值观的作用

价值观对人们自身行为的取向和调节起着非常重要的作用。价值观决定了人的自我认识，它直接影响和决定一个人的理想、信念、生活目标和追求方向的性质。价值观的作用大致体现在以下三方面。

(1)价值观反映了人们的认知和需求状况。价值观是人们对客观世界及行为结果的评价和看法，因而它从某个方面反映了人们的主观认知和需求状况。

(2)价值观对人们的行为动机具有导向作用。人们的行为动机受价值观的支配和制约，价值观对动机模式有着重要影响，在同样的客观条件下，具有不同价值观的人，其动机模式不同，产生的行为也不相同。动机的目的方向受价值观的支配，只有那些经过价值判断被认为是可取的，才能转换为行为的动机，并以此为目标引导人们的行为。

(3)价值观对人的思想和行为有着导向和调节作用。价值观是一种基本的信念，它带有判断的色彩，代表了一个人对于什么是好、什么是坏、什么是对、什么是错，以及什么会令人喜爱的意见。对于每个求职者而言，由于所受的教育的不同和所处环境的差异，在职业取向上的目标和要求也是不相同的。在许多场合，我们往往要在一些得失中做出选择，而左右我们选择的，往往就是我们的职业个人价值观。例如，是要工作轻松但赚钱少，还是要高标准的工资待遇，要成就一番事业，还是要安稳的生活。当两者矛盾冲突时，最终影响我们决策的是存在于内心的职业价值观。个体对客观事物按其自身及社会的意义或重要性进行评价和选择的标准，使之指向一定的目标或带有一定的倾向性，对个人的思想和行为具有一定的导向或调节作用。

2.5.5 价值观对管理工作的影响

价值观是员工理解工作性质、工作过程、期望得到的待遇等方面的中心成分和倾向。当工作活动与深层次的价值取向不一致时，就会感到不满、不舒服、缺乏归属感，进而产生冲突。管理者应关注、引导、培育员工的价值观符合组织目标的要求。

管理人员的价值观不同，其管理实践活动也不同。例如，决策者在战略决策、领导风格、人力资源管理模式等方面，都体现了自己的价值取向。

研究表明，决策者的行为是影响组织中道德行为和不道德行为的最重要的因素。根据这个事实，那些中层和高层管理者的价值观应该对群体内的整体道德气氛承担主要责任。管理者的价值观还会影响到以下几方面：①员工对其他人和组织的看法，从而影响到组织中人与人及群体之间的关系。②员工对个人目标和组织目标的选择。③员工对个人及组织成败的看法。④员工接受或抵制组织压力的程度。⑤员工对其所面临的形势和问题的看法。⑥组织或群体道德行为标准的确定。⑦组织或群体决策和解决问题方法的选择，等等。

2.6 能力与行为

2.6.1 能力的含义

能力是制约人们完成某项活动的质量和数量水平的个性特征，具体如下。

(1)能力总是同人的某种活动相联系并表现在活动中。

(2)能力是顺利完成某种活动所必须具备的心理特征，但在活动中表现出来的心理特征并不都是能力。

(3)完成某种复杂活动，往往需要几种能力的有机结合。

(4)能力是保证活动取得成功的基本条件，但不是唯一条件。

2.6.2 能力的类型

一般能力和特殊能力。

(1)一般能力，指每个个体完成一切活动都必须具备的能力(通常指智力)。主要包括：

1)思维能力，指对事物进行分析、综合、抽象和概括的能力，在一般能力中起核心作用。

2)观察能力，指对事物进行全面细致的审视能力，主要指知觉能力。

3)语言能力，指个体描述客观事物的语言表达能力。

4)想象能力，包括再造想象和创造想象。

5)记忆能力。

6)操作能力，指通过人的各种器官，主要是手、脚、脑等并用解决人机协调、完成操作活动的能力。

（2）特殊能力，指个体从事某种专业活动具备的各种能力有机结合而成的能力，如教学能力、管理能力、数学能力、音乐能力等。

2.6.3 智力类型理论

1. 斯皮尔曼的二因素论

英国心理学家斯皮尔曼于 1904 年提出人类在任何认知性任务中的成绩，都依赖两个因素：一个是在智力结构中起着基础和关键作用的，使个人抽象思考或推理的认知能力即一般因素 G；另一个是只有在某种情况下才能表现出来的某种或某些特殊能力，即在各种具体任务条件下各不相同的特殊因素（S_1，S_2，S_3，……，Sn）。

2. 卡特尔的形态论

美国心理学家卡特尔与霍恩根据因素分析，按照心智能力功能结构上的差异，将人类的智力解释为两种不同的形态：一种是以学得的经验为基础的认知能力即晶体智力，凡是运用既有的知识与学得的技能去吸收新知识或解决问题的能力 Gr；另一种是以生理为基础的认知能力，即流体智力。凡是新奇事物的快速辨识、记忆、理解等能力均属于 Gf。

3. 瑟斯顿的群因素理论

瑟斯顿认为智力是由许多彼此无关的原始能力或因素所组成，其中最主要的有 7 种——语文理解（V）、语句通畅（W）、数学运算（N）、空间关系（S）、机械记忆（M）、知觉速度（P）、一般推理（R）。他据此编制了著名的 PMAT 智力测验方法。

4. 弗农层次理论

弗农那斯皮尔曼将智力的一般因素 G 作为最高层次；第二层次是包括语言和教育方面的因素及操作和机械方面的因素。

5. 吉尔福德的三维结构理论

美国心理学家吉尔福德于 1967 年提出了包括思考的内容、操作和思考的产物在内的三个心理维度的智力结构。

6. 加登纳的多重智力理论

美国哈佛大学心理学家加登纳于 1983 年提出多重智力理论，将智力分为：①语言能力；②音乐能力；③逻辑数学智力；④空间智力；⑤身体-动觉智力；⑥内省智力（信息加工能力）；⑦人际智力。

2.6.4 能力的差异

能力的个别差异表现在质与量两个方面。质的差异除了表现在不同的个体可以具有不同的特殊能力外，还表现在完成同一种活动时，不同的人可以采用不同的途径或能力的不同结合，而这种差异就称为能力的类型差异或结构的差异。能力的差异表现在能力发展水平的差异和表现早晚的差异上。

【短视频】能力的差异

1. 能力结构上的差异

吉尔福德将智力分为150余种类型。能力在个体间的差异主要表现为知觉、记忆、语言、思维等方面。

例如，爱因斯坦首次报考工科大学，因为植物和法文不及格未被录取。法国数学家伽罗华两次考大学都落榜，但是他后来创立了"群论"。我国著名的数学家华罗庚，在小学、初中时学习成绩也不好，甚至读初中一年级时，数学要经过补考才及格。

2. 能力发展水平（IQ）的差异

（1）智力超常。智商分数超过130者，为智力超常。例如，1981年编者对中国科技大学少年班学生（第三、第四期）进行了智力和神经类型测试，其结果为少年班学生（智力分数超过130分）不仅智力超常，其神经类型也显著不同于常态学生的分布。少年班学生中属于灵活、稳定型的占73.07%，没有弱型的，而一般学生灵活、稳定型的仅占20%左右，弱型的占15%左右。超常生不仅表现出智力非凡出众，而且具有良好的非智力因素品质，如兴趣广泛、求知欲特强、有理想、有抱负、有强烈的成就动机，并具有专注精神和锲而不舍的毅力。这些非智力因素个性品质，使他们的智能潜力得以充分发挥。事实已经证明，这批少年大学生以特别优异的学业成绩，全部考取了国内外名牌大学的研究生，有的学生在国外获得最年轻的博士学位，有的成为杰出的人才。这就说明，智能的形成和发展不仅依赖本人的天赋素质（自然素质），更依赖后天环境的教育、培养以及个人的勤奋努力。总之，天才加勤奋再加机遇等于成才。

人类智商的理论分布如图2-12所示。

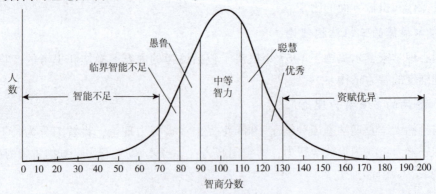

图 2-12 人类智商的理论分布

（2）智力落后。能力的获得又是个体后天实践的产物，如书写、运算、绘画、唱歌等绝不是生来俱有的能力。例如，刚出生的婴儿，即使有一个健全的大脑，如果不给他丰富的社会刺激，最终还是一个白痴。再如，从狼窝里发现的 8 岁狼孩(卡玛拉)的智力，仅相当于 6 个月的婴儿，回到人间社会生活，经过耐心地教育、训练，到 15 岁时其智力仅相当于 2 岁的幼儿，17 岁时才达到 4 岁儿童的智力水平。

从智力发展水平来看，人类智力的发展基本上符合正态分布，智力水平很高，即智力超常者占千分之三，智力水平很低，即智力低下者，占千分之六至千分之十。而大多数人智力属于中等水平，即正常智力。可以这样认为，人的天赋素质是各种能力形成和发展的原始起点，而后天的环境、教育、个体实践及主观努力，才是这种天赋素质的潜力得以充分发挥的重要条件。

3. 能力表现早晚的差异

(1)人才早熟。有些人在童年时期就表现出某些方面的优异能力，即所谓的"早熟"。例如，初唐的王勃，6 岁善文辞，9 岁读汉书，少年时写了著名的《滕王阁序》；晚唐的李贺，7 岁就写出了著名的诗篇；白居易五六岁就可即席赋诗。

(2)大器晚成。有一些人的才能到很大年龄才表现出来，这就是所谓的"大器晚成"。例如，我国画家齐白石 40 多岁才表现出他的绘画才能；达尔文在 50 多岁时才开始有研究成果，写出名著《物种起源》一书。造成这种现象的原因是多种多样的，可能是由于这些人早期没有学习或表现自己能力的机会；也可能是早期智力平平，但经过长期的勤奋努力，能力有了明显提高。

4. 能力形成的地域差异

人的能力的形成与发展还与地域经济、文化和自然条件的影响有关。例如，文人之乡、举重之乡、排球之乡、长跑之乡、杂技之乡、刺绣之乡、歌舞之乡等，这些对当地的青少年形成相应的才能起着极为重要的影响和导向作用。有人从中国大百科全书中遴选历代杰出的专家学者进行统计，结果发现，长江三角洲一带人才辈出，群星灿烂，我国历代很多杰出的名流学者都出于这一地区。杰出的专家学者分布情况是：江苏苏州 102 名，浙江杭州 84 名，北京 58 名，江苏常州 57 名，浙江宁波 55 名，福建福州 54 名，上海 46 名，浙江绍兴 45 名，江苏无锡 38 名，浙江湖州 35 名，陕西西安 34 名，江苏南京 34 名，河南洛阳 28 名，江苏常熟 25 名，江苏吴江 25 名，浙江嘉兴 23 名，湖南长沙 22 名，江苏宜兴 19 名，广东广州 19 名，江苏扬州 18 名。

5. 智力的性别差异

关于智力的性别差异，目前研究较多，且结论各异，但基本一致的结论有两方面：一方面，男女智力的总体水平大致相等，但男性智力分布的离散程度比女性大，即很聪明的男性和很笨的男性都比女性多，智力中等的女性比男性多；另一方面，男女的智力结构存在差异，各自具有自己的优势领域。男性的视知觉能力较强，尤其是空间知觉能力，男性明显优于女性。

女性的听觉能力较强，特别是对声音的辨别和定位，女性明显优于男性。男性偏于抽象思维，喜欢数学、物理和化学等学科。女性擅长形象思维，喜欢语言、历史、人文地理等学科。女性比男性口语发展早，在语言流畅性及读、写、拼等方面均占优势，但男性在语言理解、言语推力等方面又比女性强(图 2-13)。

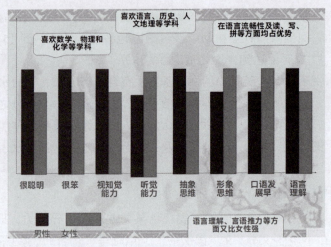

图 2-13　男性和女性的智力结构差异

6. 影响能力发展的因素

（1）遗传与能力差异（血缘越近，能力也就越相似）。

（2）环境与智力差异。

（3）学校教育。

（4）社会实践。

（5）个人的主观努力。

 小故事 15

周末，一对夫妻决定去海边度假。他们在海滩上漫步时，看到了一种他们从未见过的水果——龙眼。这种水果看起来像是一个巨大的眼睛，而且闻起来有一股淡淡的花香。丈夫第一反应是："这个东西好像很难吃啊，长得真奇怪！"然而，妻子却对这种水果很感兴趣。她觉得这个水果看起来很有趣，并且她喜欢它的气味。于是，她决定买一个回家尝尝。回到家后，她把龙眼切开，发现里面有一层白色的肉。她把这些东西倒进了榨汁机，榨成了一杯龙眼汁。然后，她品尝了一口，觉得这个水果真的很好吃！她觉得这种水果有一种清新的味道，很适合在炎热的夏天喝。丈夫看到妻子喜欢这种水果后，也来了兴趣。他问妻子这种水果的味道怎么样，并表示想要尝一尝。妻子笑着把剩下的龙眼汁倒给了他，说："来，你也尝尝吧，我保证你会喜欢的！"丈夫喝了一口，脸上露出了惊讶的表情。他说："哇，这个味道真不错。"他开始和妻子一起享受这种奇妙水果的味道。

在这个故事中，我们可以看到男女思维差异的体现。男主人公看到没见过的水果时，便认为它很难吃。然而，女主人公却对这种水果很感兴趣，并且在品尝后发现它很好吃。研究表明，女性更倾向使用右脑（更关注情感和直觉），而男性则更倾向使用左脑（更关注逻辑和分析）。这可能是导致男女思维差异的原因之一。

2.6.5　能力在组织管理中的应用

1. 知识、能力与技能的区别

知识、能力与技能的区别在于以下几方面：第一，三者分别属于不同的概念范畴。知识是人脑中形成的经验系统，知识的内容可以通过某种学习方式为人所掌握；技能是个体通过操作、训练形成和巩固下来的自动化动作系统；能力是个体顺利地、有效地完成某种活动的个性心理特征。第二，三者的发展不同步。知识和技能的发展相对来说比较快，而且是无止境的，它随着学习的进程而不断增多，随着年龄的增长日益丰富，俗话讲："活到老，学到老，学到老，学不了。"如果用曲线表示，它呈一条不断上升的曲线。而能力的发展则相对较慢，并具有阶段性变化特点和一定的限度。能力的形成和发展有上升阶段、稳定阶段、下降阶段、衰竭阶段。据研究，知觉能力发展较早，但也最先开始下降，其次是注意力，再次是思维能力。据张卿华、王文英二氏的研究资料表明（详见中国学生大脑机能发育水平的现状、特点和某些规律的研究一文），大脑机能能力（一般指智力）发育呈现出年龄越小其增长速度越快，并随年龄的增长而变化的规律。儿童少年期大脑机能发育呈现两次高峰期，第一次高峰期，男女均在 7 岁年龄阶段，其增长速度最快，随后逐渐减慢，到青春发育初期（女性为 11~12 岁，男性为 12~13 岁）大脑机能发育又明显加速，呈现第二次发育高峰。随后，其增长速度又明显减慢，直到 17 岁左右才稳定至一般成人水平。大约在 35 岁以后其大脑机能出现明显下降的趋势。

能力与知识、技能又是相辅相成，紧密联系的。一方面，能力是掌握知识和技能的前提，能力水平的高低将直接影响人对知识、技能的学习进程和效果。例如，智力落后的儿童，掌握知识、技能的速度较慢、较困难，跟不上正常儿童的学习进度；而智力超常儿童，思维敏捷、联想丰富、记忆和理解能力强，接受的信息量大。有研究资料表明，超常儿童 1 年内掌握的知识量为正常儿童的 2~3 倍。另一方面，知识和技能的掌握又为能力的发展准备了条件，能力的发展离不开知识和技能的学习。例如，我们只有掌握了一定的语法知识和写作技巧，才能提高写作能力；只有掌握了大量的数学定理、公式和运算技巧，才能提高解题能力；只有掌握了心理学的基本知识和测量技术，才能提高对各种心理现象的分析能力、处理问题的能力和管理能力。一般来说，知识和技能可以促进能力的发展，人掌握的知识和技能越多，越有利于能力的发展，如一名在音乐、绘画、体育和运算方面显露出能力的儿童，只有当获得继续深造的机会，从而掌握相应的知识和技能时，他们在这些方面的能力才会继续向高一级的阶段发展。

虽说知识、技能与能力之间有密切的关系，但知识、技能掌握的量的多少与能力的高低又不完全是同步的，如两个具有同等知识水平的人，不一定具有同等水平的能力。例如，两名学习成绩相同的优秀生，一名学生可能智力超群而获得优异的学业成绩；另一名学生可能智力一般，主要靠刻苦勤奋和坚韧的意志力取得优异的学业成绩。

2. 工作与能力匹配

研究个体的能力结构和能力差异，有助于管理者发现人才，量才用人，合理分工，达到人尽其才、才尽其用的理想境界，提高组织活动的绩效，为此，组织活动中要注意处理好下列问题：

（1）制订与业务发展相匹配的人力资源规划，合理招聘人才，量才录用，优秀的管理者不要谋求把能力最优者聚集在自己的周围，而是根据企业业务发展需要确定所需要人员的能力标准，谋求适应组织能力标准的人才，只有这样才能既不浪费人才，又能提高工作效率。有的企业领导者片面理解"企业竞争的根本是人才的竞争"，大量招聘高学历人才，结果导致用非所学，员工满意度降低，既增加了内耗，又增加了管理成本，还浪费了人才。

（2）制订准确的人才评估和选拔标准，实现能力与工作相匹配。高工作绩效对能力的要求取决于工作本身对能力的要求。比如飞行员需要很强的空间视觉能力；海上救生员需要很强的空间视觉能力和身体协调能力；高楼建筑工人需要很强的平衡能力；而一个缺乏推理能力的记者很难达到最低的工作绩效标准，因此必须关心能力与工作的匹配。

（3）团队和领导的能力互补。人与人之间的能力是有类型差异的。这种差异不仅是客观的，还是普遍的。用人艺术的关键是发挥人的能力优势，使不同类型的人优势互补。一个团队，特别是领导班子中，要有不同的能力特点的人互相搭配，相得益彰。要有"运筹帷幄之中，决胜千里之外"、指挥有效、控制有方的"帅才"；要有能率部下冲锋陷阵的"将才"；要有"泥匠"式的协调人才；要有各种一技之长的专门人才。只有形成有效的"合力"，才能保证组织拥有足够的战斗力。

（4）有效地加强员工培训是组织管理的重要内容。现代社会知识更新速度加快，员工培训已成为组织管理工作的重要内容。由于人的两种能力——一般能力和特殊能力对各类组织工作都有直接和间接的促进作用，而员工能力结构又各不相同，因此必须依据人的能力差异，因材施教地组织培训，从而有效提高员工的能力。一般来说，要通过提高人的科学文化知识水平，来提高其观察能力、思维能力、分析能力、计算能力、想象能力、创造能力等一般能力；要通过不断地专业知识教育和专业技能教育，提高人们的业务能力、技术能力、事务性工作能力等特殊能力，以此来保证组织队伍的素质不断提高，基本工作不断加强，使人力资源成为组织持续发展的源泉。

（5）建立有效的业绩评估和人才选拔制度。为了提高工作效率，既要注意通过各种专业测试和定向培训，又要注意通过有效的业绩评估使人才脱颖而出。

2.7 态度与行为

2.7.1 态度的内涵

态度是指个体对外界事物的一种较为持久而又一致的内在心理和行为倾向。态度是具体的，任何态度都必有其明确的对象。

态度的心理结构由三种成分构成：

（1）态度的认知成分，指人对事物的理解、认识、看法、评价等。认知成分中既包括对某人某事之所知，也包括对某人某事的评价——赞同或反对。态度对象既可以是具体的人、事物，也可以是抽象的概念。

（2）态度的情感成分，指人对事物的好恶、鄙视、敬畏等，带有感情色彩和情绪特征。如尊敬或轻蔑、喜欢或厌恶、热情或冷漠等。

（3）态度的行为成分，指人对事物做出的行为准备状态和行为反应倾向，即当个体对态度对象必须有所表示时，将怎样行动，如：①因为做营销比较自由，工作有挑战性，而且经常走动(认知成分)；②我喜欢营销(情感成分)；③我积极地投入营销，渴望成为一个营销天才(行为成分)。

2.7.2　态度的特征

(1)社会性：态度并非生而具有，它是个体在长期的生活中，通过与他人的相互作用，通过社会环境的不断影响而逐渐形成的。

(2)针对性：态度必须指向一定的对象，若没有对象，就谈不上态度，因为态度是针对某一对象而产生的，具有主体和客体的相对关系。人做任何事情都会形成某种态度，在谈到某种态度时，就会提到态度的对象。

(3)稳定性与可变性：态度的稳定性是指态度形成后在相当的时间内保持稳定。态度是个性的有机组成部分，它使人在行为反应上表现一定的规律性。当然，态度也并非一成不变，当各种主客观因素发生变化时，态度也会随之改变。

(4)内隐性：态度不可以直接看出，但通过人们的言论、表情及行为进行间接地分析与推理，可以了解。

(5)协调性：态度需要协调认知、情感、行为三因素的一致。

 小故事 16

有一对兄弟，在父亲羽翼的呵护下，长大成人，然后决定外出闯荡、打拼，父亲为他们各自准备了2 000元的盘缠。过了一年，兄弟两人都回来了，但差距却很大，弟弟净赚了2万多元，取得了一个开门红；哥哥却是很一般，只有不到5 000元，但也算是赚了一点钱。原来，两人的选择不同，弟弟是与人合伙做小生意，来钱比较快，哥哥却是一边给人打工，一边学习，赚钱比较慢。

几年过后，哥哥先回了老家，靠着在外面学到的东西和积累的一些钱，开了一家养殖场，稳扎稳打，生意做得很不错，也很稳当。弟弟则继续在外闯荡、打拼，做过不少的生意，赚过大钱，但很快又赔了，遭遇了许多的挫折和惨败，背负了不少债务。

一次，父亲与哥哥聊天时，谈起了弟弟。父亲感叹说："种庄稼是看天吃饭，做生意是靠运气赚钱呀。"哥哥则说："运气很重要，但我觉得更重要的是态度，我一直是稳扎稳打的态度，追求的是一个厚积薄发。弟弟是想赚快钱，容易遭受挫折，但只要能把态度调整好，他的这些挫折未尝不是财富和阅历，将来的事业也很可能比我大很多，所以，您也不要太担心。"

这是一个很普通的故事，没有什么反转和强烈的冲突，但却告诉我们一个朴实的道理：你以什么样的态度对待人生，人生就会以什么样的态度回馈你。故事中，哥哥的做事态度是靠不断积累，追求的是厚积薄发；弟弟的做事态度则是比较激进的，是想要赚快钱。弟弟的做法不一定错，但正像哥哥说的那样，必须调整好态度，他所经历的一起挫折和惨败才会转化为财富。

态度与认知、情感、行为的关系如图2-14所示。

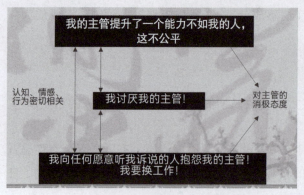

图2-14 态度与认知、情感、行为的关系

2.7.3 态度的功能

（1）态度与社会判断：态度注入了人们强烈的感情因素，从而形成一种参照框架，在某种程度上影响了判断的客观性和准确性。

（2）态度与学习：态度本身有一定的过滤作用，直接影响学习效果。态度积极，能激发人的学习热情，学习效果则好，反之亦然。

（3）态度与忍耐力：人的忍耐力的强弱取决于多种条件。但美国学者兰波特等人通过大量的实验证明：态度的确是个体忍耐力的决定性因素之一，且坚定的态度，有助于忍耐力的提高。

（4）态度与生产效率：态度端正、积极，会提高生产效率。但是态度消极，则有可能产生两种后果，即高生产率或低生产率。因为人的工作行为常常受到多种因素的影响。对工作不满意，但考虑到自身的生存和社会规范、群体约束等因素，也可能会带来高生产率。

（5）态度与价值观：①价值观是指个体在长期的社会环境中，所形成的比较稳定的、持久的社会信念和价值系统。包括内容和强度两个维度（如追求平等、自尊、刺激、享乐、舒适、友谊等）。②价值观强烈影响职工的态度与行为，它是了解职工态度与动机的基础。当员工的价值观与组织的价值观一致时，则能发挥出更大的作用。

2.7.4 态度的形成与改变

1. 态度形成的三阶段理论

凯尔曼提出了态度形成的三阶段理论，分别是顺从阶段、认同阶段和内化阶段。

（1）顺从阶段：这是态度转变的第一个阶段，是指个体的态度在社会因素刺激下，只从外显行为上表现与他人保持一致，它是一种为了避免遭受某种惩罚，或者得到某种表扬而采取的"口服心不服"的举动。这种情况下态度是表面的。从构成态度的三种成分来看，服从只是态度的行为成分在起作用。但还没有形成深刻的认知和情感成分，更多的取决于外部力量的压力，表现在行为的服从上。个体形成这种表面的态度可能是为了获得某种物质的或精神的报酬或者避免惩罚。例如，员工不得不接受"在办公室着正装、打领带"这样的要求，因为如果他不这样做，就会受到惩罚。

（2）认同阶段：又叫同化阶段。在这个阶段，他不是被迫的，而是自愿地接受某人或某团体的观点、信念、态度与行为规范，使自己的态度与某人或者某团体的态度相接近。个体不是像顺从阶段那样被迫地接受某种态度，而是自愿地接受。这时他已经产生了一定的情感成分，他愿意接受某种态度是因为他希望得到别人的赞许和接纳，想要与别人建立良好的关系。例如，员工看到别的同事都着正装、打领带，他不愿意由于与别人不一致而遭受到排斥，于是就对穿正装建立起一种比较积极的态度。

（3）内化阶段：是指一个人从内心深处相信和接受他人的观点而彻底地转变自己的态度。内化就意味着个体已经将对某种事物的情感与自己的价值观联系起来，纳入自己的价值观体系中。例如，员工发自内心地认为工作的时候应该着正装、打领带，因为这样会给客户留下良好的印象，为公司树立良好的形象，从而带来利益，而公司有了利益，员工也就有了利益。因此，他这种态度是理性的、持久的、稳固的。

2. 平衡理论

这个理论是社会心理学家海德在 1958 年提出的。

（1）平衡理论的基本要素。认知者 P——主体本人、与认知者相对应的个体 O——主体本人以外的其他人、认知对象 X——事件。

（2）3 个要素之间的关系：P 与 O 之间的感情关系包括肯定（正）关系和否定（负）关系，如喜欢和不喜欢；P 与 X，O 与 X 之间人或物的所属、所有等单位关系，包括肯定（正）关系和否定（负）关系，如接近和分离等。

（3）海德 O-P-X 图式。

1）平衡结构的四种模式（图 2-15）。

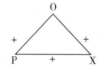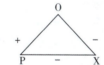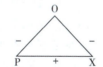

图 2-15　平衡结构的四种模式

①P 喜欢 O，O 喜欢 X，于是 P 也喜欢 X。

②P 喜欢 O，O 不喜欢 X，于是 P 也不喜欢 X。

③P 不喜欢 O，O 不喜欢 X，于是 P 喜欢 X。

④P 不喜欢 O，O 喜欢 X，于是 P 不喜欢 X。

2）不平衡结构的四种模式（图 2-16）。

① P 喜欢 O，O 不喜欢 X，于是 P 喜欢 X。

② P 喜欢 O，O 喜欢 X，P 则不喜欢 X。

③ P 不喜欢 O，O 喜欢 X，但 P 也喜欢 X。

④ P 不喜欢 O，O 不喜欢 X，P 也不喜欢 X（负相关）。

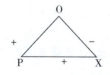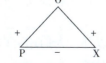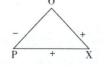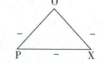

图 2-16　不平衡结构的四种模式

若三者相乘为正，则三者处于平衡状态，否则便会不平衡，此时人们会产生焦虑情绪，驱使恢复平衡。

3)判断三角关系是平衡的，还是不平衡的，其根据为：平衡的结构必须三角形三边符号相乘为正；不平衡的结构必须三角形三边符号相乘为负。

4)在海德的 O-P-X 模式中，只要 3 个要素之间有 3 个正关系，或者 2 个负关系、1 个正关系，P 的认知系统就处于平衡状态；凡是 3 个要素间有 3 个负关系，或者 2 个正关系、1 个负关系，P 的认知状态不平衡。

5)当人与他人及事物之间的关系处在不平衡状态时，人体验到不愉快。不愉快的体验可以作为一种动机，驱使人采用多种方式，将不平衡状态转化为平衡状态。

6)要解除不平衡状态的办法有三种。

①改变 P 对 X 之间的单位关系，受 O 影响 P-X 变为"−"。

②改变 P 对 O 的感情关系，P 坚持，P-O 变为"−"。

③P 认为，O 反对是一种假象，实际同意，O-X"+"。

(4)海德的基本理论观点是：不平衡关系引起应力或张力，这种应力使得他去行动以恢复平衡，海德以简单而直接的方法图示了态度的变化，说明了不平衡性可以用不同方式加以解决。这一理论的关键点是把注意力集中在人际关系上。

举例说明这种三角关系。现有认知主体 P(女青年)，态度对象为 O(男青年，为 P 得男朋友)，X(男青年 O 自愿当清洁工)。

对此，可能存在三情况：

1)P 对 O 与 X 皆持赞成态度，这是一种平衡状态。

2)P 对 O 与 X 皆持不赞成态度，这也是一种平衡状态。

3)P 对 O 持赞成态度，对 X 持不赞成态度，这就造成了不平衡状态。

在第三种情况下，使 P 达到平衡的解决方法为：

①P 改变对 O 的看法。

②P 改变对 X 的看法，认为 X(清洁工)也是工作的需要。

③P 劝说 O，不要去做清洁工。

3. 认知失调理论

(1)20 世纪 50 年代末期，著名社会心理学家列昂·费斯汀格(Leon Festinger)提出了"认知失调理论"，以说明态度与行为之间的关系。所谓失调就是指"不一致"，而认知失调是指个体认识到自己的态度之间，或者态度与行为之间有着矛盾。菲斯汀格指出：任何形式的不一致，都会导致心理上的不适感，这促使当事人去尝试消除存在的失调，从而消除不适感。换言之，个体被假设会自动地设法使认知失调的状态降到最低程度。

(2)费斯廷格的认知失调理论的基本假设。

假设 1：作为心理上的不适，认知不协调的存在将推动人们去努力减少不协调，并达到协调一致的目的。

假设 2：当不协调出现时，除设法减少它以外，人们还可以能动地避开那些很可能使这种不协调增加的情境因素和信息因素。(惹不起，还躲不起吗?)

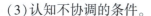

(3)认知不协调的条件。

费斯汀格认为，认知不协调的基本单位是认知，可以分为两类：第一类是有关行为的；第二类是有关环境的。认知结构的状态也就自然取决于这些基本的认知元素相互间的关系。

(4)认知元素间的关系。

1)不相干。此时两种认知元素间没有联系，如"我每天早上七点吃早饭"与"我对足球不感兴趣"。

2)协调。此时两种元素的含义一致，彼此不矛盾，如"我是一个品德高尚的人"与"我做了一件帮助他人的事情"。

3)不协调。如"我是一个品德高尚的人"与"我做了一件损人利己的事"。

(5)减少不协调的具体途径有三条。

1)改变行为，使对行为的认知符合态度的认知。

2)改变态度，使其符合行为。

3)引进新的认知元素，改变不协调的状况。

(6)人们想消除认知失调的愿望是否强烈，取决于三个因素。

1)造成失调的重要性。

2)当事人认为自己影响、应付失调的能力有多大。

3)因失调而可能得到的报偿有多大。

(7)认知失调理论的价值就在于帮助我们预测人们改变其态度和行为的倾向性究竟有多大，尽管具体情形会是很复杂的，但至少可以肯定，认知失调程度越高，压力就越大，想消除不平衡的欲念就越强。

4. 参与改变理论

勒温认为，态度改变离不开群体，只有参与到群体活动中，才能真正转变一个人的态度。

 小故事 17

一项关于引导西方人改变态度，敢于吃动物内脏的研究证明了这一点。对控制组进行宣传演讲，讲内脏的营养、烹制方法和口味等课程，课后要求他们吃内脏。而实验组则使用共同讨论、分析各种困难的方法。一些女士提出问题："我丈夫和孩子不爱吃怎么办？""如何清洁内脏？"指导人员回答了这些问题，还请来营养学权威指导烹制方法。结果控制组只有3%真正吃了动物的内脏，而实验组家庭中开始食用动物内脏的比例为32%。这一实验指出了参与对改变态度的重要性。

5. 影响态度形成的因素

(1)欲望：欲望的满足与良好的态度相联系。

(2)知识：掌握知识的多少、深浅、完整程度都会影响态度。

(3)个性特征：性格内向、性格外向对态度的形成产生一定的影响。

(4)个人的群体观念——个人的态度常常受到所属群体的影响。原因如下：

1)个体对群体的认同感使个体愿意接受群体的规范。

2）个体与群体其他成员接受相似的知识。

3）个体无形中受到群体压力的影响。

（5）个体的经验。例如，湖南人不怕辣，四川人吃麻辣，贵州人怕不辣，山东人吃大葱。

6. 影响员工态度转变的因素

为了有效地转变员工的态度，需要了解影响员工态度的转变因素。影响员工态度转变的因素有两种，即外部因素和内部因素。外部因素主要包括人际影响、企业内部的信息沟通、企业文化等因素；而内部因素主要包括员工的认知、需要、个性心理特征等因素。

（1）外部因素：主要有以下三方面。

1）人际影响。苏联著名心理学家维果茨基认为，人之所以会改变自己，是因为以他人为参照系来对照自己的行为。员工身边人员的观点、态度等都会对其自身态度的转变有着重要的影响，如上级领导、同事、下属、客户等。

2）企业内部的信息沟通。企业内部的信息沟通是影响员工态度转变的一个重要因素，信息沟通包括对每一个员工进行信息传递和对所有员工进行信息传递。企业内部的信息传递方式、选择的传递技术对改变员工的态度具有重要的影响。

3）企业文化。企业文化是指一个企业内形成的独特的文化现象、价值观念等。员工的态度受到企业文化的影响和制约，作为企业的一员，必须维护和遵守企业的规章制度、价值观念、道德观念等企业文化。

（2）内部因素：主要有以下三方面。

1）员工对工作已有的认知态度。员工原先对态度对象的认知越深刻，员工态度的转变就越困难。若员工只是停留在意念层面而未采取行动，则其态度较容易改变；若既有意念又有行为，则态度较难改变；若不仅有意念，又做了公开表态，其态度的转变会具有更大的抗拒性，难以改变。因此，企业要针对员工原有态度的强度，采取适当的方法应对。

2）员工的需要。员工的需要是能够随着时间的改变而改变的。如果当前的态度无法满足员工的需要，他便会转变态度以满足需要。而若转变之后的态度能够满足员工的需要，并能消除由行为的内驱力引起的紧张状态，员工在情感上就比较容易接受，便形成了积极的态度，从而使原有的态度得到转变；反之，员工便会形成消极的态度，不利于原有态度的转变。

3）员工的个性心理特征。气质和性格对员工态度的转变有着重要的影响。一般认为，气质为胆汁质、多血质的员工的态度转变比较容易，而黏液质、抑郁质的员工的态度的转变比较难；性格外向的员工比性格内向的员工的态度转变更容易些。在一般情况下，低自尊、低智力、低自信者易被说服，而高自尊、高智力、高自信者更难被说服。

 **小故事 18**

由感激到失望：一名员工对公司领导态度的转变

某公司职员小燕在博客中写道，公司领导曾许诺将上海市市中心的两套房子租给小燕及其同事，这样，他们每个月在房租上的开支便可以减少一半，这一举措让小燕非常感激。可一周后，当小燕向领导要钥匙时，对方却闪烁其词。她后来从同事那里得知，领导已经把房子租给别人了。这一事情让小燕对公司和公司领导很失望，她认为公司领导在行动时应该真正做到一言既出、驷马难追，这样才能提高员工对公司的忠诚度，努力为公司创造更多的价值。基于我国组织情境下受到遵从权威等传统文化的影响，领导对员工的态度行为存在重要影响，因此，组织管理者与员工在人际社会交往过程中需要注意采取尊重、平等的态度，确保员工形成较高的互动公平感知，以帮助员工形成积极的工作态度。

2.7.5　改变员工态度的方法

员工态度的转变需要一个过程。若要使员工的态度发生转变，管理者要有耐心，不能有一蹴而就的思想，与员工建立和保持沟通是成功转变员工态度的关键。

 **小故事 19**

低价引诱

在商业经营过程中，商家经常以极优惠的价格诱导顾客同意交易，然后慢慢地改变交易条件，结果使顾客付出比最初所同意价格更高的价格达成交易，这种方法称为"低价引诱"，这种控制手法也同样适用于改变员工态度，例如，管理者与某位员工进行沟通，最初只需要占用其 5 分钟，结果后来谈了半小时。假如管理者最初要求与员工进行半小时的沟通谈话，员工很有可能因为有要事而拒绝，从而导致上下级缺乏沟通。

管理者必须注意转变员工态度的方式、方法，如宣传法、员工参与法和组织规范法。

1. 宣传法

宣传法就是借助一定的手段(如简报、广播、讲座、微信、QQ 等)把信息传递给员工，改变他们的原有态度以形成新的态度的方法。宣传分为单向宣传和双向宣传。单向宣传是由管理者向员工讲事情有利(或不利)的一面。双向宣传是管理者与员工沟通，既讲事情有利的一面，也讲事情不利的一面。双向宣传往往被人视为更公正、偏见更少的方式，会减少人们的对抗心理或防御心理，从而更易于说服员工；而单向宣传往往会被视为有偏见的，于是便会引起员工的抵触心理，因此，先提出正反两种观点，而后强调自己见解的正确性和重要性则更具有影响力。对于文化程度高的员工而言，双向宣传有效；对文化程度低的员工而言，单向宣传容易改变其态度。另外，当员工与管理者的观点一致或对问题不熟悉时，单向宣传的效果更好；如果员工与管理者的观点不同，对问题又较为熟悉，双向宣传比单向宣传更有效。

 **小故事 20**

恐吓戒烟法

国外某家公司考虑到员工的健康和预防火灾，用各种形式宣传吸烟的害处，劝员工不要吸烟，但收效甚微。后来，董事会召开会议时决定，要采用恐惧唤起手法，即到处张贴血淋淋地展示血管内脂肪堆积及肺内癌肿瘤的图片，让员工目睹吸烟对身体带来的伤害。

半年后，火灾事故数量明显下降，员工的健康水平有了一定的提高，许多员工对戒烟也开始持积极态度。

在宣传过程中，既可以借助理性说服，也可以借助感情的唤起来影响员工，做到晓之以理、动之以情。一般地可以唤起人们感情的宣传能够更好地改变员工的态度。管理者的权力和威望对员工态度的转变具有重要的影响。

宣传过程中常见的心理效应有以下三种。

（1）权威效应。所谓权威效应，是指因宣传者的威望产生的，对宣传对象无保留地接受宣传信息及观点的影响力与效果。霍夫兰德曾经以大学生为实验对象，将其分为两组并施以同样的宣传，但对一组大学生说宣传者是一位威望很高、受到人们尊重的人，而对另一组则说宣传者是一个普通人。实验结果显示，前者有23%的人转变了态度，后者转变态度的人数不足总数的7%，这说明，有崇高威望的宣传者发出的信息可以对人产生强烈的心理影响。

（2）名片效应。所谓名片效应，是指宣传者在论述自己的基本观点之前，先表明自己在许多问题上与宣传对象有一致的意见，造成其宣传的观点与宣传对象已有的态度相近，有共同之处的印象，从而使宣传更容易接受其所宣传的观点。这是因为事先已有共同见解可以减少对立情绪，削弱受宣传对宣传观点的挑剔态度，便于求同存异。

（3）"自己人"效应。除了宣传者与宣传对象间的观点一致，他们之间的任何相似之处（职业、民族、籍贯、经历、学历和研究领域等）都会增强宣传效果。因为相似之处会使人产生认同的趋向，把对方视为"自己人"，从而拉近心理距离，这就是"自己人"效应。

2. 员工参与法

员工参与法即员工通过参与活动与他人进行交往，并在交往中得到别人的启发和教育，从而转变自己的态度。因此，管理者应通过员工参与活动来转变员工的态度。沟通对员工的态度转变起到重要的作用。

3. 组织规范法

每个人都处于一定的组织中，组织的准则、价值观、规范化、规则都可以有效影响人的态度。组织规范化就是利用群体规范的强制力、约束力，或者采用一定的行政手段、经济手段和规章制度，迫使员工了解管理者发出的信息，促使其逐渐改变态度的一种方法。员工开始可能是在压力强制下被迫去接受规定，随着时间的推移，当他们越来越习惯，进而越来越自觉后，就会改变原来的态度了。

2.8 挫折与应对

2.8.1 挫折的概念

挫折是指个体在从事有目的的活动过程中，遭遇障碍或干扰，使其动机受阻而导致需要不能满足，从而产生焦虑和紧张不安的情绪状况。

2.8.2 挫折产生的原因

挫折是人的一种主观心理感受，一个人是否体验到挫折，与他自己的抱负水平密切相关。所谓抱负水平是一个人对自己所要达到的目标所规定的标准。规定的标准越高，其抱负水平越高；标准越低，其抱负水平越低。同样两个推销人员，甲的预定目标是销售额100万元，乙的预定目标是销售额60万元，结果两人都完成了80万元的销售额，这对乙来说会感到成功和满足，而对甲来说则会感到挫折，所以挫折因人而异，对于相同的情境，由于人们的心理状态、需要动机以及思想认识不同，在遇到挫折时的表现也会不一样。产生挫折的原因是多种多样的，从总体上看，可分为外在因素和内在因素。

1. 外在因素

外在因素又称为客观因素或外因，是指由外界事物或情境阻碍人们达到目标而产生的挫折。它主要包括自然因素和社会因素。所谓自然因素，主要指个人能力无法克服的自然灾害，如天灾人祸、生老病死、冰雪洪水、地震山崩等。所谓社会因素，主要是指个人在社会生活中所遭遇的政治、经济、风俗、习惯、宗教、道德的限制。另外，外在因素还包括组织者的管理不善、教育不力以及工作环境中缺乏良好的设施和人际关系。

2. 内在因素

内在因素又称为内因，主要是指主观因素阻碍人们达到目标而产生的挫折，它包括个人的生理因素和心理因素。生理因素主要指个人的健康状况、身材的高矮和身体上的某些缺陷所带来的限制。心理因素主要指个人的能力、智力和知识经验的不足。此外，动机的矛盾和斗争状态，也是引起挫折的主要心理因素。例如，满足欲望与抑制欲望的斗争，理想与现实的斗争，个人利益与集体利益的斗争等。这些斗争如果处理不当，常常引发个人的心理挫折。

心理挫折通常包括想象中的挫折和事实上的挫折，其中想象中的挫折尽管还没有成为事实，但也能影响人的行为。例如，某人在参加自学考试前，还没有报名就预知了自己的命运，家务重、岁数大、学习吃力，将来十有八九通不过，于是在头脑中先产生了想象中的挫折画面。

小故事 21

经理怎么了？

请想象你是一家公司的经理。例如，一天早晨，帮你带孩子的保姆病了，而你妻子又不能请假。因此，你只得给邻居打了好几个电话让他帮忙照料三岁多的孩子。你抓起一盒牛奶往外赶时，小狗又绊了你一跤，这使你不得不去换掉溅满牛奶的西服。路上开车时，你比平时更紧张，这时，一个十几岁的小孩突然横穿马路，你的车差点撞上他。

你的雇员谁都不知道这些事情。他们只看到：上司绷着脸进来，径直走进他的办公室而没有像平时早上那样与大家打招呼，然后重重关上门。大家纷纷猜测，经理怎么了？

上午10点，关于你的行为已经有许多种说法。有的人说你遇上婚姻危机了；有的人说你在路上吃罚单了；还有一个职员说他昨天看到报纸上一篇文章，文章中描述说当地一个投资者正在物色购买公司。正当大家推测"出了什么事"时，这个消息不胫而走。到了中午，这一说法已经传遍了公司，说得像真的一样：公司已经被卖掉，你就要丢掉饭碗，在今后的几个月中，还会有许多人像你一样加入失业者的行列。

2.8.3　对挫折的容忍力

1. 挫折的容忍力的影响因素

（1）生理条件：一个健康、正常的人，对生理需要的容忍力总比一个身体多病、生理上有缺陷的人强。

（2）过去的经验和知识：对挫折容忍力和个人的习惯态度一样，是可以通过学习而获得的。如果一个人从小娇生惯养，很少遇到挫折，或遇到挫折就逃避，失去了学习处理挫折的机会，这种人的挫折容忍力必然很弱。管理心理学家认为，不应该逃避挫折，而应该在困难面前加强学习以增强自己对挫折的处理能力。

（3）对挫折的知觉判断：每个人对客观世界的认识不同，即使挫折的客观情况相同，但由于感觉和判断不同，对每个人所构成的打击和压力也不相同。在同样的情况下，一个人认为是严重的挫折，而另一个人可能认为是无所谓的事情。

对挫折的容忍力，还与个人的素质、性格特点、兴趣爱好、生活经历和心理状态等因素有关。只有加强学习，在挫折面前鼓起勇气战胜它，不断地增强自己的适应能力才能永远保持积极、饱满的情绪。

2. 挫折后的表现

一个人遭受挫折以后，不管是由外在因素还是内在的因素引起的，在心理和行为上总会产生两种反应：一种是理智性反应；另一种是非理智性反应。

（1）理智性反应。

理智性反应包括继续加强努力、反复尝试、改变行为、调整目标和改变目标等。挫折对理智的人来说往往是事情成功的先导。古今中外的成功者大都历经坎坷，命运多舛，是从不幸的境遇中奋起的人，而且不可否认的是，对成功者来说，处境的艰险、失败的打击和对于新事物没有经验，也会相应地给他们带来困扰和烦躁不安的情绪；而成功者不畏艰难，不会被困苦的处境压垮。成功者可贵的信念和本领是变压力为动力，从荆棘中闯出新路。

（2）非理智性反应。

非理智性反应在心理学上又称为消极的适应或防卫，具体表现为：

1）攻击。攻击又称为侵犯和对抗，它是当一个人受到挫折以后，对客体的强烈的敌对情绪反应。攻击可以分为两种情况，即直接攻击和间接攻击。所谓直接攻击，就是指攻击行为直接向构成挫折的人或物。例如，当一个人受到挫折或受到他人的谴责时，常常反唇相讥，甚至拳脚相向。一般来说，自尊心强的人，为了维护自己的尊严，容易将愤怒的情绪向外发泄，采取直接攻击的行为反应。所谓间接攻击，就是指把愤怒的情绪发泄或转嫁到毫不相关的人或物上。有时候挫折的来源不明，可能是日常生活中许多小挫折的积累，也可能是由身体中某种病因引起的，一旦有明显的攻击对象，往往会对人乱发脾气。

2）固执。固执是指一个人因一而再，再而三遭受挫折，逐渐地对任何事情都失去了信心，感到茫然、忧虑，甚至冷漠、固执、悲观厌世，无所作为，进而失去各种情绪，对任何事情都无动于衷。

3）倒退。倒退又称为退化或回归。人们在受到挫折时，会表现出与自己年龄不相称的幼稚行为。例如，有的人在工作中遇到挫折或受到批评时，会像小孩子那样装病不起或号啕大哭。某些领导者因遇到挫折而对下级发脾气也属于倒退之列。

倒退的另一种表现形式是像小孩那样，容易受到暗示的影响。其表现是在受到挫折以后，会盲目地相信别人，盲目地执行别人的指示，无法控制自己的情绪，缺乏责任心，轻信谣言，甚至无理取闹。领导者有时也会出现这种倒退现象。例如，在遇到挫折后不愿意承担责任或敏感性降低，不会区别合理与不合理的要求，甚至会盲目地忠实于某个人或某个组织，这些现象都属于倒退之列。

4）妥协。人们在受到挫折时，会产生心理或情绪上的紧张状态，这种紧张状态往往令人很难承受。为了摆脱这种状态，人们往往采取妥协性措施，可以减少在遇到挫折时由于心理或情绪过分紧张而给身体造成的损害。妥协措施常见的形式有以下几种。

①文过饰非。文过饰非是指人们在受到挫折时，会想出各种理由原谅自己或为自己的失败辩解。文过饰非起着自我安慰的作用。也许在旁观者看来，自圆其说是荒唐的，但本人却以此得到说服，这种现象类似于我们平常所说的"阿 Q 精神"。

②投射。投射就是把自己所做的错事或不良表现委过于他人，从中减轻自己的内疚、不安和焦虑。

③反向。反向就是受到挫折之后，为了掩盖自己内心的憎恨和敌视，努力压制感情，做出违背自己意愿的行为。

④表同。表同是与投射完全相反的一种表现，其特点是把他人具有的、自己羡慕的品质加到自己身上，具体表现就是模仿他人的举止言行、思想、信仰，以他人的风格、姿态自居。

小故事 22

将梭鱼与一群小鱼放入同一个水池中，中间用玻璃隔开。玻璃在水中是看不见的。梭鱼看到一群小鱼在眼前游动，会猛地扑过去，企图捕食小鱼。"砰"的一声，梭鱼被莫名其妙地弹了回去。梭鱼再次扑了上去，再一次被弹回来……经过多次反复扑撞，梭鱼逐渐失去了再次尝试的勇气，以至于人们将玻璃拿开后，即使小鱼游到梭鱼的嘴边，梭鱼直至饿死，也不会再去捕食小鱼。

启示：当个体多次失败后，他将会失去再战的勇气。

2.8.4 应对挫折的方法

挫折所带来的后果往往引起人们心理和行为上的消极反应，在企业中会挫伤员工的工作积极性，因此在企业管理中，应尽量减轻挫折所引起的不良影响，提高员工对挫折的容忍力，减轻和消除挫折给人们带来的非理智性反应，是管理心理学的重要研究课题。就具体的管理工作而言，应对挫折的方法主要有以下几种。

（1）提高思想认识，正确对待挫折。挫折也与困难一样，可以吓退人，也可以锻炼人。正确对待挫折的关键在于提高自己的思想认识，遇到挫折时有充分的心理准备，这样面对挫折不至于惊慌失措或灰心丧气，受到挫折后也能分析原因，在挫折面前不丧失前进的动力。

（2）树立远大的目标。实践证明，员工一旦树立了远大的生活目标，便能够更加冷静、正确地处理个人与工作目标的关系，也能够经受各种小的失败和挫折，且在挫折面前不丧失前进的动力。

（3）改变情境。改变引起挫折的情境是应对挫折的有效方法之一。通常采用的方法是调换一个工作环境，或调整工作班级，减少原来的环境中的不利刺激，这样可以帮助员工在新的环境克服原来的对立情绪，重新建立良好的人际关系。

（4）采用精神发泄法。精神发泄法又称为心理治疗法，它是通过创造一种环境，使受到挫折者可以自由地发泄自己受压抑的感情。一个人处于受挫的情境中，常常会以一种非理智的情绪反应来代替理智行为。例如，管理者可以采取个别谈心的办法，倾听员工的抱怨、申诉；也可以让受挫折者用申诉信的方法来发泄不满。当受挫折者把不满情绪都写出来时，往往也就心平气和了。

（5）变消极为积极。对于全局性的、持续时间较长的、涉及面较广的挫折，单纯采用防御性的措施是难以奏效的，此时必须采取主动的方法来应对挫折，变被动为主动。

（6）幽默作用。

小故事 23

雷霆之后就是必有大雨

一次，苏格拉底正在待客，他妻子却为了一件小事与他大吵大闹。苏格拉底淡然置之，笑道："好大的雷霆啊。"谁知他妻子却越闹越凶，竟然当着客人的面，将半盆凉水泼到苏格拉底身上。客人很尴尬，以为苏格拉底一定会发火了，谁知他却心平气和说到："我知道，雷霆之后必有大雨。"

2.9　归因理论

归因是人们对他人或自己的所作所为进行分析，推断其原因的过程，即对他人行为或自己行为的原因的解释和推断。

行为产生的原因包括内部原因和外部原因两种。内部原因是指个体自身所具有的、导致其行为表现的品质和特征，包括个体的人格、情绪、心境、动机、能力、努力等。外部原因是指个体自身以外的，导致其行为表现的条件和影响，包括环境条件、情境特征、他人的影响等。

2.9.1　凯利的三维归因理论

凯利认为，人们对行为的归因总是涉及三方面因素：行为者、客观刺激物、所处关系或情境。其中，行为者的因素属于内部因素，客观刺激物和所处的关系或情境属于外部因素。

（1）区别性：指个体在不同情境下是否表现出不同行为，他是在众多场合下都表现这一行为还是仅在某一特定情境下表现这一行为。例如，一名今天迟到的员工是否经常表现得自由散漫，违反规章纪律。如果行为的区别性低，则观察者可能对这名员工迟到的行为作内部归因；如果行为的区别性高，则员工迟到的原因可能被归因于外部。

（2）一贯性：指行为者是否在任何情境下和任何时候对同一刺激物作相同的反应，即行动者行为是否稳定而持久。例如，一名员工并不总是上班迟到，他连续七个月从未迟过到，则表明这是一个特例，行为的一贯性较低；如果他每周都迟到两三次，则表明这种行为一贯性高，观察者越倾向对其进行内部归因。

（3）一致性：指其他人对同一刺激物是否也做出和行为者相同的方式反应。如果每个人面对相似的情境都做出相同的反应，我们说该行为表现出一致性。例如，所有走相同路线上班的员工都迟到了，则迟到行为一致性就高。从归因的观点看，如果一致性高，我们对迟到行为进行外部归因，如这条路线堵车了。如果走相同路线的其他员工都准时到达了，则认为该员工的迟到行为的原因来自内部。

三种行为信息的归因见表2-4。

表2-4 三种行为信息的归因

行为信息			归因类型
区别性	一贯性	一致性	
低	高	低	行为者
高	高	高	客观刺激物
高	低	低	情境

2.9.2 维纳的成败归因理论

1. 三个维度

美国心理学家维纳提出的成败归因理论认为人们对成功和失败的归因通常包含三个维度：

第一个维度是内外的维度，即将成功或失败归因于内部原因还是外部原因。

第二个维度是稳定性维度，即将成功或失败归因于稳定的经常发生的因素还是不稳定的偶然性因素。

第三个维度是指控制点，即将成功或失败归因于可控的因素还是不可控的因素。

成败归因见表2-5。

表2-5 成败归因

目前成败状况	本人过去成败状况	别人成败状况	归因
成功：某人这次考试得了高分	成功：过去考试得了高分	失败：别人这次考试没有得高分	能力稳定的内在因素
失败：某人这次考试没有考好	失败：以前考试也没有考好	失败：别人这次考试也没有考好	题目太难稳定的外在因素
成功：某人这次考试得了高分	失败：以前考试没得高分	失败：别人这次考试没有考好	运气不稳定的外在因素
失败：某人这次考试没有考好	成功：过去考试都得高分	成功：别人这次考试考得很好	努力不够不稳定的内在因素

2. 归因偏差

人们在评价他人行为时总是倾向于低估外部因素的影响而高估内部个人因素的影响。

（1）行为者与观察者偏差：行为者对自身行为的归因和观察者对行为者的归因往往是不同的。行为者倾向强调外部环境等不可控的因素，做出外部归因；而观察者则倾向于强调行为者本身的特质因素，进行内部归因。例如，员工倾向将任务没有完成归因于环境的变化、没有预料的意外因素等，而管理者则认为员工能力差或者不够努力，这样在员工和管理者之间就容易形成意见的冲突。

（2）涉及个人利益与否导致归因不一致：当行为人与认知者本身发生利益冲突时，认知者可进行不同的归因。

2.9.3 归因理论对认识组织行为的指导意义

在组织活动中，各级领导要注意通过树立改变人的思想认识来改变人的行为。对成功者和失败者今后的行为进行引导，尽量把成功与失败的原因归结于不稳定的因素。对于成功者而言，不能将成功完全或主要归因于他们的智力水平高、能力强，要引导他们注意不稳定性的内部和外部原因，如他们最近的工作努力、各方面的支持配合、个人情绪状态良好等。对于失败者而言，要防止他们将失败归结于其自身太笨，能力差、水平低，要引导他们注意不稳定的内部和外部原因，如最近他们精力不够集中、情绪不够稳定、与各方面协调配合不好等。这样，能使成功者不骄不躁，保持清醒头脑，有利于以后的工作；失败者有继续工作的信心，坚持不懈地努力工作，争取成功。

2.10 意志与行为

意志是个体心理过程的重要因素，是人的主观能动性的个体表现。意志是决定个人行为效果的基本因素，对个体潜能的充分发挥起重要作用。

2.10.1 意志的内涵

（1）意志就是自觉地确定目的，并支配调节自己的行为，以克服各种困难，实现目的的心理过程。意志过程是人的心理过程的一个重要方面，表现出了人改造客观世界和主观世界的能动作用。

（2）意志由意志行为表现出来，意志行为有两个特征：第一，它是自身有目的的行为，是受意识控制、符合目的的行为，它和一时冲动产生的行为完全不同；第二，它是与克服困难相联系的行为，不需要克服困难的轻而易举的行为，不能算是意志行为。

（3）意志行为受到意志的支配和调节。这种调节表现在三方面：一是发动作用，即推动人们为达到某种目标而行动；二是坚持作用，行动发动以后，往往不是一帆风顺的，这时就需要动员意志的力量去坚持，否则便会在困难面前败北；三是克制作用，就是用意志的力量去阻止与预定目标相违背的行为。大文豪苏轼认为："古之立大事者，不惟有超世之才，亦必有坚忍不拔之志。"坚强的意志对人的行为有支配作用。

2.10.2　意志对行为的影响

1. 意志品质分为自觉性、果断性、坚持性和自制性四个方面

（1）自觉性，是指对自己的行为目的的重要性和正确性有充分的认识，并根据客观规律规划自己的行为，以实现预期的目的。与自觉性相反的是受暗示性和独断性。受暗示性表现为容易受他人的影响而轻易改变自己的决定。自觉性强的人也愿意接受他人的意见和听从他人的劝告，但这是以意志和劝告符合自己的观点，并相信其正确为前提的。受暗示性则是轻信他人，不认真分析就轻易改变已做出的决定和行为。独断性表面上与受暗示性相反，即毫无理由地拒绝他人的忠告而独断专行，实际上独断性和受暗示性一样，都属于缺乏自觉性，是意志薄弱的表现。

（2）果断性，是指一个人能够适时地做出有根据和坚持的决定，并毫不犹豫地付诸实施，而在不需要实施和需要改变时，能立即停止和改变已做出的决定。在环境复杂多变，机遇与风险并存的情况下，决策者面对困难，勇于承担风险、敢于迎接挑战是果断的意志品质的集中体现，是企业家精神的重要方面。与果断性相反是优柔寡断。优柔寡断表现在应当立即做出决定时迟疑不决，应当行动时徘徊不前。"当断不断，必受其乱"说明的就是缺乏果断必会贻误时机，将带来不良后果。有果断品质的人，也可能经过很长时间才做出决定，但这不是他不果断，而往往是因为决策的复杂性和掌握的信息不足所带来的。

（3）坚持性，是指能顽强地克服行动中的困难、不屈不挠地执行决定的品质。这种品质表现为善于抵制不符合行动目的的客观诱因的干扰，做到面临千难万险，不为所动；也表现为善于长久地坚持业已开始的、符合目的的行动，做到锲而不舍，有始有终。在最困难的关头能不能坚持下来，是对一个人意志品质的严峻考验。坚持性与顽固执拗不同，坚持性是以对活动意义的明确认识，对行动方法的科学分析为基础的，而顽固执拗则是明知错误还要固执己见、抱残守缺，实际也是意志薄弱、缺乏信心的表现。

（4）自制性，就是自制的能力，是指在意志行动中善于控制自己的情绪，约束自己的言行。这种品质表现为善于迫使自己去执行已做出的决定，战胜有碍执行决定的各种因素，如克服恐惧、犹豫、懒惰、羞怯等，也表现为善于抑制自己消极情绪的冲动，自觉地控制和调节自己的行为。自制性强的人，在危急关头能够克服惊慌、恐惧的情绪而从容镇定、谈笑自若；在情绪震荡时善于控制、理智对待、宠辱不惊。意志薄弱的人缺乏自制力，他们不是情感的主人，而是情感的奴隶，常常管不住自己，从而犯下各种错误。

2. 意志对行为的影响

意志表现为人的意识、行为的能力，是主观作用于客观的心理过程，它受到立志、观点、信念的制约，充分地表现一个人行为的自觉性和果断性，表现出克服困难的坚持性和自制性。良好的意志品质是一个人心智健康发展、走向成功的必要条件。具有良好的意志品质的人勇于克服困难、超越自我，愈挫愈勇、磨炼自己、克制自己，最终取得优异成绩，振奋组织士气，提高群众的凝聚力；而意志薄弱的人往往三心二意、缺乏斗志，在困难面前畏缩不前，遇到挫折灰心丧气、怨天尤人，甚至半途而废，一事无成，影响群体情绪。当然，意志力不是与生俱来的，而是在实践活动尤其是在克服困难的过程中形成的，所以，我们要利用各种活动培养自己的良好的意志品质，从小处着手，在困难面前有斗志，在失败面前不灰心，坚忍不拔，顽强不懈地对待生活、工作中的各种挫折。

2.11　兴趣与行为

兴趣是人对客观事物的积极心理倾向，是影响个体行为的重要因素，在调动人的积极性、充分发挥个体潜能方面均起着重要作用。

2.11.1　兴趣的含义

（1）兴趣是人积极认识客观事物的心理倾向，这种倾向使人对事物给予优先的注意和反应。兴趣属于个性的动力系统，引起兴趣的原因有两个方面：一是客观事物对主体的重要意义；二是该事物对主体情绪上的吸引力。

（2）兴趣最初表现在人和动物所共有的探究反射。这是一种警觉反射，具有防御保卫机体的功能，进而发展为探究事物原由的好奇心和人类深化认识的求知欲。兴趣是人类探索知识、追求真理的重要内部动力。

（3）兴趣与爱好是十分类似的心理现象，但二者也有区别。兴趣是一种认识倾向，爱好则是活动倾向。认识倾向只要求弄懂、搞清这一现象，却没有反复从事这种活动的心理要求。例如，对于某个不解的问题，弄明白之后就不希望再重复这种活动了。活动倾向则有反复从事这种活动的愿望。再如，爱好打球或绘画的人，他希望反复进行这种活动，因为从活动中可以获得无穷的乐趣，其目的不仅是希望弄清这种活动是怎么回事。

2.11.2　兴趣的种类

人的兴趣是多种多样的，可以根据不同标准分类。

（1）根据兴趣的倾向性来分，可分为直接兴趣和间接兴趣。直接兴趣是对某一事件或活动本身产生兴趣；间接兴趣是对事物或活动本身虽无兴趣，但对该项活动的结果有兴趣，如对某项劳动将取得的成果或掌握某项知识后的作用发生兴趣。在一定条件下，间接兴趣可转化为直接兴趣。

（2）根据兴趣维持的持久性，可将其分为暂时兴趣和持久稳定的兴趣。暂时兴趣一般产生于某种临时性的活动之中，此种兴趣随着活动的结束而消失。持久稳定的兴趣不会因为某种活动的结束而消失，它往往会成为个人一生中的行为特点，这种稳定的兴趣是创造性劳动的重要条件，是事业成功不可缺少的心理因素。一个人对自己所从事的事业抱有持久稳定的兴趣，就会对事业充满热情，潜心钻研，甚至克服一切困难坚持不懈地进行创造性的工作。

（3）根据兴趣的社会意义可分为积极兴趣和消极兴趣。人们对知识的追求、对劳动的热爱、对文学艺术的欣赏及对文体活动的爱好都是有积极意义的兴趣。贪婪的物质追求、不良的嗜好、低级情趣和过度的休闲性爱好都是消极兴趣。

2.11.3　兴趣在个体行为的作用

（1）兴趣可以调动人们认识和活动的积极性，从而以充沛的精力投入该种认识和活动中去，对人的学习、工作和活动产生重要影响，青少年时代的兴趣爱好，往往能为一生的事业奠定基础。

（2）兴趣可以提高学习或活动的效率。人们对有兴趣的事物必然优先集中注意力，并增强注意的稳定性，减少分心；兴趣可以使人产生愉悦的情绪体验，克服倦怠和疲劳；兴趣可以增进记忆、诱人进行深入思考。从事有兴趣的活动可以提高效率，因此学习、工作中努力激发人的兴趣，讲课、写文章、组织活动都要注意趣味性。

（3）兴趣影响人们的工作方向。一个人从事的创造性活动如果符合自己的兴趣，就会潜心钻研、锲而不舍。另外，兴趣是可以培养的，对于那些有重要意义的学习和工作内容，应在活动过程中培养兴趣。

本章小结

个体心理指处在组织管理过程的个体的心理活动，包括感觉、知觉、意志、情绪和情感。个体心理活动与个体行为之间的关系是管理心理学研究的内容之一。个体心理过程是指人的心理活动发生、发展的过程，即客观事物作用于人，在一定的时间内大脑反应客观事实的过程，包括认识过程、情绪和情感过程、意志过程。

感觉是直接作用于人的感觉器官的客观事物的个别属性或个别部分在人脑中的反映。如视觉、听觉、嗅觉、味觉和触觉等。

知觉是直接作用于感觉器官的客观事物的整体属性或各个部分在人脑中的反映。

社会知觉是个体在社会环境中对人（个体或群体）的心理状态、行为动机和意向（社会特征和社会现象）做出推测与判断的过程。它包括三个方面的内容：对人的知觉（包括对自己或他人的知觉）；对社会事件因果关系的知觉；对人际关系的知觉。

个性是指区别于他人，在不同环境中显现出来的，相对稳定的，影响人的外显和内隐性行为模式的心理特征的总和。

价值观是基于人的一定的思维感官之上而做出的认知、理解、判断或抉择，也就是人认定事物、辨别是非的一种思维或价值取向，从而体现出（人、事、物）一定的价值或作用。

能力是制约人们完成某项活动的质量和数量水平的个性特征。

态度是指个体对外界事物的一种较为持久而又一致的内在心理和行为倾向。态度是具体的，任何态度都有其明确的对象。

挫折是指个体在从事有目的的活动过程中，遭遇障碍或干扰，由于动机受阻而导致需要不能满足的情绪状况。

归因是人们对他人或自己的所作所为进行分析，推断其原因的过程，也就是对他人行为或自己行为的原因的解释和推断。

意志是个体心理过程的重要因素，是人的主观能动性的个体表现。意志是决定个人行为效果的基本因素，对个体潜能的充分发挥起重要作用。

兴趣是人对客观事物的积极心理倾向，是影响个体行为的重要因素，在调动人的积极性、充分发挥个体潜能方面起重要作用。

复习思考题

1. 什么是感觉？什么是知觉？它们有什么区别和联系？
2. 常见的社会知觉误区有哪几种？它们是如何影响我们的判断的？
3. 简述知识、技能与能力之间的关系。
4. 意志是如何影响我们的工作、学习和生活的呢？
5. 态度是如何影响我们的行为的？

案例分析

价值 2 亿美元的工作态度

2004 年年底，国际航空联盟决定在亚洲遴选一座有超级吞吐能力且在软硬件上都过关的机场，作为国际客运及货运的航空枢纽，成为各个国际航班的中转站，选定后这个航空枢纽预计年乘客运输量达 3 000 万人次以上，货物吞吐量超过 200 万吨。如果哪家机场最终幸运入选，每年在收取停机费以及提供其他机场服务等方面，就将获得近 2 亿美元的收入。

此消息一出，亚洲各国机场纷纷摩拳擦掌，积极申报参与竞争。最终，中国的浦东国际机场、日本的成田国际机场、马来西亚的吉隆坡国际机场，以及韩国的仁川国际机场从众多申报中脱颖而出。接下来，国际航空联盟的官员们开始对这四家机场展开调研并逐一打分。很快，凭借着现有的吞吐能力和未来已定下的扩建规模，浦东国际机场和地处东北亚交通网中心的仁川国际机场进入决赛圈。

决赛争夺尤为激烈，因为在各项硬件条件上，浦东国际机场和仁川国际机场不相上下，就看谁的服务更胜一筹了。

国际航空联盟的几名官员将自己乔装成普通乘客，到两家机场"明察暗访"，在登机乘坐的过程中，两家国际机场都给予了同样的规范化的服务，难分伯仲。但在服务细节上，仁川国际机场更胜一筹。

当浦东国际机场的工作人员得知败给对手的真正原因后，表示一定会立即整改，以后将为乘客提供更好的服务。

事实证明，国际航空联盟的决定是正确的，根据日内瓦国际机场协会在 2006 年和 2007 年的调查，仁川国际机场连续两年获得了"全球服务最佳机场"第一名。

（案例来源：吕伟峰.上海浦东国际机场有限公司人才激励机制研究[M].北京：中国人民大学出版社，2007.）

问题和讨论：

1. 根据价值观和态度的相关理论对国际航空联盟的决定进行分析。
2. 这个案例带给我们什么启发？

第三章 群体心理与行为

学习目标

1. 了解群体、群体凝聚力、群体规范、从众、角色等概念。
2. 能简述群体心理的特征、群体对个人的影响。
3. 掌握影响群体的主要因素。
4. 能列举非正式群体的作用，学会管理非正式群体。
5. 能合理地分析、解释、引导和控制群体行为，以提高群体行为的有效性。
6. 理解影响群体决策有效性的因素并掌握群体决策的方法。
7. 了解人际关系的相关理论。

本章导读

在组织中，人们总是以群体的方式完成工作，群体对成员有重要的影响作用。群体的工作绩效及群体中每个成员的工作表现和工作绩效与群体的心理和行为息息相关。若要通过管理让一个群体成为高绩效、高凝聚力、高满意度的优秀群体，学习本章中的群体心理与行为基本知识与理论就特别有必要。

导入案例

总务主任老陈一坐到校长面前就诉苦："这里要钱，那里也要钱，可是上级拨来的经费只有那么一点，实在难以照顾到各种开支。各个教研组要求买这买那，如果不满足就意见一大堆。有些人在背后说我是'铁公鸡'。"老陈说，今天数学教研组长李老师向总务处提出，要给每个老师买一套新版的各年级的数学教材，可那要不少钱，学校的经费有限，还有许多要开销的地方，要节约使用。化学组的小袁老师表示，应该把教学经费分到各教研组包干使用。接着老陈又说，总务工作不仅是经费上的问题多，其他矛盾也不少。团委书记小李与物资局的小冯结婚，女方那边分了一套房子，小李很少在学校住宿，他那间房有两家盯着要。一间房子几家都想占，也不好处理。还有保管员年龄大，病又多，干不了那份工作。原来的食堂管理员调岗做出纳后，食堂还没有找到人接管。想去干的人倒是不少，可是他们又胜任不了。总务工作实在难做……校长知道总务工作难做，对老陈的"苦经"理解，先对老陈说了几句安慰的话，接着说："忙过开学工作，专门开个会来解决一下。"老陈看到校长同情和支持自己，也就不再诉苦了。

（案例来源：孙喜林. 管理心理学[M]. 2 版. 北京：人民邮电出版社，2022.）

本案例体现了典型的群体问题：群体成员各有各的想法、各有各的需要，而组织的资源又是有限的，这个矛盾如果解决不好，很可能让领导没有威信，群体一盘散沙、没有凝聚力，无法高效地进行工作。那么，如何才能使得一群人在一起不是一群乌合之众，而是能发挥 1+1>2 的效应，成为士气高、凝聚力强的高绩效工作群体呢？学习本章知识就能帮助我们解决这个问题。

3.1　群体概述

群体由个体组成，但是，由个体组成的群体有着个体没有的特点，一片花瓣看上去再美，也不会有花朵的多姿多彩；相似的花瓣依照不同的方式组合成花朵，千姿百态，是一片片花瓣所不能媲美的。

群体心理一经形成，便被成员共有，包括大家心目中的共有评价、选择、情感等，就在比个体优越得多的水平上体现出成员的心境和心态。一个和谐的群体，会使每个成员工作起来精神焕发、士气高涨，这都是在个体孤立的状态下不会有的心理状态。总之，群体心理是成员共有的，这说明群体心理是以群体面貌出现的心理状态。

群体中每个成员的行为都有可能影响群体中所有其他成员，这种互动可能是不连续的、短暂的，但不管互动以什么方式存在，它都是群体生活的关键部分。

3.1.1　群体的概念

群体的基本含义，是若干个体组合而成的一群人。但从心理学的角度看，由若干个体组成的一群人，能够成为群体，必须满足一定的条件，否则，就不能称为群体。例如，把几个人叫到一起，坐在同一房子里，这时，这些人还不知道叫他们来干什么，此时的群体便是各怀心事，各有各的打算。虽然他们已凑在一起，但无法实现群体的功能。正因为不具备群体的功能，所以他们就不能称之为群体。但是，如果把这些人约到一起后，向他们讲明来意，让他们共同协作完成一项任务。这时，虽然他们各人有各人的工作，但是共同目标是一致的，是为了实现同一目的分担不同的工作，而不是各怀心事，互不相干。这时的一群人与前述的一群人已有本质的区别。那么，是不是有相同目标的一群人就可以成为群体？要回答这一问题，让我们先看下面的一些例子。在日常生活中，我们常常会遇到这样的情况：假设一群人都是去火车站，但他们之间毫无联系，在一起去往火车站的途中，若不发生人际交往，谁也不会知道谁在哪里，去干什么。这样的一群人，虽然有相同的行动目标，但是意识却毫无联系，更不可能协同工作，也不能实现群体的功能。所以，有相同的目标，意识却毫无联系的一群人，依然不能称为群体。只有既有相同的目标，相互之间又有意识上的联系，行为上共同协作的一群人才能成为群体。例如，正在同一条路上走着一群人，其中有一个人病得很重，需要急救。这时，同行的若干人为了及时救护病人而凑在一起，让懂急救的人妥善处理病人，让有力气的人抬起病人往医院送。另外，还叫一些相关的人分头去做有关的事情等，目的就是尽快地让病人脱离危险。这时，他们都意识到自己和对方在干什么，即在意识上发生了联系，在行动上相互协作，为的是同一个共同的目标。对于这样的一群人，我们便可以称为群体。

根据上述的分析，我们认为：群体应该是在意识和行动上相互发生联系或影响，为着共同的目标而协同活动的一群人。

【短视频】群体概述

3.1.2　群体的类型

对群体流行着以下几种分类：群体可以分为大群体和小群体；库利把群体分为初级群体和次级群体；梅奥把群体分为正式群体和非正式群体；萨姆纳把群体分为内群体和外群体；海曼又把群体分为参照群体和所属群体等。

1. 大群体和小群体

大群体是指群体成员之间只是以间接的方式联系在一起的群体，如国家、民族等。而小群体是指成员之间有直接联系的群体。本书研究的目标主要是小群体。

2. 初级群体和次级群体

初级群体和次级群体主要依据群体成员间关系的亲密程度来划分。

所谓初级群体，又叫直接群体、基本群体或首属群体，指的是其成员相互熟悉、了解，以感情为基础结成亲密关系的社会群体。典型的初级群体有家庭、邻里、朋友和亲属等。复杂组织中的一些非正式群体，如军队中的战友群、工厂中的工友小集团以及学校里的"哥们儿"群体等，也属于初级群体。

所谓次级群体，又叫间接群体或次属群体，指的是不同成员为了某种特定的目标集合在一起，通过明确的规章制度结成正规关系的社会群体。在这类群体中，成员间的感情联系很少，面对面的接触很有限，主要是依据既定的角色联系在一起，包括各类社会组织，如军营、学校、大工厂和政府部门等。

3. 正式群体和非正式群体

正式群体和非正式群体主要依据群体的正规化程度及其成员间的互动方式来划分。

正式群体的正规化程度高，其成员间的互动采取制度化、规范化的方式，成员的权利、义务及彼此间的关系都有明确的、且常常是书面形式的规定。

非正式群体的正规化程度低，其成员间的互动采取随意的、常规的方式，成员的权利、义务及彼此间的关系并没有明确的（尤其是没有成文的）规定。在非正式群体中，成员间通过经常性的自由交往，这便形成了一些不言而喻的规范和角色期望，大家自然地结合在一起。

4. 内群体和外群体

内群体和外群体主要依据成员对群体的心理归属来划分。

内群体和外群体的概念，是美国社会学家萨姆纳在 1906 年提出来的。他试图通过这两个概念来描述群体成员对自己人或别人群体的感情。所谓内群体，指成员对其有团结、忠心、亲密及合作感觉的群体，也就是成员在心理上自觉认同并归属于其中的群体。在内群体中，成员具有相互爱护及相互同情的情操；与同属于一个群体的人在一起，彼此容易认识和了解，因此感觉轻松、自在。人们的日常生活大多以内群体为中心。

所谓外群体，泛指内群体成员之外的其他任何"别人"的结合。内群体中的成员对外群体及其成员普遍抱有怀疑和偏见，甚至采取蔑视、厌恶、仇视、挑衅等敌对态度，在心理上无任何归属感。

内群体与外群体常常互相隔离，乃至处于对立的地位。当彼此发生严重的利害冲突时，比较容易出现抵制、争斗、侵略等行为。

5. 参照群体和所属群体

参照群体和所属群体主要依据成员的身份归属来划分。

参照群体并非某一(些)成员身份所属的群体，但它却被某一(些)成员用作其所属群体的参照对象。作为参照对象的群体简称参照群体。参照群体一般是与所属群体同类的群体，例如大学中某班级的成员选择另一班级作为其参照群体，并以该班级的状况来评判自己所属班级。但是，有时候参照群体并非与所属群体同类。根据成员的不同参照需要，会形成不同的参照群体；同一参照群体的意义在不同时期有可能发生变化。

参照群体通常对其成员的认知、情感、态度和价值观念等发生重大影响，并因此而削弱或加强所属群体的团结。

6. 血缘群体、地缘群体、业缘群体与趣缘群体

血缘群体、地缘群体、业缘群体与趣缘群体主要依据群体内人际关系发生的缘由及其性质来划分。

基于成员间血统或生理联系而形成的群体叫血缘群体，包括家庭、家族、氏族、部落等具体形式。血缘群体历史最为悠久，是个体学习、参与社会活动的出发点。

基于成员间空间或地理位置关系而形成的群体叫地缘群体，包括邻里、老乡、民族社区等具体形式。这类群体的出现比血缘群体要晚。比较稳定的、牢固的地缘群体是人类采取定居形式后的产物。

基于成员间劳动与职业间的联系而形成的群体叫业缘群体，包括各种各样的社会经济组织、政治组织和文化艺术组织等具体形式。这类群体的出现是生产力日益发展、社会分工越来越细、阶级社会逐步产生的结果。

基于成员间兴趣、爱好、志向等的相同或相近而形成的群体叫趣缘群体，包括人们通常所说的各种业余爱好群体，如登山协会、桥牌协会，以及一些志愿者团体等具体形式。一些爱好上网的人还结成"网友"群体，这也是趣缘群体的一种新形式。

3.1.3　群体的发展阶段

群体工作和研究之父的称号非埃米尔·迪尔凯姆莫属，他证明了社会的基础是人们的

团结一致。他提出，这种团结一致产生了那些基本群体成员之间的相互关系。他把基本群体定义为一小群能面对面地相互影响、相互依赖，并具有强烈的群体特征的个体组合。显然，这种群体包括家庭、贵族社交圈、商务同人组织等。

毫不奇怪，一些动力学家发现群体时时刻刻处于变化之中。对一个群体的早期观察就不适用于其后期的情况。

对于这种变化，通常有两种解释，第一种解释是阶段重见理论，这一理论提出：在群体发展的不同阶段，总有一些特定的事件左右着群体内的相互作用，这些事件在群体发展过程的某一个阶段又会重新出现。这样，如果一个群体在任务导向和激励、驱动两种行为方式之间找平衡，它很可能在两者之间来回摆动，先是达到高度团结，然后转向以任务为中心。

第二种解释是阶段顺序理论，这一理论是塔克曼于 1965 年提出的。塔克曼建立了群体发展"形成阶段""高速发展阶段""稳定发展阶段""执行阶段"的概念。实际上，1977年，他在与詹森合写的一篇后期论著中又加上了群体发展的最后一个阶段，即"中止阶段"。这个框架使我们了解群体发展不同阶段之间的明显关系。这两种解释之间的区别实际上是微小的，两者一致同意，由于群体行为中的一些固有问题从未获得彻底解决，所以，阶段会重现。

根据塔克曼的理论，群体发展一般经历以下时期（但并不是所有群体都按顺序经历这几个发展阶段）。

形成期，在形成期中群体成员开始聚集，但群体的目标与结构、领导权关系皆呈高度的不确定。成员开始彼此测试，找寻合理的结构关系，以及行为底线。当成员开始认为自己是群体的一分子的时候，形成期便宣告结束。

激荡期，即高速发展阶段，是群体成员相互挑战与冲突以确认领导权威的阶段。在这个阶段成员已经接受了群体存在的事实，但仍设法抗拒群体加诸他们身上的限制，并设法澄清谁能够掌控这个群体。当群体中有明确的领导阶层产生时，激荡期便结束了。

规范期，即稳定发展阶段，目的在于建立群体的行为规范，并发展出紧密的伙伴关系与群体的内聚力。当群体的结构趋于稳定时，成员对群体行为规范有了高度认同的时候，规范期便结束了。

执行期，是群体发展阶段的核心，前几个阶段都是在为这个阶段作准备。群体成员在明确的分工和互信下，投注完全的心力来执行所交付的任务，以发挥群体的效能。

解散期，也叫中止期。并不是所有的群体都是永远持续存在，所以群体发展的第五个阶段是中止阶段。在此阶段，群体被解散或自动消失。

每个时期群体的特征和成员的行为是不一样的，管理者要针对这些特征实行不同的管理（图 3-1）。

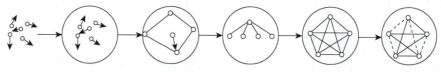

图 3-1 群体的发展

3.2　非正式群体

非正式群体是未经正式筹划而由人们在交往中自发形成的一种关于个人与社会的关系网络，这种关系网络并非由法定的权力机构所建立，也不是出于权力机构的要求，而是在人们彼此交往的联系中自发形成的。比如知青会、校友会、钓鱼协会、桥牌协会以及家庭都属于非正式群体。一般而言，非正式群体可以存在于任何一种群体之中，只要群体中的成员对这种组织形式有一定的需求。

 【短视频】非正式群体

3.2.1　非正式群体特征

非正式群体没有正式组织机构，一般也不具备自觉的共同目标，它产生于与工作有关的联系，并由此形成一定的看法、习惯和准则，它代表着一定利益的团体。非正式群体有以下基本特征。

1. 自发性

非正式群体中共同的个人行动虽然有时也能达成某种共同的结果，但人们并不是本着有意识的共同目的参与活动的。他们只是由于自然的人际交往（如以某种共同利益、观点和爱好为基础）而自发地产生交互行为，由此形成一种未经刻意安排的组织状态。

2. 内聚性

非正式群体虽然没有严格的规章制度来约束其成员的行为，但是它通过成员的团队意识、团队固有的规范和压力以及非正式领导者的说明和影响作用将人们团结在一起，并产生很强的凝聚力。

3. 不稳定性

非正式组织是自发产生、自由结合而成的，因此呈现出不稳定性，它可以随着人员的变动或新的人际关系的出现而发生改变，从而使其结构表现出动态的特征。

3.2.2　非正式群体的作用

非正式群体的存在及其活动既可以对正式群体目标的实现起到积极促进的作用，也可以对后者产生消极的影响。

1. 非正式群体的积极作用

（1）可以满足员工的需要。

非正式群体是自愿性质的，其成员甚至是无意识地加入进来，他们之所以愿意成为非正式群体的成员，是因为这类群体可以给他们带来某些需要的满足。比如，工作中或作业间的频繁接触以及在此基础上产生的友谊，可以消除孤独的感觉，满足他们"被爱"以及

"施爱之心于他人"的需要；基于共同的认识或兴趣，对一些共同关心的问题进行谈论，甚至争论，可以帮助他们满足"自我表现"的需要；从属于某个非正式群体这个事实本身，可以满足他们"归属""安全"的需要等，组织成员的许多心理需要是在非正式群体中得到满足的。而我们已经知道，这类需要能否得到满足，对人们在工作中的情绪，以及工作的效率是有着非常重要的影响的。

（2）增强团队精神。

人们在非正式群体中的频繁接触会使相互之间的关系更加和谐、融洽，从而易于产生和加强合作的精神。这种非正式的协作关系和精神如能带到正式组织中来，则无疑有利于促进正式组织的活动协调地进行。

（3）促进组织成员的成长。

非正式群体虽然主要发展的是一种业余的、非工作性的关系，但是它们对其成员在正式群体中的工作情况也往往是非常重视的。对于那些工作中的困难者和技术不熟练者，非正式群体中的伙伴往往会给予自觉的指导和帮助。同伴的这种自觉、善意的帮助，可以促进他们提高技术水平，从而可以对正式群体起到培训的作用，促进组织成员的成长。

（4）帮助正式群体维护正常的活动秩序。

就像对环境的评价会影响个人的行为一样，社会的认可或拒绝也会左右非正式群体的行为。非正式群体为了群体的利益，为了在正式群体中树立良好的形象，往往会自觉或自发地帮助正式群体维护正常的活动秩序。虽然有时也会出现非正式群体的成员犯了错误互相掩饰的情况，但是为了不使整个群体在公众中留下不受欢迎的印象，非正式群体对那些严重违反正式群体纪律的害群之马，通常会根据自己的规范并利用自己特殊的形式予以惩罚。

2. 非正式群体的消极作用

（1）可能与正式群体产生冲突。

非正式群体的目标如果与正式群体冲突，则可能对正式群体的工作产生极为不利的影响。例如，正式群体力图利用职工之间的竞赛以达到调动积极性、提高产量与效益的目标；而非正式群体则可能认为竞赛会导致竞争，造成非正式群体成员不和，使他们抵制竞赛，设法阻碍和破坏竞赛的展开，其结果必然影响企业竞赛的气氛。

（2）可能束缚组织成员的发展。

非正式群体要求成员一致性的压力，往往也会束缚成员的个人发展。有些人虽然有过人的才华和能力，但非正式群体一致性的要求可能不允许他冒尖，从而使个人才智不能得到充分发挥，对组织的贡献不能增加，这样便会影响整个组织工作效率的提高。

（3）可能影响组织的变革。

非正式群体的压力还会影响正式组织的变革，发展组织的惰性。这并不是因为所有非正式群体的成员都不希望改革，而是因为其中大部分人害怕变革会改变非正式群体赖以生存的正式组织的结构，从而威胁非正式群体的存在。

3.2.3 非正式群体的管理方法

不管我们承认与否、允许与否、愿意与否，非正式群体总是客观存在的，它对正式群体起的正反两方面作用也客观存在。若要有效实现正式群体的目标，就要充分发挥非正式群体的积极作用，努力克服和消除它的不利影响。

1. 允许存在，谋求吻合

若要利用非正式群体，首先要认识到非正式群体存在的客观必然性和必要性，允许乃至鼓励非正式群体的存在，为非正式群体的形成提供条件，并努力使之与正式群体吻合。例如，正式群体在进行人员配备工作时，可以考虑把性格相投、有共同语言和兴趣的人安排在同一部门或相邻的工作岗位上，使他们有频繁接触的机会，这样就容易让两种群体的成员基本吻合。又如，当正式群体开始运转以后，应展开一些必要的联欢、茶话、旅游等旨在促进组织成员间感情交流的联谊活动，为他们提供业余活动的场所，在客观上为非正式群体的形成创造条件。

促进非正式群体的形成，有利于正式群体效率的提高。人通常都有社交的需要，如果一个人在工作中或工作之后与他人没有接触的机会，则可能心情烦闷，感觉压抑，对工作不满，从而影响效率。相反，如果能有机会经常与他人聊聊对某些事情的看法，倾诉自己生活或工作中的障碍，甚至发发牢骚，那么就容易卸掉精神上的包袱，用轻松、愉快、舒畅的心理状态投入工作。

2. 积极引导、不断规范

通过建立和宣传正确的组织文化的方式来影响非正式群体的行为规范，引导非正式群体做出积极的贡献。非正式群体形成以后，正式群体既不能利用行政方法或其他强硬措施来干涉其活动，也不能任其自流，因为这样有产生消极影响的危险。因此，对非正式群体的活动应该加以引导，这种引导可以通过借助组织文化的力量，影响非正式群体的行为规范来实现。

许多管理学者在近期的研究中发现，不少组织在管理的结构上并无特殊的优势，却获得了超常的成功，成功的奥秘在于有一种符合组织性质及其活动特征的组织文化。所谓组织文化，是指被组织成员共同接受的价值观念、工作作风、行为准则等群体意识的总称，属于管理的软件范畴。组织通过有意识地培养、树立和宣传某种文化，来影响成员的工作态度，使他们的个人目标与组织的共同目标尽量吻合，从而引导他们自觉地为组织目标的实现积极工作。

如果说合理的结构、严格的等级关系是正式群体的专有特征，组织文化则有可能被非正式群体所接受。正确的组织文化可以帮助员工树立正确的价值观念和工作与生活的态度，从而有利于产生符合正式组织要求的非正式群体的行为规范。

3.3　群体心理与群体行为

3.3.1　群体心理与行为的特点

一个群体中的成员如果不是乌合之众，都认同自己的成员身份与群体的共同目标，这个群体一般具有四种心理特征。

1. 认同意识

不管是正式群体的成员还是非正式群体的成员，他们都有认同群体的共同心理特征，即不否认自己是该群体的成员。他们对自己群体的目标有一致的认识，认同群体的规范，

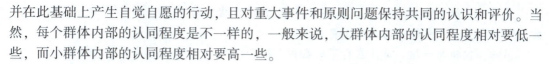

并在此基础上产生自觉自愿的行动，且对重大事件和原则问题保持共同的认识和评价。当然，每个群体内部的认同程度是不一样的，一般来说，大群体内部的认同程度相对要低一些，而小群体内部的认同程度相对要高一些。

2. 归属意识

不管是正式群体的成员还是非正式群体的成员，他们都有归属于群体的共同心理特征，也即具有依赖群体的要求。但是，归属意识里面又分为自愿感和被迫感的问题。非正式群体成员的归属意识是自愿的归属意识，而正式群体成员的归属意识则不确定，可能是自愿的，也可能是被迫的。个人的优势在正式群体中得不到充分的发挥，就可能对归属该群体这件事产生被迫感，这是一种和被迫感并存的归属意识。在这种情况下，该成员首先应该考虑的不是我应该为群体做些什么，而是考虑我属于这个群体了，群体就应该为我负责。所以，同样是归属意识，自愿的归属增强凝聚，而被迫的归属增强离散。

3. 整体意识

由于认同并归属了群体，不管是正式群体的成员还是非正式群体的成员，都有或深或浅、或强或弱的整体意识，即意识到群体有其群体的整体性。但是这种整体意识程度不同，行为表现不同。一般来说，整体意识越强，维护群体的意识也就越强，行为具有和群体其他成员的一致性；反之，整体意识越弱，维护群体的意识也就越弱，行为具有或强或弱的独立性，但也有相反的情况。正因为整体意识强，所以在发现群体其他成员的行为有害于整体时采取反对态度，和其他群体成员的行为不一致；正因为整体意识弱，所以采取不负责任的态度，和群体其他成员的行为保持一致。因此，整体意识和行为一致是两个互相联系的问题，但不是同一个问题。不能简单地把行为独立性强的人等同于没有整体意识或整体意识不强。

4. 排外意识

所谓排外意识，是指排斥其他群体的意识。群体具有相对独立性，而群体成员具有整体意识，这就必然在不同程度上产生排外意识。只要班组奖金高，管它车间发得出发不出奖金；只要车间奖金高，管它企业发得出发不出奖金。这是群体成员普遍会产生的心理。排外意识是和群体成员把自己看作哪个群体的成员，或者说更倾向于把自己看作哪个群体的成员相联系的。倾向把自己看作班组群体的成员，他就排斥车间以上的群体；倾向于把自己视为车间群体的成员，他就排斥企业以上的群体，也更横向地排斥同级的其他群体。越是把自己视为小群体的成员，排外的意识就越是强烈。因此，"外人"也就更难进入小群体。而这反过来也说明，人们往往更重视小群体的利益。

小知识

群体心理的特征

《乌合之众》的作者古斯塔夫·勒庞认为，群体心理有以下几种特征。

第一，冲动与多变。当面临问题时，群体不会进行理性的计划与筹谋，而是代之以盲目冲动和感情用事。

第二，易受暗示和轻信。群体很容易被煽动，尤其是被带有强烈情绪与暗示性的言语和行为所煽动。

第三，情绪的夸张与单纯。在群体中产生的情绪非常浓烈，却相对单一。是、非、爱、恨都被置于一种极端的角度上考虑。

第四，偏执与专横。群体在行事时会因"法不责众"而呈现出一种偏执的任性，面对个体时常常表现得态度专横。如果说个体是兼具理性与感性，同时拥有成熟的人格与过往天真稚拙时代的精神残余，群体就是由一群退行了的个体所组成。

所谓退行，是指个体不再以成熟的理性与人格模式主导行为，而是退行到 3 岁以前，以那时的心智模式主导行为。退行的个体会显得自恋、轻信、偏执、不负责任，而这与群体展现出的特征惊人相似。

3.3.2 影响群体心理与行为的主要因素

影响群体心理与行为的因素很多，以下围绕群体规模、成员角色、成员地位、群体领导、群体构成、群体规范、群体凝聚力等方面讨论。

1. 群体规模

每个群体都是由一定数目的成员构成的，这是群体结构的基本要素。随着群体规模的扩大，群体成员的互动关系也会发生变化，从而出现不同的特征；同时，群体对成员的影响方式也会有所区别。群体最少由两人组成，这是我们日常生活中常见的群体组合方式之一。社会学家琼·詹姆斯在 1951 年观察了 4 705 个非正式群体，这些群体涉及游泳者、购买商品者和雇员等。他同时还对 1 458 个正式工作群体进行了研究，发现71%的正式和非正式群体的互动主要由二人组合构成，三人组合占比为21%，其他的组合仅占比为8%。

三人组合的群体要比二人组合稳定，其中一人可以协调其他两人的关系。社会学家齐美尔对三人组合进行了深入分析，他认为，第三者在三人组合群体中扮演着非常重要的角色，主要有四种类型：第一，中间人。所谓中间人是指第三者是连接其他两人关系的基础，其他两人依赖与中间人的共同关系而相互影响。有时这两人完全通过第三者互动，有时也可以彼此直接接触。虽然中间人起到连接其他两人的作用，但并不解决其他两人之间的冲突；第二，仲裁者。仲裁者的角色与中间人不同，中间人没有权力判定其他两人的对错，必须由他们自己达成协议。当两人无法达成一致意见时，就要靠仲裁者来解决冲突。第三，渔利者。渔利者是指第三者利用其他两人之间的矛盾和冲突来获取自己的利益。渔利者可以通过支持冲突双方中的任何一方对冲突双方施加压力，以获得自己的最大利益。第四，分裂者和征服者。分裂者和征服者的角色与渔利者有些类似，但不完全相同。分裂者和征服者不仅利用双方的冲突，还会故意激化冲突双方的矛盾来为自己的利益服务。

群体成员的关系不仅限于二人组合和三人组合，每增加一名成员，群体的关系就会复杂很多。沙波特曾提出一个计算群体成员数与群体人际关系的公式，即 $X=(N^2-N)/2$。X 代表群体的人际关系数目，N 代表群体成员的数目。由公式可知，由两人组成群体时，群体的人际关系为1；由三人组成群体时，群体的人际关系变为3；如果群体增加到四人，群体的人际关系就变为6。由此可见，随着群体规模的扩大，群体的人际关系会迅速增加，而成员之间的联系就会减弱。

群体保持多大规模最有利于群体任务的完成呢？对小群体的研究表明，五人组成的小群体最为有效。因为五人群体中每个成员都有机会自由发表意见，当他们有分歧时不会出现两种意见势均力敌的现象，少数派也不至于完全孤立。另外，五人群体中成员之间的交

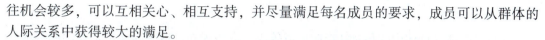

往机会较多，可以互相关心、相互支持，并尽量满足每名成员的要求，成员可以从群体的人际关系中获得较大的满足。

群体规模的扩大会使成员之间的交往机会减少，成员的群体参与感下降。相对于小群体来说，大群体中成员发表意见的机会较少，成员之间的交流不够充分，意见较分散，不易形成一致的决定，决定后执行的速度也比较慢，很难充分满足每个成员的需要。群体规模的扩大还会导致群体结构的分化以及机会不均等，成员之间难以建立平等的关系。

2. 成员角色

在群体中，成员按照一定的结构交往和沟通，不同的成员承担不同的角色。角色原指演员所扮演的某一特定人物，后来被社会心理学家引入社会学和社会心理学。一般认为，角色是指处于某一地位的个体根据他人的期望所表现出的一套行为模式。社会学家罗伯特·贝尔斯的研究表明，任何群体中都会产生最基本的角色分工，成员通过各自的努力来确定自己在群体中扮演的角色，这些角色都与群体的任务或活动有关，有助于群体目标的实现。围绕群体的任务，有的人充当谈话者，以避免群体沟通的中断；有的为群体提供建议；有的指导和控制成员之间的交往等，都为群体功能的有效发展提供了保障。群体成员的角色分工见表3-1。

成员在群体活动中相互交往，形成一定的人际关系。其中有的人比较受欢迎，有的人只能与很少的几个人建立良好的关系，还有的人处于群体的边缘，很少与他人交往。如何测量群体的人际关系，一直是社会学和社会心理学感兴趣的问题。社会心理学家雅各布·莫雷诺提出了社会测量法，社会测量法是根据社会成员之间互相喜欢和讨厌的程度来确定群体的人际关系状况。测量员可以通过询问成员愿意与谁合作或不愿意与谁合作确定每个成员在群体中受欢迎的程度，从而了解成员在群体活动中所担任的角色。

在群体活动的众多角色中，领导者最为社会学家和社会心理学家所关注。哪些人容易成为领导者？成为领导者需要什么样的条件？心理学注重研究领导者应具备的品格，社会学则强调领导者是在群体成员的互动中产生的。一位学者曾指出，领导者在以下几方面超过一般人：首先是能力方面，包括智慧、学识、观察力、语言表达能力和解决问题的能力等；其次是社交方面，涉及比较受欢迎、容易合作和诚实可信等品格；最后是动机方面，包括积极主动、责任心强和有毅力等。心理学家波德则概括出79项领导者和非领导者之间的区别。领导特质论忽视了领导者产生的社会条件，把领导者的产生归结为出众的个人品格，这显然有些偏颇。社会学更注重研究领导者与其他群体成员的互动，社会学家霍曼斯认为，那些对群体做出特殊贡献并因此赢得声望的人容易成为领导者。其他学者在一些研究也发现，在群体活动中表现积极、能言善辩的人更容易成为领导者。

表3-1 群体成员的角色分工

任务导向角色	关系导向角色	自我导向角色
创新者—贡献者	调和者	阻碍者
信息寻求者	折中者	认可寻求者
意见提出者	鼓励者	统治者
能量供应者	加速者	回避者

（资料来源：李剑锋. 组织行为管理[M]. 北京：中国人民大学出版社，2000.）

3. 成员地位

地位是个体在群体中的相对社会职位或等级。众所周知，追求高地位是人们的基本动机。在一个群体中，地位高的个体通常拥有更大的权力和更多影响力，他们会因此而获得更多的特权、参与更多的群体活动。同时，高地位能带来更多的机会，从而在组织中担任重要角色，相反，地位低的成员常常感到被疏远和遗忘。

一个人的地位高低可运用典型的地位符号来判断（表3-2），如头衔、工作条件、工作服等。地位符号可时刻提醒群体成员目前所处的位置，从而减小不确定性。同时，它还能激励地位低的成员努力奋斗。当然，对那些暂时不拥有某种符号的个体来说，地位符号会使人产生挫折感，尤其是在晋升政策不公平时。

表3-2 典型的地位符号

序号	地位符号
1	办公家具，如红木办公桌
2	室内装饰，如地毯、艺术品
3	工作地点，如具有观景窗的办公室
4	办公便利性，如有无计算机、传真等
5	设备的质量与新旧，如使用新工具
6	工作服的类型，如白领、蓝领
7	特权，如使用公司的汽车
8	工作头衔，如总经理、主任等
9	员工分派，如有私人秘书
10	财务自主程度，如可自行支配1万元
11	组织成员，如董事会成员

个人在群体中地位的高低由多种因素决定。正式地位主要与职权有关；非正式地位主要与个体的威望有关，影响威望的因素可能有年龄、资历、机能等（表3-3）。

表3-3 地位的主要来源

序号	地位的主要来源	序号	地位的主要来源	序号	地位的主要来源	序号	地位的主要来源
1	年龄	4	工作类型	7	工作绩效	10	工资支付方式
2	资历	5	工作技能	8	教育程度		
3	工资水平	6	能力	9	工作条件		

4. 群体领导

较早研究群体领导的是社会学家罗伯特·贝尔斯，他认为在群体活动中有两种基本的领导方式：一种是工作领导，即领导者提出目标并指导下属完成群体的任务；另一种是关系领导，即领导者的目的是创造和谐的群体气氛，使成员团结一致。当然，一个有效的群体应具备这两种基本的领导方式，这两种方式通常由不同的人承担，一种负责群体任务的完成，另一种则处理群体成员的情感冲突。

除了以上两种领导方式以外，社会学家和社会心理学家还有其他一些看法，其中最有影响的是社会心理学家勒温、利皮特和怀特进行的有关三种领导方式的研究。他们根据群体决策、计划制订、选择工作伙伴的自由度、领导者参与群体活动的方式等指标把群体领导分为民主式领导、专制式领导和放任式领导三种类型。他们发现，民主式领导可以提高工作效率，成员的满足感比较高，成员的工作热情和创造力能得到较好的发挥。专制式领导的工作效率也比较高，但群体成员之间的关系比较紧张，甚至会产生公开的敌意和攻击。放任式领导的效率最低，成员的工作热情比较低，互相之间漠不关心，群体的整体意识比较差，有时处于无政府状态。

美国学者 J. 科曼在分析领导行为时，把工作行为、关系行为和被领导者的成熟程度三个因素结合起来考察，认为有效的领导者要根据下属的成熟程度选择领导方式，这被称为领导生命周期理论。科曼指出，当下属处于不成熟阶段时，领导者采用高工作低关系的领导方式比较有效；当下属进入初步成熟阶段时，领导者采用高工作高关系的领导方式更有成果；当下属比较成熟时，领导者采用高关系低工作的领导方式比较合适；当下属处于成熟阶段时，领导者应当采用低工作低关系的领导方式。

5. 群体构成

专家指出，异质群体(Heterogeneous Group)，即成员在年龄、性别、种族、人格、能力、民族、经验、教育水平等方面各不相同的群体虽然需要一段时间相互适应，但一旦学会一起共事，则具有很高的潜在绩效。相反，同质群体(Homogeneous Group)，即成员在各个方面比较类似的群体，尽管彼此容易相容，但假如缺乏完成任务相应的技能与经验，绩效也可能不高。这表明，具有解决问题的能力是群体成功的关键因素之一。当然，人格的融合对群体同样重要。研究指出，人们在互动时，需要表达与接受包容、控制和喜欢三种感情。如果群体成员在这三种需要上相容，群体绩效就高；反之群体绩效，就低。

6. 群体规范

群体规范指在某一特定群体活动中，被认为是合适的成员行为的一种期望，是群体所确立的一种标准化的观念。美国心理学家谢里夫认为，由于群体中人与人的相互作用，逐渐形成了成员共同的判断标准或依据原则，从而使各成员的判断趋于稳定，这个过程就是群体规范形成的基本过程。

群体规范一经形成，便具有一种公认的力量，并不断内化为人们的心理尺度，成为对各种言行的判断标准。群体规范还指示了群体成员满足需要所采取的方式和相应的行为目标，从而规定了群体成员日常行为的范围和准则。最后，群体规范由于能够促成群体成员行为的一致和协调，从而发挥了维持群体生存的功能。

但是，群体规范的效用也有一定的范围。如果规范压力超出群体多数成员所能承受的程度，规范的效力就会减弱乃至消失。

一个群体形成的群体规范不仅会影响群体成员的行为，也会影响群体的工作表现和绩效。

7. 群体凝聚力

群体凝聚力也称为群体内聚力，是指群体吸引其成员，把成员聚集于群体中并整合为一体的力量。

群体凝聚力的发展一般表现为三个层次：第一层次是人际吸引，群体中尚未形成规范压力，或者成员尚未了解、接受规范；第二层次是成员对规范的遵从，把个人的目标与群体的目标相结合，自觉接受群体规范的约束，并在此基础上与其他成员建立更深的关系；第三层次是成员把群体的目标自觉地看成自己的目标，并将群体规范内化为自身的行为准则。各成员因此对群体有强烈的认同感与归属感，产生高度整合的一致行动，这是群体凝聚力的最高层次。

群体凝聚力对群体形成及维持有重要作用，可以保持群体的整体性、协调性，控制群体成员，保证成员的自信心与安全感。

3.3.3 群体心理与行为对个体的影响

群体心理对其成员的心理和行为都会产生一定程度的影响。个体在群体的影响下，往往表现出不同于自己在单独情况下的心理行为反应。

1. 社会助长与抑制作用

社会助长与抑制作用是指个人在他人面前，绩效水平提高或降低的一种倾向。

产生社会助长作用的原因：①个体希望从群体中得到尊重、赞许以及某种程度的自我实现。②个体从群体中可以得到其他成员工作上或心理情绪上的帮助。③个体可以从群体的反馈中了解到自己的工作状况而不断改进，以调整到最佳状态。

产生社会抑制作用的原因：主要来自个体非良性的心理紧张对完成工作造成的不良影响。这种心理紧张主要是由于个体想从群体中得到尊重和赞许的愿望与自身对工作的信心（对工作的熟悉和自身能力）之间的差距造成的。

决定社会助长作用或社会抑制作用大小的因素：①工作的复杂度和难度。②个体对工作的熟练程度。③个体的性格特征和心理成熟度。

2. 协同效应

协同效应是指由两个或两个以上的个体相互作用所产生的效果不同于单一个体作用所产生结果的总和。

当群体中的不同个体相互作用所产生的效果大于或小于每一个体单独作用所产生的效果之和时，我们就可以说，该群体发生了正协同效应或负协同效应。

3. 社会标准化倾向

社会标准化倾向是指人们在群体活动中对事物的知觉和判断以及工作的速度、生产的数量等趋于同一标准的倾向。

一致性是群体存在和维持的必然趋势。群体各成员在对同一事物做出反应时，相互影响、相互作用，产生模仿、感染、暗示、遵从等心理现象，从而逐渐相互接近并趋同。

4. 去个体化

当个体的身份被隐藏，就会出现去个体化；并且当所在的群体越大时，去个体化程度就越高。群体活动有时候还会引发一些失控的行为，群体一方面能对个体产生社会助长作用，另一方面能使个体身份模糊。这种匿名性使人们自我意识减弱，群体意识增强。在群体中，如果人们看到别人和自己做同样行为时，会对自己做出冲动性的举动产生一种自我强化的愉悦感。当看到别人和自己做得一样时，人们会认为他们也和自己想的一样，因而这又会强化自己的感受。

5. 从众

人在群体中除了感受到安全感，同时也会感受到一种无形的压力，促使个体成员的态度与行为改变趋向于与群体的标准保持一致。这种个体在群体中不知不觉受到群体的压力，而在知觉、判断、信仰及行动上，表现出与群体中多数人相一致的现象，也称为社会从众倾向或从众行为。

"木秀于林，风必摧之"是对群体一致性的最好诠释。对于群体一般状况的偏离，会面临群体的强大压力甚至是严厉制裁。研究证明，任何群体都有维持群体一致性的显著倾向和执行机制。

对于同群体保持一致的成员，群体的反应是喜欢、接受和优待。而对于偏离者，群体则倾向于厌恶、拒绝和制裁。因此，任何个体对于群体的偏离都要冒很大风险。

心理学家阿希(S. E. Asch)和柯瑞奇菲(R. S. Crutchfield)曾先后做过实验，证实了许多人因为团体的压力而改变自己的看法，即使其对这个题目非常熟悉或甚至一望而知的错误，也不例外。

可见，在群体的影响下，个人大多数会发生从众行为。

 **小知识1**

阿希从众实验

该实验组织大学生7~9人，其中只有一人是真正的被测试者，其余是事先安排好的陪衬者。阿希请他们沿桌而坐，真正被测试者则坐在靠后位置，然后让他们看两张画有线条的卡片，左边的只有一条线段，而右边的卡片则画有三条不同长度的线段：其中有一条长度与左边卡片所画的相同，共有十二对卡片，看完后请他们逐个指出右边卡片中哪一条线段与左边卡片上的线段长度相等。

由于陪衬者事先有交代，他们故意一致选出显然错误的线段，结果真正的被测试者竟有37%的人也跟着多数人做出错误的判断。但是，单人一组的控制实验时，则发现其中几乎没有一人判断错误。

实验结论：(1)大约有35%的被测试者选择了与群体成员一致的回答。也就是说，他们知道自己的答案是错误的，但这个错误答案与群体其他成员的回答是一致的。(2)群体规范能够给群体成员形成压力，迫使他们的反应趋向一致。一般来说，群体规模越大，持一致意见或采取一致行为的人越多，则个体受到的压力就越大，也就越容易从众。

3.4 群体决策

在各种组织中，重大的决策往往是由群体做出的，各层级的管理者在做出决策之前都会采取群体的方式汇集信息，分析情境，提出备选方案并做出决策。造成这种现象的原因有两种：一种是由于员工的素质发生了很大变化，民主价值观深入人心，员工希望有机会参与组织的决策；另一种是人们认为面对日益复杂的组织问题，仅凭借个人的能力难以解决，因此需要群策群力。所以，群体决策已成为组织解决问题的普遍方式。

3.4.1 群体决策的利与弊

1. 群体决策的含义

决策是人类的基本活动，从狭义上讲，决策是指人们在不同的方案中做出抉择的行为，而广义的决策则是人类解决一切问题的思维过程，这一过程的基本步骤为：①确定问题，提出决策的目标。②发现、探索和拟定各种可行方案。③从多种可行方案中，选出最满意的方案。④决策的执行与反馈，以寻求决策的动态最优。

环境信息、个人偏好、方案评价方法是一个决策好坏的关键。而这些又与个人的经验和对问题的理解有关，特别是对于复杂的决策问题，不仅涉及多目标、不确定性、时间动态性、竞争性，且个人能力已远远达不到要求，为此需要发挥集体的智慧，由多人参与决策分析，这些参与决策的人称为决策群体，而群体成员制订决策的整个过程就称为群体决策。

 【短视频】群体决策

2. 群体决策的利弊

（1）群体决策的优点。群体决策在组织管理中的作用毋庸置疑，它可以集思广益，拓展思路，克服偏见，提高群体的凝聚力。一般来说，决策包括两重意义：一是制订决策的本身；二是贯彻决策方案。个人做出决策需要他人去贯彻，如果使用群体决策的话，这个贯彻过程就要比个人决策的贯彻过程更为有效。群体决策的优点具体表现在以下几方面：①群体决策在确立目标时，目标的合理性、可行性和可接受性优于个人决策。②群体决策可提供更多的备选方案。③群体决策对活动结果的评估更为客观。

此外，群体决策还是培育新的管理者的良好手段和"课堂"，可以在领导不希望立即行动时议而不决，先不采取行动。

（2）群体决策的弊端。群体决策相对于个体决策的主要缺点如下：①决策成本较高。群体决策在组织决策群体，开展决策的过程中，耗费时间多，直接或间接的人工成本和办公费用较高。②决策速度慢，快速反应差。由于群体决策一般需要其成员充分发表意见，对每一条意见都进行讨论，不同意见集中后才能形成决策。此过程不仅耗费时间，还可能在进行中转移话题、离题太远或不着边际，从而使一项决策议而不决，拖延时间，限制了相关人员在必要时做出快速反应的能力。③从众压力。如前所述，群体中存在着群体压力，群体决策同样会出现个人屈服于群体压力的现象，这会迫使个体在群体决策时追求观点的统一，附和主流意见。④少数人控制。群体决策的少数人控制是指在群体决策时，群体中的负责人或少数人由于实际的权力、权威、手腕、资源等原因，控制着整个群体或操纵了群体决策过程。群体成员由于惧怕权威或避免冲突而放弃自己的观点来附和专权者，群体决策就无法发挥集体决策的作用，成为操纵者的一种伪装。如果控制者的水平很低时，就会十分消极地影响群体的运行效率。⑤折中性方案。做出群体决策时，由于各个成员常常对于某些问题有着不同的见解，为了获得集体一致的解决问题的办法和协议，经常需要采用某种妥协或折中性方案来使各方认可并执行。这是从最佳或最合理决策退到一种

"退而求其次""退而求其和"的折中性决策。⑥责任不清。群体决策常常是集体讨论、集体决定(如表决通过)、集体负责。责任分散，个人责任不够明确的决策则往往导致"有人拍板，无人负责"的后果。群体决策的利与弊见表3-4。

表 3-4　群体决策的利与弊

利	弊
信息来源广	浪费时间
信息具有多样性	群体从众压力大
决策结果易被接受	少数人控制
决策过程更为合法	责任不清

3.4.2　群体决策中的问题

1. 缺乏组织

如果成员们在没有使其活动结构化、没有分析出问题的本质或者在没有讨论个人如何与工作匹配之前就开始工作，那么问题的隐患就可能随时爆发。产生这些问题的原因可能是由于外在的压力，也可能是内在的压力，还可能是因为领导的能力。我们就称其为缺乏组织的表现。

这并不意味着群体必须是严密的组织或正式的组织。事实上，即使是最有效的群体，也极少能平稳地从识别问题到清晰地分析问题，再到正确解决问题。决策过程涉及许多反复循环，如新的信息完全显示以前的假设不准确，但对群体的基本要求应达到某种结构水平，以便使活动达到平衡状态。

2. 人际关系问题

群体的规范很可能对决策施加负面影响。群体规范指对他人行为的期望，这些期望被大多数成员拥有，如对着装和对吸烟的规定、对会议纪律的要求等。成员们服从规范是要使自己融入群体当中，相互支持，建立感情。但它也会导致对冲突和理念的压制，这种压制对于群体决策来说是不利的。一方面，它阻止了群体接近重要的信息；另一方面，它可能会抑制更有价值方案的出台。

另外，人际方面的问题还有群体成员间的冲突。这种冲突可能是感情上的，也可能是出于政治方面的原因。由于情感方面的嫉妒、愤怒，导致工作不能相互配合，甚至互相破坏，这对于决策的确定和执行都是十分困难的。政治方面的冲突往往破坏性更大，为此，群体成员必须公开表明差异或达成群体间的协议，因为只有建立共同承诺才可能成功。

3. 信息中的系统性偏差

当团队根据有偏差的信息为基础做决策时，这种决策经常是不良决策。当某位成员提供的信息未经过核查或对于某个视角来说是不适合的时候，偏差就可能发生。当团队成员受制于问题的一个极端多数派意见时，偏差也可能产生，且经常导致冒险的决策产生。另外，偏差也会反映在这样一种倾向中：把本来属于别人的成功记在自己的账上，或者把失败归咎于外部条件或运气不佳。

另外，个体们常常倾向于低估灾难的可能性和更常见事件的概率，这样的偏差在团队背景中被放大。事实上，偏差能否产生以及产生的程度，完全取决于一个给定的问题如何被构造。

4. 无意识的机制

每个团队中都有两种力量在起作用：一种是有意识的力量，即健康的驱动力；另一种是无意识的力量。无意识的力量来自一个群体可能持有的无意识的"基本假设"。这些假设可能包括群体完全依赖领袖并且只能依赖领袖，或者群体必须不断地和内外部的对手进行斗争。这些假设在工作过程中（尤其在有压力的阶段）干扰着决策的方向。

5. 无生产力角色

无生产力角色包括封锁者、寻求承认者、支配者和逃避者。封锁者顽固地抵制群体的前进；寻求承认者通过自夸和行动想让别人承认他是上级；支配者操纵群体按照自己的想法办事；逃避者与他人保持距离并消极地抵制群体。团队的成员们并不一定在所有过程中都扮演这些角色，但在有压力阶段或者在承担任务时可能会这样。

6. 与外部的沟通问题

群体通常很少注意关键性的外部支持者，如信息、资源、支持和反馈的提供者，而是以自己的方式解决问题。当群体不就其决策的范围、所需要的资源和支持、为完成任务所需要的时间或工作完成后所要提交的文件与上级管理机构进行沟通时，就会导致失败。

7. 群体思维

群体思维现象对群体决策的影响有时是十分恶劣的，我们将在影响群体决策有效性的因素里详细叙述。

以上几点是群体决策过程中的常见问题，而减少或避免这些问题的发生则有助于群体决策的质量和最终的绩效水平的提高。

这些问题是如何出现的？为什么会出现？下面将逐一分析其影响因素。

3.4.3 影响群体决策有效性的因素

由于决策是群体成员相互作用的产物，不同人的选择可能会有差异，甚至相反，有时这种选择往往还与个人或某一集团的利益相联系，例如选择一种立法条例，或者选择一个经理。因而群体的选择受到群体成员行为的影响，特别是任务和情绪往往交织在一起，在任务方面，群体致力于决策问题上；在群体情绪方面，群体要解决集体中的分歧，消除紧张关系。为此人们设计出如德尔菲法、戈登法、头脑风暴法等方法试图来消除可能出现的紧张、变化无常、对抗等消极力量。群体结构的模式、规范和作用对群体决策也有深远的影响，而友谊、沟通、权力、地位和领导权等在群体成员相互作用中又起着微妙的影响。群体中成员间权力的分配是决策群体结构的一个焦点问题，它将影响成员的决策行为和他们行动的后果。由于群体结构包含着复杂的人际关系因素，它对群体决策具有重大影响。群体的内聚力和团结精神、选择方案的规则、时间的紧迫性等都会影响群体决策。

这里重点分析影响着群体客观评价各种方案的正确性的两种现象：一种是群体思维；另一种是群体转移。

1. 群体思维

美国心理学家詹尼斯于1972年发表了他对群体决策研究的成果，提出了"群体思维"的概念。詹尼斯指出，之所以会做出错误的决定，一个重要的原因在于产生了从众倾向。

1989 年，他再次发表了一系列新成果，深入分析了心理、人际关系对群体决策可能造成的负面影响。群体思维是指在进行群体决策时，一些非常谨慎聪明的决策者在决策的过程中可能共同误入歧途而无察觉，结果给组织造成了消极后果。群体思维现象常常发生在凝聚力很强的群体中，成员们将群体的士气和团结放在首位，从而阻碍了人们独立判断的思考力，结果导致错误决策的发生。詹尼斯列举了群体思维的八种病态综合征：①整体观念。凝聚力特高的群体总要维系一种过分乐观的情绪，对可能存在的危险不考虑，不畏惧甘愿承担超常的风险。在这种群体中不存在带有警告性的反对意见。②理性观念。这种群体的成员在决策时，会协调一致地捍卫他们决策的合理性，不顾那些不符合他们政策的证据。③道德观念。这种群体的成员有一种自视甚高的道德观念，认为制订出来的决策在伦理、道德方面是崇高的。④刻板的定型。群体成员形成一种对外部人员的刻板定型的认知习惯，并不考虑其他的证据是否存在。⑤群体压力。在一个群体中，如果个人提出不同的意见，就会感到一种很强的群体压力，个人的意见不能改变群体的意见，久而久之，反对意见便逐渐销声匿迹。⑥自我约束。为了维系群体成员的和气一致，每个人都要约束自己，不向外人谈论自己的感情和不同意见。⑦高度一致。一旦做出决策就不能再提出异议，要保持高度一致。⑧党同伐异。成员只要赞同群体的决策就会得到充分的保护，群体的利益和责任至高无上。

群体思维现象似乎与阿希的实验结论一致。如果个人的观点与处于控制地位的大部分群体成员的观点不一致，在群体压力下，他就可能从众、退缩或掩盖自己的真实情感。这对于群体决策的效果是十分不利的。我们要注意这种现象并采取适当的措施克服和防止不利影响的产生，在组织中鼓励发表不同意见，群体领导要表现出公正无私和中立的态度，并且不断地强化群体的内聚力，只有这样，才能使群体决策表现出应有的效果。

预防群体思维可以采取以下措施：①使每位群体成员都是客观的评价者；②避免不经审查就批准的决策；③不同群体探讨同一问题；④依赖群体的讨论和群体外专家的意见；⑤在讨论中指派专门唱反调的人；⑥思考多数人的意见。

 小知识 2

群体思维的表现

阿尔贝特·施佩尔的回忆录中记载了这样的例子：施佩尔是希特勒的首席顾问，在回忆录中他描述了紧紧围绕在希特勒周围的一个集团，从众性极强。在这种气氛中，即使是野蛮的行为也是合理的，因为没有人有异议。这就造成了所有人意见都一致的假象，使人不愿、也不敢想象是否还有其他的选择。施佩尔在回忆录中表示，在正常情况下，不正视现实的人很快就被周围人的批评和嘲讽变得老实了，可是在第三帝国里，根本不存在这种矫正。相反，自我欺骗的次数成倍地增加，就像进入四壁都挂有哈哈镜的大厅后，与严酷的外部世界毫无联系的虚幻图像相互反射，只有反复出现的自己的面孔。

2. 群体转移 (groupshift)

群体转移是指在讨论可选择的方案、进行决策过程中，群体成员倾向于夸大自己最初的立场或观点。在某些情况下，谨慎态度占上风，形成保守转移。但是，在大多数情况下，群体容易向冒险转移。

研究证明，群体决策与个人决策相比，往往更倾向于冒险。造成冒险转移有以下三方面原因。

（1）个人通常假设。群体鼓励富有冒险性的见解，即个人如果在决策上显得过于谨慎，个人会担心被群体成员视为胆小、保守、缺乏气概。

（2）责任分散。

（3）文化价值倾向于对高冒险有较高评价。在日常生活中，人们一般对斗牛、骑野马表演、竞技、空中飞人、空中走钢丝等冒险活动，投以羡慕的眼光，将表演者视为英雄。

在有些方面，群体决策的结果不是更冒险，反而是比个人决策更保守。诺克斯等人1976年的研究发现，在赛马赌博中下注的问题上，群体决策比个人更为保守，但无论群体决策的结果是更冒险还是更保守，它都是群体极化的结果，是一种观点逐渐成了群体的主导观点。

 小知识3

风险转移实验

日常生活中人们面临的决策情境常常是两难的。社会心理学家对于此类冒险决策问题进行了大量研究，涉及投资冒险、赌博冒险、获取成功冒险等课题。结果表明，人们在独自进行决策时，愿意冒的风险较小，更倾向于较为保守地选择成功可能性较大的行为。而如果共同决策，则最后的决定会比个人决策时有更大的冒险性。1967年，心理学家柯根等人的研究表明，当个人单独做出决策时，倾向认为需要有70%的成功把握时才能够进行投资。而群体决策所形成的决定把成功的可能性降到了50%。

斯金纳的研究证实了这一点。他在实验中利用选择困境问卷，提供了几种假设情境，让被试者对问卷中的假设情况做出选择。例如，某公司确实能营利的概率是1/10。其中，一个假设情境是：一位工程师在一家大电子公司工作，这是一份非常稳定的职业，能干到退休，但收入只达到中等水平。另外一家刚成立的小公司愿意给他提供的职位的薪水比现在高，而且一旦这家公司在竞争中立足，他还可分得一部分股权。当然，这家公司破产的风险也较大。下面是这家公司能营利的几种概率，请选出值得那位工程师放弃现职来接受这个新职位的最低营利概率：①公司确实能营利的概率是1/10；②公司确实能营利的概率是3/10；③公司确实能营利的概率是5/10；④公司确实能营利的概率是7/10；⑤公司确实能营利的概率是9/10；⑥无论何种概率都不能接受新职位。

在实验中，他先让被试者单独选择，然后将被试者分成小组集体讨论以确定答案。结果发现：经过小组讨论比让被试者单独做选择时，所选择的公司营利率明显降低。这说明在群体决策时，较之个体决策更趋于冒险。研究者认为，产生风险转移的原因有以下几方面：①责任分散。当将责任分散到群体成员身上时，每个人所承担的失败恐惧就会大大减少，因而敢于做出比较大胆的决策。②受有影响力的领导人的影响。如果群体中领导人倾向于赞赏冒险，那么群体决策时发生风险转移的可能性就大。③取决于多数人的价值观。如果群体中的多数人赞赏冒险，个人就会感受到群体压力，宁可附和众议。

3.4.4 群体决策技术

1. 头脑风暴法

这是一个最为人所熟知的提高群体工效的方法，是奥斯本（Osborn）在1957年提出的，他制订了一系列的规则，试图刺激无约束的思维。

(1)畅所欲言：任何想到的念头都应该表述出来，不管它听起来多么奇怪、不着边际和异想天开。鼓励无拘无束，避免任何限制。

(2)不得评论：在发表见解的阶段，对任何主意都不得进行评论。所有的意见都被认为是有价值的。不允许批评任何人的意见。

(3)意见的数量：数量越多越好。意见的数量是所期望的，它可以增加产生更好的解决办法的可能性。

(4)相互激发：建议在其他人的意见基础上加以拓展并做出改变。头脑风暴法严格限制在群体范围内进行，以便使参加者能相互激发，产生新思维。

头脑风暴法还推荐其他一些方法，包括提问，完整地记录所有人的观点，甚至在某些情况下采用顺序发言。最后这种安排(顺序发言)在发言机会很不均衡时尤其有效。戈登在1961年曾用过一种非常类似的方法。他和他的同事们推出了一种他们称为"共同研讨法"的方法，实际上与头脑风暴法没有什么不同。唯一的区别在于戈登等人在实际问题中加入一些假想的事件来刺激大胆的想象。这些加入的事件可以是各种感受的表达，也可以是所谓的"(思维)远足"，即有意、小心地把群体的注意力从当前的问题和事件上引开，用这种办法给创造性的思维提供机会，包括隐喻、类推，甚至幻想等。然而，正如大家所熟悉的，为了成功使用共同研讨法，必须具备两个条件：第一个条件是非常乐意合作的群体成员，这是有利的起点；第二个条件是对共同研讨法很熟悉的领导人或组织者。群体成员必须愿意听从领导人常常是很不寻常的建议。任何拒绝都会使这一创造过程夭折。

2. 德尔菲法

德尔菲法是一种集中各方面专家的意见，预测未来事件的方法，最初是由美国兰德公司和道格拉斯公司共同提出的，这种方法是让专家组成一个群体，根据不见面的原则进行决策，其具体程序是：①就预测的内容列出若干问题，规定统一的评分方法；②根据情况，选择有关方面的专家数十人，将上述问题寄给他们，征求其意见；③待专家的意见汇总后，对每个问题进行统计分析、找出答案中的中位数和分布情况；④将统计结果再反馈给专家，每个专家根据统计结果，考虑其他专家的意见，修改自己的建议；⑤将修改过的意见再寄给专家，如此这般反复几次，最后取得一致意见。

3. 提喻法

提喻法是由哥顿提出的。其做法是邀请5~7人在会议上进行讨论，但讨论的问题与要决策的问题没有直接关系，而是用类比的方式进行讨论。例如，如果决策的问题是某部门经理人选的问题，但并不直接讨论由谁来担任这个角色，而是讨论担任这个角色的人需要什么品质。这种做法可以打破思维定式和可能产生的知觉偏差。

4. 名义群体法

名义群体法是指在群体决策时对群体成员之间进行的讨论和人际沟通进行限制，群体成员召开会议进行决策，但他们必须首先进行个人决策，分别表述自己的意见，然后进行群体的讨论。具体做法是：①产生想法。将需要决策的问题呈现给大家，让大家单独写下自己的观点和解决方案。②记录想法。参与者逐个表述自己的观点和方案。③澄清想法。将所有成员的意见用简明的语言列出来，针对每条意见进行讨论或澄清其中的问题。④投票选择方案。每个人单独将意见按照自己的偏好排出顺序，再将大家的排序情况汇总，排序在前的意见就作为群体决策的方案。

这种方法的优点是每个成员都有平等的机会参与决策，表达自己的思想，但这种方法只适用于简单问题的解决；对于复杂问题，就需要先将复杂问题划分成若干个小问题，然后进行讨论。

5. 电子会议法

电子会议法是将名义群体法和计算机技术相结合而形成的方法。参与决策的成员围坐在马蹄形的桌旁，每人面前放一台计算机。所有问题通过大屏幕呈现给参与者，要求他们将自己的意见输入计算机中并在大屏幕上呈现。这种方法的优点是匿名、可靠、迅速，大家可以大胆地将自己的想法提出来而不必担心受到来自群体的压力。

每种群体决策方法都有其优势和劣势，而选择哪种决策技术取决于用来评价群体决策效果的标准（表3-5）。

表3-5　群体决策效果标准的评价

项目	传统群体决策法	头脑风暴法	名义群体法	德尔菲法	电子会议法
观点的数量	低	中等	高	高	高
观点的质量	低	中等	高	高	高
群体压力	高	低	中等	低	低
财务成本	低	低	低	低	高
决策速度	中等	中等	中等	低	高
任务导向	低	高	高	高	高
潜在的人际冲突	高	低	中等	低	低
成就感	从高到低	高	高	中等	高
对决策结果的承诺	高	不适用	中等	低	中等
群体凝聚力	高	高	中等	低	低

3.5　群体的人际关系

群体的人际关系是影响群体活动的又一重要内容。和谐的人际关系，有利于满足人们心理和交往的需要，有利于发挥人们的积极性和创造性。建立良好的群体人际关系，对提高群体绩效非常重要。

3.5.1　人际关系的概念与类型

1. 人际关系的概念

人际关系（Interpersonal relationships）是指人与人之间在一段过程中，彼此借由思想、感情、行为所表现的吸引、抗拒、合作、竞争、领导、服从等互动之关系，主要表现为人

们心理上的距离远近、个人对他人的心理倾向及相应行为等。

2. 人际关系的类型

根据心理学家和人际关系学家的划分方式，可以把群体中的人际关系分为角色关系、情感关系及深度链接关系三种类型。

角色关系是指人们在社会生活和社交关系中因扮演的角色产生的关系，例如领导与员工、服务者与客户等。

情感关系是指以情感作为维系彼此关系的媒介而产生的关系。父子亲情、朋友之间的友情等都是情感关系。

深度链接关系是指双方因某种相似性或互补性产生了深度链接。相似性是指社交双方之间存在的一些共同点，例如，相同的生活经历、相同的兴趣爱好等。互补性则是说双方之间存在性格互补、能力互补、工作互补等特点。

3.5.2 人际关系理论

为了更好地理解和管理人际关系，许多研究者们提出了各种各样的人际关系理论，其中具代表性的有社交交换理论、期望确认理论、社会认知理论和沟通规则理论。

1. 社交交换理论

社交交换理论是对社会交往的研究中最具有影响力的理论。该理论认为，人们在互相交往的过程中，会根据一定的成本与收益计算来判断是否维持、开始或结束一段人际关系。

收益是指一个人从社会交往中得到的任何有益的东西，包括爱、金钱、地位、信息、物品、服务。成本是社会交往引起的消极后果。某种社会交往或人际关系可能要付出很大成本，这种成本包括大量时间和精力的付出，或者总是产生矛盾，或者受到其他人的反对等。从事某种社会交往还可能会妨碍我们进行其他收益更大的活动，这也是一种成本。经济学上称为"机会成本"。

社会交换理论帮助我们对社会交往中的人际关系有所了解。然而，许多人对这一理论中的人际关系，特别是亲人、朋友之间的关系的解释提出不同的看法。难道一个人在帮助自己的朋友时一定要考虑对方是否能报答自己吗？尽管我们不愿意承认自己与亲朋好友的关系是一种交换关系，但是必须承认即使是在亲密的关系中双方对从交往过程中所能得到的利益也是有所考虑的，尽管这种考虑可能不是很明确，很清醒。另外，对于利益的交换的考虑在不同的关系中也有不同的显示。在较疏远的关系中，交换的痕迹较明显(你替我值班，下次我替你)，对于好朋友，则不太计较对方是否会报答自己的一次帮助。

2. 期望确认理论

期望确认理论强调了人们对于互动的期望与感受对于人际关系产生的影响。它认为，人们在交往的时候会产生一种期望，期望被他人接纳和获得他人的认可，一旦期望得到了满足，这种关系就更加牢固。

3. 社会认知理论

社会认知理论认为，人们在选择交往对象时，会基于他们拥有的信息来做出决策，包括对于他人的态度、性格、价值观等方面的认知。而这些信息来源往往是不完全的和有所偏差的，这也使人际关系中出现一些问题。

4. 沟通规则理论

沟通规则理论指出，人们在沟通时候会按照一定的规则和约定进行，如回应对方的信息、尊重对方的观点和感受等。这些规则会根据文化、情境、社会角色等的影响进行调整。

3.5.3 人际关系的状态与发展

1. 人际关系的状态

人际关系的状态多种多样，可以有很多种划分方法，从人际交往的深度来进行划分可以分为点头之交、浅层关系、同道关系、情感关系、知音关系。

点头之交基本没有交流，彼此之间只是打打招呼而已，社会上很多关系都属于这种类型。这种关系没有观点、思想、情感的交流，也不太关心对方的情况，彼此并没有交集，互不干涉，如果没有什么利益冲突，就会存在明显的陌生感，但往往会非常客气，且互相之间保持着相对的独立性；同时，也能够更好地实现互相尊重。

浅层关系只有一些关于个人的基本信息的了解、简单的工作上的信息交流、了解对方一些非常基本的动态等，彼此仍然没有观念、思想、情感的交流，但陌生感已经减少，见面时彼此可能会有更多真诚、善意的笑容——尽管可能还是比较客气。此时，互相之间依然是相对独立的，不会干涉对方，表现出的尊重也是真实可信的。

同道关系则是彼此之间有了观点、思想的交流，由于在观点、思想上的一致性，此时的双方不仅会互相欣赏，还会觉得对方是一个值得交往的人，因此很自然地愿意见到对方并十分乐于与对方交流，他们希望通过更多的交流来丰富自己，并在对方那里获得内心深处渴望的认可和尊重，因此在潜意识里开始对对方有所期许，即他们对对方开始有了一些要求，如果某一方的观点、思想得不到对方的认同，他就会有一种受伤的感觉，由于在潜意识中意识到了这一点，双方可能都会开始变得小心翼翼，以避免对方受到伤害，这种小心翼翼在本质上也包含了换取对方顺从的需求。因此可以说，这时候彼此之间的尊重已经加进了一些虚假的成分。

情感关系则是在同道关系的基础上，彼此因为在诸多观点上的一致，于是在情感上开始更多地开放自我，交流慢慢加深，确认朋友关系，而这种关系则给双方都带来了愉悦的体验；同时，他们对对方的期许有可能就直接变成了要求甚至是明确的指令。此时如果由于某种原因不得不分开，或者有一方出现了"背叛"的行为，他们就必然会"受伤"，而他们则会用"天下没有不散的筵席"或"是他先背叛了我"等理由来安慰自己，但这无疑只是一种自我麻醉和自我欺骗。而情感关系中彼此的尊重虚假的成分可能会更多，因为双方都预感到了实在是"伤不起"的结局。

知音关系是情感关系经过长时间的考验之后，沉淀下来的最为稳固的一种关系。此时，双方在观念、思想、情感等方面都达成了高度的一致，而且在个性方面也非常默契或互补，彼此的开放自我已经达到了非常的深度，他们会有一种一致的深刻体验。对于知音关系的双方而言，令人感到意外的是，它存在两种截然不同的情况：一种是因为彼此真正的同一而形成的牢不可破的关系；另一种则可能是控制和被控制的关系。第一种情况是因为双方都比较独立而形成；而第二种情况则很可能是由于有一方或者是双方都存在深层的心理问题（如安全感、孤独感）而产生。

 小知识4

衡量人际关系深浅的标志

1. 自我暴露的程度

自我暴露是指一个人自发地、有意识地向另一个人坦率地表白、陈述和推销自己，与他人共享自己的感受和信念。从不同的角度，自我暴露的广度和深度可以衡量人际关系的深浅。

2. 喜欢的程度

你对一个人的喜欢可以间接说明你在一定程度上认可他，愿意和他建立一定的关系。

3. 信任的程度

信任是建立良好人际关系的基础，如果一个人信任你，他和你的人际关系就会更进一步。

4. 帮助你与否

如果一个人帮助你，则说明你在他心中有一定的地位，而他也愿意和你建立一定的关系。

5. 交往的频率

如果你们经常联系，那么你们之间的人际关系可能比较良好。

6. 礼仪

礼仪是维持良好人际关系的必要条件，如果你们之间有一定的礼仪，人际关系也会比较良好。

2. 人际关系发展的四个阶段

（1）初始阶段。

初始阶段是人际关系发展的第一阶段，也是最初的接触阶段。在这个阶段，双方互相认识，互相了解。通常是通过第一次见面或初次接触来建立联系。初始阶段关键的过程是互相记住对方的名字和留下初次印象，通过简短互动、微笑和眼神交流等方式来建立联系。初始阶段的成功关键在于互相垂询并保持对话，建立共同利益点或话题，以促进后续的交流。

（2）探索阶段。

在经历过初始阶段后，人们会进入探索阶段。在这个阶段，互相间的谈话和互动逐渐增多。这是互相熟悉和扩展交流的阶段。具体表现为拓展话题内容，了解对方的兴趣爱好，学习并理解对方的内心需求等。这个阶段还包括通过互动和交流建立起双方之间的信任。

（3）强化阶段。

强化阶段是人际关系发展过程中的第三个阶段，在这个阶段中，人们加强了彼此之间的联系，这些联系更加稳定可靠和亲密。强化阶段通常是通过建立持久而亲密的关系来实现的。在这种关系中，人们更加深入地探讨各自的兴趣爱好，互相提供各种支持并分享美好生活。

（4）稳定阶段。

稳定阶段是人际关系发展的最终阶段。这个阶段是指人们与对方建立的长期、深入的关系，这种关系已经成为人们生活中不可或缺的一部分。在这个阶段，人们可以表达出对对方的信任和支持，以及互相间的亲密关系。这种关系已经稳定，并经受得起时间和环境的考验。

在人际关系发展的四个阶段中，每个阶段都涉及不同的情感过程和心理调节，从情感上或是心理学的角度解释，人们在初始阶段和探索阶段中感到不安、激动和期待，而强化阶段和稳定阶段则是表达亲密关系的阶段。

在总体上，建立和维护良好的人际关系是至关重要的。不同层次的人际关系会影响人们的情感状态、幸福感、容忍度、合作意愿等方面。随着人际关系的发展，大家需要学会通过不同阶段的交流方式、表达方式、支持方式建立诚信和互信，从而促进人际关系的长期发展。

本章小结

群体是在意识和行动上相互发生联系或影响，为着共同的目标而协同活动的一群人。人们组成群体后其活动效果绝不是个体单独活动效果的算术求和，即组合后的总体功能，而不是组合的每个个体功能的简单的总和，群体的活动效果只能随群体成员相互作用的结果而定，而且群体成败的相互作用是多方面的。

群体时刻处于变化之中，对于这种变化，通常有两种解释：第一种解释是阶段重见理论；第二种解释是阶段顺序理论。每个时期群体的特征和成员的行为是不一样的，管理者要针对这些特征实行不同的管理。

群体心理与行为有不同于个体心理与行为的特征；同时，群体对个体产生重要的影响。

群体中的非正式群体对群体及群体成员有重要影响，要正确认识其积极、消极两方面的作用，并加以正确管理。

影响群体心理与行为的因素很多，如群体规模、群体构成、成员角色、地位、群体领导、群体规范、群体凝聚力等。

组织更喜欢用群体决策方式进行决策，但群体决策不一定比个人决策更好，需要分析群体决策中可能存在的影响群体决策有效性的问题，并采取有效的群体决策技术，只有这样，才能让群体决策更有效。

复习思考题

1. 重视群体行为在管理方面有什么意义？
2. 根据对群体相关知识的了解，你认为影响群体工作绩效的因素有哪些？
3. 群体的功能是什么？如何有效发挥群体的功能？
4. 你喜欢什么样的群体？你觉得怎样才能提高群体凝聚力？
5. 考察一下，你们班级的学风、班风如何？有没有一些你不喜欢的规范，你能想办法改变它吗？
6. 在你的生存环境内能否找到非正式群体？如果找到了，请列举它的作用。
7. 如何提高群体决策的有效性？

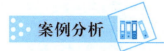

案例：凝聚力的负效应

某公司负责人觉得内部人员管理有些不对劲，但无法确定具体原因。有一名专家顾问应邀前往，经过一番深刻细致的摸底调查，方恍然大悟。

这是一家年轻的中美合资民营企业，主要生产微型汽车发动机的零部件，其经济效益也算不错。

调查工作从了解公司概况、参观公司全貌开始。前几天，他感觉情况还不错。这里的人都很随和，互相之间相处融洽，好似一个温馨的大家庭。但在接下来的几天里，这位专家感觉到随着了解的逐步深入开始有了些变化，在这融洽的表层下似乎还隐藏着什么东西，大家都小心翼翼地维护着；专家说不清这种东西是什么，是好是坏，于是便急于想找到答案。

恰好，公司当时推出了"有奖征集建议及意见"的活动，其奖励力度是足够的，活动声势也造起来了。但出乎专家意料的是，员工普遍反应冷淡，响应者甚少，且提出的仅有的那几条意见也都不过是无关痛痒的应付罢了。为什么会是这个结果，公司在各方面都尽善尽美吗？还是员工们都缺乏这种意识与能力？专家决定顺藤摸瓜探个究竟。

对于第一个问题，答案当然是否定的，但专家还是做了调查。据观察，公司存在的问题还真不少，如在考勤制度、库房管理、车间作业等都存在不少有待改善的地方。

为了回答第二个问题，这位专家与上下层广泛接触，甚至与他们交上了朋友，最终得出了否定的答案。公司从老总到工人，年龄结构都较年轻；从人员素质上看，这并不是一个僵化的群体。通过进一步的沟通，专家发现他们不时流露出对一些制度的不满，同时也都有自己的见解，这些见解都极为有利于问题的解决。但他们为什么不公开提出来呢？专家问了许多人，大都笑而不答。最终一个刚毕业的大学生坦言道："我也知道这个建议可能很好，但你想没想过，一旦被采用执行，其结果如何？"他顿了顿，接着说："人毕竟是群居动物！"专家终于明白了，这就是问题的关键：他们知道公司的问题可能因自己的建议而得到解决，但若为此而损害了多数人的利益，那自己就会受到群体的"惩罚"。

紧接着，专家在车间里也发现了类似的情况：工人的工作效率大都保持在相近的水平，有更强生产能力的工人宁愿多休息、做慢点也不全力以赴。因为若不如此，他将可能导致公司重新制订计件价格，由此便会引起工友的不满，最终给自己带来无尽的麻烦。

专家由此得出这样的结论：这个企业的确出了毛病。病症：群体规范阻碍了公司的发展。病因：凝聚力产生负效应。处方：削弱凝聚力负效应，强化其正效应。

（资料来源：郭艳艳. 组织行为学[D]. 郑州：郑州大学，2019.）

问题和讨论：

1. 案例中的公司很显然出现了非正式群体，且非正式群体的群体规范对公司发展是不利的。用群体相关理论分析群体规范是如何形成的，它对群体的作用是什么？

2. 如何才能削弱群体凝聚力的负效应？

第四章 团队管理

学习目标

1. 了解团队的定义和团队的分类。
2. 理解团队合作的障碍。
3. 掌握团队精神的本质特征。
4. 掌握高效团队的特征和建设方法。

本章导读

　　一个没有团队精神的组织，将是一盘散沙。个人单打独斗的时代已经远去，团队合作的时代已然到来。但是合作并不一定能产生"1+1>2"的效果，怎样才能有效合作，以达到整体效益大于部分之和的效果，是每个组织都面临的重要任务。本章主要介绍团队及高效团队建设等相关团队管理知识。

导入案例

迪士尼团队的高效管理秘诀

　　迪士尼公司成立于 1923 年，总部位于美国的加利福尼亚，是全球范围内顶尖家庭娱乐提供商。持续多年名列《财富》全球 500 强。这家娱乐性的企业是如何在世界上获得这样辉煌的成就的？那就是追求新思维、激发创造力，采取团队管理模式。迪士尼公司的创始人沃尔特·迪士尼是一名画家，也是一名企业家，他笔下的米老鼠等形象深受全世界儿童的喜爱。1984 年上任的公司最高主管埃斯纳在总结迪士尼的经验时认为，创造性思维为迪士尼成长提供了所需的燃料，对新思维的追求是成功的金钥匙。而所有这些都离不开团队的合作，团队合作是迪士尼成功的法宝。唐老鸭、米老鼠、兔子罗杰等广受世界欢迎的迪士尼名角的诞生就源于这种自由创造和团队合作精神。迪士尼团队要求领导者既得是有远见的思想家，又得是注重微观细节的人，既要务虚，又要务实，充分发挥团队成员的才能和特长。迪士尼有自己的一整套征询一线员工建议的方法，这就是适时适当的模糊等级制度。迪士尼公司采取的是创业初期沃尔特·迪士尼管理公司的方法，就是对员工非常信任，给予员工充分的自主权。在迪士尼内部有种方法叫集体公开讨论，这是一种征集员工建议的方法。集体公开讨论的过程是一个逻辑性的发展过程，它始于一个有待解决的问题，然后用创造性的、相互讨论创意和建议的方式，直到最终找到需要的解决方法。它能使讨论在公开的场合进行，发挥集体创造力，有助于克服部门之间的障碍，适合不同个性的人们进行交流，在交流和解决问题的过程中加强整个团队的凝聚力。迪士尼公司的计划中心可以让每名团队成员迅速了解公司的重要项目和进展情况，加强团队交流，使信息得到及时的反馈，从而加快工作进程并保证工作效率。

（资料来源：［日］今井千寻. 迪士尼管理法［M］. 包立志，译. 北京：北京时代华文书局，2019.）

4.1 认识团队

4.1.1 团队的概念

近年来，团队管理日益流行。所谓团队，是指为了实现组织目标，而由相互影响、相互协作的两个或以上的个体所组成的群体。团队成员之间具有共同的目标，彼此间相互依赖，为实现共同目标而紧密合作。

团队管理之所以流行，不仅因为团队有特点，也是社会环境的要求。团队与传统的部门结构或其他形式的群体相比，主要具有以下优点。

（1）它可以使不同的职能并行进行，而不是按顺序地进行，从而大大地缩短了完成组织任务的时间。

（2）它可以迅速组合、重组和解散。

（3）它可以由团队成员自我调节、相互约束，促进员工参与决策过程，增强组织的民主气氛，并削弱组织中的某些中层管理职能。

（4）团队成员的共同努力能够产生积极的协同作用，使团队的绩效水平远高于个体成员绩效的综合，从而更快地解决问题、更好地完成组织目标。

在社会环境变化日益加快且复杂程度加剧的背景之下，仅凭个人能力往往很难独立实现目标，各类传统组织形式也已经无法应对，进一步提高相互合作水平来解决错综复杂的问题成为组织管理的目标。在这种大背景下，团队管理就应运而生了。

【短视频】团队

4.1.2 团队与群体的区别

要把握团队的内涵，应注意将它与群体概念区分开。团队不同于一般的群体，它是一个特殊类型的群体。所有影响群体的因素都会影响团队，但是，并不是所有的群体都是团队。从工作绩效的角度来说，群体的绩效，仅仅是每个群体成员个人贡献的总和。而团队则不同，其成员努力的结果将使团队的绩效水平远高于个体成员绩效的总和。表 4-1 明确展示了群体与团队的区别。

表 4-1　群体与团队的区别

项目	群体	团队
领导	一般有明确的领导	权力相对均衡
目标和任务	相互独立、分散	相互依赖、具有连带责任
协作	协作性相对较差	协作性水平高
责任	群体领导负主要责任	除领导外，团队成员共同负责
技能	随机的或不同的	相互补充的
绩效	群体绩效为个体绩效之和	成员协同下共同完成的绩效有可能是 1+1>2

4.2　团队的构成要素

团队的构成要素包括目标（Purpose）、人（People）、团队的定位（Place）、权限（Power）、计划（Plan），也被称为 5P 模型。

1. 目标

团队应该有一个既定的目标，为团队成员导航，使他们知道要去向何处。没有目标的团队就没有存在的价值。团队目标制约着整个团队建设的过程。团队目标不仅能为团队成员导航为他们指引前进的方向，而且能凝聚人心、鼓舞士气。团队的目标必须与组织的目标一致，团队可以把大目标分解成小目标，然后把小目标具体分到各个团队成员身上，团队成员需要齐心协力才能实现这个共同的大目标。

2. 人

人是构成团队最核心的力量。三个（包含三个）以上的人就可以构成团队。目标是通过人来实现的，所以人的选择是团队建设中一个非常重要的部分。一个团队可能需要有人出主意，有人制订计划，有人实施计划，有人协调不同的人一起工作，还可能需要有人去监督团队工作的进展，评价团队最终的贡献。不同的人通过分工来共同完成团队的目标。因此，在人员选择方面要考虑能力、技能、经验等因素。

3. 团队的定位

团队的定位包含两个层面的含义。一是整个团队的定位：团队在企业中处于什么位置？由谁选择团队的成员？团队最终应对谁负责？团队采取什么方式激励成员？二是个体的定位：成员在团队中扮演什么角色？是计划制订者还是具体实施者或评估者？

4. 权限

团队中领导者的权力大小与团队的发展阶段相关。一般来说，团队越成熟，领导者所拥有的权力越小。在团队发展的初期，权力是相对比较集中的。

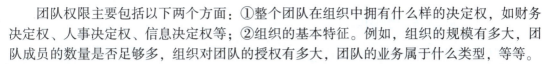

团队权限主要包括以下两个方面：①整个团队在组织中拥有什么样的决定权，如财务决定权、人事决定权、信息决定权等；②组织的基本特征。例如，组织的规模有多大，团队成员的数量是否足够多，组织对团队的授权有多大，团队的业务属于什么类型，等等。

5. 计划

计划也有以下两层含义：①目标的最终实现依托于一系列具体的行动方案，计划可以看作是实现目标的具体工作程序；②按计划开展工作可以保证团队的工作进度。只有按计划开展工作，团队才能一步一步实现目标。

4.3 团队的发展阶段

团队的发展需要过程，在此期间，团队成员必须相互了解、领会各自的角色、发现恰当以及不恰当的行为并学会协作。新成员不断加入和旧成员不断离去，使团队始终处于不断变化的过程之中。图克曼关于团队发展的五阶段模型形象地描述了团队这种递进演变的过程。这五个阶段具体如下。

（1）形成阶段（Formative Phase）：团队发展的第一个阶段。在这一阶段中，成员尝试着互相了解，衡量作为团体一员的获益和代价。在这个阶段，成员通常会表现得比较有礼貌，乐意遵从现有领导者的权威与规则，并尽力去适应团队。

（2）爆发阶段（Explosive Phase）：在团队发展的爆发阶段，成员往往会主动出击去担当某种角色，由于竞争经常会出现人际冲突。这是团队发展过程中比较脆弱的阶段。在这一阶段中，团队成员开始慢慢厘清各种角色的特定要求，并且开始认同承担角色的人选。

（3）规范阶段（Normative Phase）：在团队发展的规范阶段，角色确立并且围绕团队目标的意见逐步统一。成员形成了相对一致的心理模型，而这种共同的预期和设想有利于他们之间更加积极有效地进行互动，推动团队进入下一个发展阶段。

（4）运作阶段（Operational Phase）：在团队发展的运作阶段，其重心由确立和维系关系转变为实现目标。团队强调以任务为中心，为完成任务而努力。在这一阶段，团队成员已能较好掌握积极进行协作和解决冲突的方法。

（5）停滞阶段（Stagnation Phase）：由于各种原因（如项目结束、人员调离、成员辞职或被解雇）而导致团队解体。

4.4 团队的类型

根据目标、任务特点，可将团队分为多种类型，最常见的有问题解决型团队、自我管理型团队、多功能型团队、虚拟团队。随着信息技术的发展及组织的扁平化，虚拟团队日益增多。

【短视频】团队类型

4.4.1　问题解决型团队

自 20 世纪 80 年代以来，在日本与美国的企业中开始流行一种问题解决型团队，这种团队由员工及主管人员共同组成，主要解决产品质量问题，具有一定的代表性。问题解决型团队一般由来自同一部门的 5~12 名员工组成，他们每周聚在一起用几个小时，讨论如何提高产品质量、如何提高生产效率和改进工作方法。团队的成员在解决问题的技术方面接受培训，然后就如何改进工作程序和工作方法相互交换看法。但是，这些团队一般没有权力根据这些建议单方面采取行动，而是把那些超出其控制范围的问题报告给管理层。问题解决型团队的焦点是解决实际存在的问题，但在调动员工参与决策过程的积极性方面略显不足。

问题解决型团队的一个典型例子就是质量圈。质量圈又称为控制圈、质量管理小组或问题解决小组。其目标就是在自愿的基础上解决与质量有关的问题，员工共同努力提高产品质量。质量圈可分为几个部分：①找到质量方面存在的问题，并在众多问题中选择一些必须马上解决的；②评估问题，评估问题的严重等级，如果不解决，可能会产生什么样的损失；③推荐解决问题的方案并进行评估，分析可行性，成本花费是多少；④决策是否实施。

问题解决型团队模式如图 4-1 所示。

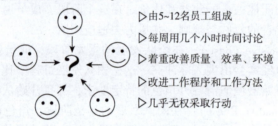

▷由5~12名员工组成
▷每周用几个小时时间讨论
▷着重改善质量、效率、环境
▷改进工作程序和工作方法
▷几乎无权采取行动

图 4-1　问题解决型团队模式

 **案例 1**

湘电集团电机事业部问题解决型团队

在湘电集团电机事业部中型车间有这样一个视产品质量为生命的质量攻关小组——倾情小组。该小组主要针对电机技术的"重点"或"难点"进行攻关。小组成员不超过 10 人，其中有管理层、高级技师，也有技术员、一线班员。"倾情小组"每次接到命令，就会全身心投入项目质量攻关中，通过制订方案、反复实验、头脑风暴……探讨研究项目中遇到的各种瓶颈问题。

最近几年，"倾情小组"承接了近 20 个质量攻关项目，每次攻关成功都使公司实现了产品质量的一次重大突破。2015 年，事业部接到为美国公司生产 47 台中型电机的大订单，当被对方的高标准困住时，正是以蔡张保为组长的"倾情小组"历时 3 个月，成功破解了铜排转子冲片齿部开裂和中频焊转子焊后起两大关键性难题。湘电集团的成功正是得益于"倾情小组"这个能够发现并解决顾客问题的问题解决型团队的存在。

（资料来源：黄鹤. 湘电集团电机事业部问题解决型团队建设研究［J］. 资治文摘，2016(1).）

4.4.2　自我管理型团队

自我管理型团队是为了弥补问题解决型团队的不足而出现的。自我管理型团队一般由10~15名员工组成，是独立自主的团队。它不仅关注问题的解决，还能执行解决问题的方案，并对工作结果承担全部责任。这种团队在调动成员参与决策的积极性方面有明显优势。自我管理型团队承担着以前自己的上级主管所承担的一些责任，一般可以自主控制工作节奏、决定工作任务的分配、安排工间休息等。完全的自我管理型团队甚至可以挑选自己的成员，并让成员相互之间进行绩效评估，这样管理者的重要性就大大下降了。自我管理型团队的员工满意度较高，但员工的缺勤率和流动率也较高，管理者的工作面临很大的挑战。另外，员工也可能会对这种管理模式感到不适应，所以实施自我管理型团队首先要看企业目前的成熟度如何，员工的责任感如何，然后确定是否采用自我管理团队的模式以及给自我管理团队的自主权的大小等问题。

自我管理型团队模式如图4-2所示。

▷真正独立自主

▷由10~15名员工组成

▷责任范围广泛（决定工作分配、节奏、休息）

▷自主挑选队员

图4-2　自我管理型团队模式

案例2

江西铜业集团公司的自主管理

江西铜业集团公司早在2000年就在集团公司全面推广了职工自主管理模式，在企业内部建立了一套自主管理的领导体制和组织机构，各下属厂矿均设自主管理推进委员会，各车间班组设立自主管理活动小组，并逐步形成了一个"发现问题—提出建议—解决问题—评审发布成果—评选表彰先进"的工作机制，使自主管理有组织、有课题、有活动、有成果、有评审、有表彰。此举不仅有效地解决了大量安全质量、成本控制等方面的疑难问题，而且极大地激发了广大员工的主人翁意识。

经过5年的发展，该集团自主管理已由生产领域拓展到经营管理、科研技改、医疗教育和后勤服务等各个方面，发布职工自主管理成果达12 258项，创造价值近2.1亿元，有多项成果获得国家和省各级表彰和奖励。其中，"导电玻璃钢的试制和运用""闪速炉铜水套的加工制作"两项成果填补了当时国内的空白，"粗硒真空精炼""自吸式搅拌机"两项成果分获全国青工科技成果大奖赛金星奖和新星奖。

（资料来源：陈国海. 管理心理学［M］. 北京：清华大学出版社，2023.）

4.4.3　多功能型团队

多功能型团队兴盛于20世纪80年代末，当时很多汽车制造公司采用了这一团队类型来协调完成复杂的项目。实践证明，该类型团队是一种有效的工作方式。多功能型团队也称跨职能团队，它一般由各种专业背景和不同作用的员工组成，通过解决跨部门和跨机能的问题来达到目标。例如，麦当劳有一支危机管理队伍，其成员由来自麦当劳营运部、训练部、采购部、政府关系部等部门的一些资深人员所组成，他们共同接受关于危机管理的训练，模拟当危机到来时怎样快速应对。多功能团队一般还有以下几个特点。

（1）多功能团队工作任务的特点：工作的知识性与成员贡献的隐性化，如工作成果难以精确地量化，难以在不同成员之间加以准确的区分，从而使团队成员的贡献呈现出隐性化的特征。多功能团队工作往往也需要较多的脑力支撑。

（2）多功能团队行为主体的特点：知识型员工。多功能团队中的大多数成员都具有一定的专业技能，也被称之为知识型员工。

（3）多功能团队的结构特点：成员职能背景的多样性与质的差异性所决定的团队工作的跨职能性。多功能团队区别于其他团队的重要标志，就是组成团队的成员具有职能背景的多样性，这决定了团队的"跨职能性"特征。

4.4.4　虚拟团队

虚拟团队是指跨越空间、时间和组织界限，成员间主要通过网络技术进行沟通的跨功能团队。随着互联网的日益普及，以信息、创意和智慧为代表的网络经济使虚拟团队成了组织发展的新趋势和管理层关注的焦点。技术的发展以及以知识为基础的工作使得虚拟团队变为可能，而全球化以及知识分享和团队工作的成效使其变得更为必要。

虚拟团队区别于传统的团队，具体体现在以下几方面。

（1）虚拟和组织模糊性：指虚拟团队是通过互联网等电子通信工具相互沟通协作的"虚拟"组织形式。团队成员很少甚至完全没有面对面一起讨论工作的机会，而是更多地依靠电子邮件、视频会议系统和基于互联网的协作技术来进行沟通交流。同时虚拟团队的成员可能来自不同组织，团队没有明确的组织边界线。

（2）流动性：虚拟团队多以问题导向组建，因而与传统团队相比，虚拟团队成员具有更大的流动性，即使有时需要完成的是同一或者相似任务，也可能是由不同成员的团队来完成。

（3）分工方面：在虚拟团队中，团队成员没有固定的分工，他们仅拥有一个明确的、共同的目标，任何人的工作、努力都是追求该目标的实现，虚拟团队分配给团队成员的角色比在传统背景下更活跃，虚拟团队成员通常拥有不同虚拟团队和同一虚拟团队的多种不同角色。而在传统团队中，会对每个员工进行详尽的任务职责分配。

（4）团队的设计假设前提方面：传统团队的设计是基于"经济人"的假设。将其成员视为一种工具，在分工上强调熟练，在激励上强调报酬，在协调上强调权威和制度。而虚拟团队的设计是基于"管理人"假设的，在该种团队中强调自我管理。团队成员在追求自我价值实现的同时追求团队价值的实现。其中留给各个成员展现个性的空间；但同时，团队成员也必须充分理解、接受并容忍其他成员的性格。

（5）介入团队工作的时间差异：在传统团队中，由于分工明确、说明详细，新加入者很快就能适应环境。而在虚拟团队中，其成员的工作始终都处在一种过程之中，且横向、纵向联系都极为密切，团队的历史工作大多都转化为成员的个人知识和经验，一个中途加入者很难融入其中。

此外，虚拟团队在其形成的早期阶段往往要耗费大量的时间，因为团队成员要学会处理复杂多样的任务。另外，在成员之间，尤其是在那些背景不同、经历和观点不同的成员之间（特别是跨国型的团队），建立起信任和真正的合作也需要一定的时间。

 **案例 3**

中信银行"集结号"虚拟团队

由于人力管理方面出现人力配置和生产不均衡等紧急矛盾，中信银行大胆创新，从具有不同业务的部门抽调人员组成虚拟团队——"集结号"。这个团队的成员均掌握多种科技技能，平时以预备役的形式存在，工作高峰进行业务支援任务，任务完成时成员又回到各自部门。"集结号"虚拟团队的创建消除了生产不均衡现象，有效利用并合理分配了企业内部资源，为中信银行信用卡中心开拓了一种全新的团队思路和管理模式。

（资料来源：陈春知.跨组织虚拟团队实例[M].北京：企业管理出版社，2003.）

团队由于划分的标准不同，因而就会有不同的类型。但无论如何划分，各种类型的团队都在通过发挥自身优势去改善组织绩效水平、提高组织创新性及增强组织适应性等目的，组织应结合实际最大限度地发挥团队优势。

 视野拓展 1

野牛团队、螃蟹团队与大雁团队

在 MBA 智库网站上关于团队类型的条目中，有三种典型团队类型，分别是野牛团队、螃蟹团队与大雁团队。

1. 野牛团队

野牛团队：野牛个个身强力壮，但没有集体意识，各自为政，所以不是比他们弱的狼的对手。

野牛团队的特点是成员分开行动都很强，但合起来就很弱。

美国西部牛仔是我们很熟悉的一个形象。在西部开拓史上，只需要12位牛仔、1位领队、1位野营厨师和1位牧马人，就能赶大约3 000头牛，而且在长途跋涉中，牛一般不会丢失。

职场里有些团队，成员个个都是"野牛"，也就是自己单干都是精兵强将，每个人都觉得自己特别厉害，瞧不上其他人，团队无法保持平衡。

2. 螃蟹团队

螃蟹团队：当一群螃蟹被抓到竹篓里后，只要有一只奋力往上爬，其他几只就拼命拉其后腿，结果谁也出不去。

螃蟹团队的特点是我不强，你也别强，免得对比之下，显得我很弱，结果是整个团队的绩效都较低。

企业之所以能保持平衡，不仅在于每个人都各尽所能，更在于内部能量的不断供给。而这种内部能量更多来自团队的凝聚力、向心力、活力、创造力。如果管理者没有很强的团队组建能力并且团队没有科学的管理制度，就会出现"螃蟹效应"，也就是团队会陷入"1+1<2"的困境。

3. 大雁团队

大雁团队：大雁在飞行时本能地呈人字形飞行，前面的大雁在飞行过程中，为后面的大雁创造了有利的上升气流，结果使整个团队的飞行距离比单只大雁的飞行距离提升了 70%。

在大雁队伍中，人字形尖端的大雁任务最为艰难，需要承受最大的空气阻力，因此领头的大雁每隔几分钟就要轮换，这样雁群就可以长时间飞行而不用休息。如果有一只大雁因为疲劳生病而掉队，雁群也不会遗弃它，会派出一只健康的大雁陪伴掉队的同伴，直到它能够正常飞行。

大雁的这种行为很形象地说明了动物之间的合作现象。但在职场上，人都是有主观能动性的，职场上"大雁"团队的精神基础是团队合作精神。若要形成一个优秀的职场团队，团队首先需要保证人际交往遵循互惠原则，因为只有互惠才能促成合作，而良好的合作最终会让团队拥有高效率。

（资料来源：孙喜林. 管理心理学 [M]. 北京：人民邮电出版社，2021.）

4.5　高效团队的特征

一支高效的团队由一群相互独立却拥有共同目标的成员组成，且成员们也认同"共同努力是达成目标的最佳方式"的观点。高效的团队也会带来愉快的经验，成员对共同工作充满期盼，同时感受到进步与成就。但是，团队仅靠组成团队的模式并不能自动提高效能。近年来，一些研究者提出了高效团队所具有的一些主要特征，具体包括以下几方面。

4.5.1　清晰的目标

高效团队对所要实现的目标有清楚的了解，并坚信这一目标代表的重要意义和价值。而且，这种目标的重要性还激励着团队成员将个人目标融入团队目标。在高效团队中，成员明白团队希望他们做什么工作，以及他们应怎样共同工作以完成任务。

4.5.2　相关的技能

高效团队是由一群有能力的成员组成的。他们具备实现目标所必备的技术和能力，而且拥有能够与人进行良好合作的品质，从而能出色地完成任务。有精湛技术的人并不一定能掌握合作技巧，高效团队的成员必须是两者兼有之。

4.5.3　一致的承诺

高效团队的成员对团队表现出高度的忠诚，为了使团队获得成功，他们愿意做很多事情。我们把这种忠诚称为一致的承诺。对高效团队的研究发现，团队成员对他们的团队具有认同感。一致的承诺的特征表现为成员对团队目标的奉献精神，愿意为实现这一目标而调动和发挥自己最大的潜能。

4.5.4 相互信任的氛围

通过团队学习而形成的组织文化和管理层的行为塑造，对营造相互信任的团队氛围很有效。如果组织崇尚开放、诚实、协作的办事原则；同时，还要鼓励成员积极参与和充分发挥自主性，就比较容易营造相互信任的团队氛围，从而帮助团队成员做出和维持相互信任的行为。

4.5.5 良好的沟通

团队成员通过畅通的渠道交流信息，管理层和团队成员之间有健全的信息反馈机制，并经常进行以获取超过个人水平的见解为目的的"深度会谈"，鼓励团队成员将他们认为最困难、最复杂、最具冲突性的问题放到团队中来讨论，自由地表达各自的观点并加以验证，使彼此真诚相对，让每个人以真实的想法进行交流。

4.5.6 成员角色的多变性

对于高效团队来说，其成员角色具有多变性，总在不断调整。高效团队能够给员工适当地分配不同的角色，使工作任务分配与团队成员偏好的角色相一致。同时，其也要求成员有充分的准备，能应对团队中时常的角色变换要求。

4.5.7 恰当的领导

高效团队的领导者能够让团队成员跟随自己一起度过最艰难的时期，因为他能为团队指明前进方向，能向成员阐明变革的可能性，能鼓舞成员的士气，帮助他们更充分地了解自己的潜力。高效团队的领导者往往担任的是教练和后盾的角色，对团队提供指导和支持，但并不试图去控制它。

4.5.8 内部支持和外部支持

从内部条件方面来看，高效团队应该拥有一个合理的基础结构，包括适当的培训，一套公平合理的绩效评估系统，以及一套起支持作用的人力资源系统。从外部条件方面来看，管理层应该给团队提供完成工作所必需的各种资源。

4.6 团队面临的挑战

团队的应用在组织中获得了极大的成功，大多数人都同意这一点。团队成员的齐心协力，帮助组织纵横驰骋、战胜困难。但与此同时，很多人仍在面临业绩挑战时怀疑、贬低团队的作用。有些人并不相信团队真的能比个人干得好，有些人认为团队带来的麻烦比带来的价值要大。这种对团队的抵制，究其原因，源于团队合作容易出现的一些问题。

 【短视频】团队面临的挑战

4.6.1　团队成员间缺乏信任

团队成员间的信任缺失会严重降低团队的效率。团队成员间缺乏信任的表现主要在以下几方面：①相互隐藏自己的缺点和错误；②不愿请求别人的帮助，不愿给别人提出建设性的反馈意见；③不愿为别人提供自己职责之外的帮助；④轻易对别人的用意和观点下结论而不去仔细思考；⑤不愿承认和学习别人的技术和经验；⑥浪费时间和精力去追求自己的特定目标；⑦对别人有不满和怨恨；⑧害怕开会，寻找借口，尽量减少与别人在一起的时间。可见，信任是高效、团结一致的团队的核心，若没有信任，团队合作则无从谈起。

4.6.2　"搭便车"现象

"搭便车"现象又称为"偷懒"现象，是指在团队工作中，团队成员的个人贡献与所得报酬没有明确的对应关系，或者其他激励措施不力，以致每个成员都减少自己的成本支出而坐享他人劳动成果的机会主义倾向。例如，当老师布置一项小组作业且大家最后得分相同时，个别学生活动时缺乏主动性或干脆袖手旁观，坐享其成；也有的学生表面上参与了活动，实际上却不动脑筋，不集中精力，没有在活动中发挥应有的作用等。未做贡献的小组成员获得了小组成绩的好处却不承担相应的劳动。"搭便车"效应的危害非常大。在合作学习过程中，如果过分强调合作规则而忽视小组成员的个人需求，可能会使每个人都希望由别人承担风险，这会抑制小组成员为小组的利益而努力的动力。而且"搭便车"心理可能会削弱整个小组的创新能力、凝聚力，降低其积极性等。

4.6.3　"烂苹果"效应

"烂苹果"效应指在任何组织里都存在几个难管理的人，他们像苹果箱里的烂苹果，如果不及时处理，便会迅速把其他苹果也弄烂。谚语"一粒老鼠屎坏了一锅粥"是同样的道理。"烂苹果"效应通常会产生以下负面效应：一是影响他人业绩。自己不努力，还害得别人也做不出业绩，落后的人总是想扯别人的后腿，以便有人跟他做伴，求个心理平衡。二是影响整体士气。这样的人会在私下挑拨离间，散布消极情绪和思想，尤其是容易对新加入的伙伴产生负面影响。三是导致高流失率。一旦发现"烂苹果"的行为与整个团队的氛围格格不入，又没有特殊情况，企业请其走人就成为必然的选择。四是制造麻烦。遵守纪律是团队战斗力的保证，俗话说"没有规矩，不成方圆"。"烂苹果"总是喜欢制造问题、无理取闹，从来不顾及纪律，是麻烦的制造者。可见，"烂苹果"的可怕之处在于它那惊人的破坏力。

 视野拓展 2

"烂苹果"效应

一位农民留下了一筐苹果，当时只有少数几个烂苹果，有人建议他把烂苹果扔掉，农民舍不得，每次都先挑烂苹果吃，把烂的部分削去，把剩余的好的部分吃掉。结果他不但一直在吃烂苹果，而且随着时间的推移，一筐苹果全都烂了，再也不能吃了。

若把好苹果和烂苹果放在一起，好苹果也会成为烂苹果。我们应该把好苹果与烂苹果分开，这可以避免好苹果被烂苹果影响。把好苹果挑出来，把烂苹果扔掉，吃得痛痛快快、开开心心。

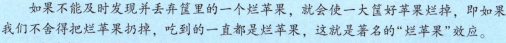

　　如果不能及时发现并丢弃筐里的一个烂苹果，就会使一大筐好苹果烂掉，即如果我们不舍得把烂苹果扔掉，吃到的一直都是烂苹果，这就是著名的"烂苹果"效应。

（资料来源：孙喜林.管理心理学[M].北京：人民邮电出版社，2021.）

4.6.4　逃避责任

　　当团队没有明确的目标和行动计划时，即使是最忠诚的人也会犹豫是否要面对他们同伴采取相反效果的行动和行为。当有些人不承担责任的时候，团队成员也许会把自己的需要放在团队目标之上。如果团队成员失去了获得成果的愿望，团队的效率就会受到影响。

4.6.5　难以衡量个人绩效

　　团队作为一个整体，也有绩效。但在团队中，传统的个人绩效考核方法常常难以奏效。这是由于团队生产具有高度合作的性质，团队成员之间具有较强的互补性，团队的产出是团队成员共同努力的结果。虽然极少有人会否认协同工作的好处，或者否认团队对业绩的潜在的良好影响。但是，许多人在心中仍然喜欢个人责任和业绩，而不喜欢任何群体形式的责任和业绩。

　　人们曾读过许多著名团队的故事，它们都完成了很难完成的任务。但是，不愿冒风险也不愿把个人命运交给团队几乎是人们与生俱来的想法。不愿把个人命运交给团队的想法使多数团队的组织业绩观念薄弱。团队生产的特点使团队中单个成员的努力水平不容易精确计算，这也反过来影响了团队的工作效率。

4.7　打造高绩效的团队

三只老鼠偷油喝

　　三只老鼠一起去偷油喝，可是油缸非常深，且只有缸底有一点儿油，它们只能闻到油的香味，根本就喝不到，越闻越垂涎三尺。它们十分焦急，但这也解决不了问题，于是静下心来集思广益，终于想到了一个办法，那就是一只老鼠咬着另一只老鼠的尾巴，吊下缸底去喝油。它们取得了共识：大家轮流喝油，谁都不准有独享的想法。

　　第一只老鼠被最先吊下去喝油，它想："油就只有这么一点点，大家轮流喝一点儿也不过瘾，今天我运气好，不如先自己喝个痛快。"夹在中间的第二只老鼠也在想："下面的油没多少，万一第一只老鼠把油喝光了，我岂不是只能喝西北风了？我干什么这么辛苦地吊在中间让第一只老鼠独自享受一切呢？我看还是把它放下，自己跳下去喝个够吧！"第三只老鼠也在暗自嘀咕："油那么少，等它们两个喝饱，哪里还能轮到我，不如趁这个时候把它们放下，自己跳到缸底饱喝一顿。"

　　于是第二只老鼠迅速地放下了第一只老鼠的尾巴，第三只老鼠也迅速地放下了第二只老鼠的尾巴，它们都争先恐后地跳到缸里去了。等喝饱后，它们才突然发现自己已经浑身

119

湿透，加上脚滑缸深，它们再也逃不出这个美味的油缸了。最后，三只老鼠都被困死在油缸里了。

这个寓言给我们的启示是：团队需要每个成员的不断维护和建设，"众人拾柴火焰高"；否则，团队内部会产生干扰，使1+1不仅不能大于2、等于2，甚至还会小于2。内耗将极大地破坏团队的凝聚力，削减弱团队的影响力和战斗力，损害团队的生产力。

要打造高绩效团队，必须解决团队管理中存在的问题，不断地对团队进行调整和完善，使团队成熟起来。具体来说，主要应从以下几个方面来打造高绩效团队。

4.7.1 确立目标和规范

制订具体的、可以衡量的、现实可行的绩效目标，为团队运营设立愿景。通过确定明确的工作目标，让具体工作目标与团队整体目标建立联系，从而让团队凝聚成一个强有力的整体。同时，要建立以任务为核心的团队规范，鼓励那些高效的工作行为，制裁那些有损于效率或质量的行为。这样，将明确具体的团队目标与任务为导向的团队规范相结合，就会增强团队成员完成团队任务、实现团队目标的信心。

4.7.2 选聘适合团队要求的成员

要考虑成员能力、性格、角色的合理搭配，实现个人能力的优化组合，达到团队系统功能最大化。一个团队一般需要三类具有不同技能的人：①具有技术专长的成员；②具有发现问题、解决问题和决策技能的成员；③善于聆听、反馈，拥有解决冲突及调和人际关系技能的成员。同时，要考察个人的价值观是否与团队价值观相吻合，从而减少和避免部分人员进入团队后出现"搭便车"的行为。

4.7.3 选择合适的领导和团队结构

团队应选择合适的领导和内部结构来协调团队成员的不同意见，并解决团队中的日常问题。例如，如何安排工作日程、如何解决内部冲突、如何分配具体的工作任务使之与团队成员的个人能力相匹配、如何做出和修改决策以及如何获取外部资源等。

4.7.4 培养成员间的信任感

团队成员之间的相互高度信任对于创建高效团队至关重要。人际关系表明，信任是脆弱的，信任感需要很长时间才能建立起来，却很容易被破坏，而被破坏之后要恢复原样又很困难。因此，培养团队成员之间的信任感需要采取有效的方法，总结起来有：

(1)表明你既是在为自己的利益而工作，也是在为对方的利益而工作。

(2)成为团队的一员，用言语和行动来支持你的工作团队，表现你的忠诚。

(3)开诚布公，让人们充分了解信息，解释你做出某项决策的原因，对于现存问题则应坦诚相告。

(4)涉及利益分配时，要客观、公平、不偏不倚。

(5)表明指导你做出决策的基本价值观是不变的。

(6)真诚地说出你的感受。

(7)保守秘密。

4.7.5　建立合理的激励机制

团队应建立平等明晰的评价标准，让每位团队成员的贡献都可以被衡量，每位成员都可以清楚地看到谁做了什么，而且每位成员都对自己的行为负责。尽管团队中有一定余地可以兼容不同风格的成员，但也要制订统一的业绩标准（工作的效率和品质是所有成员都应当遵守的基本标准），以防止"鞭打快牛"的不公平现象，避免团队内由此引发冲突。

要改变传统的以个人导向为基础的绩效评估与奖酬体系，除根据个人贡献进行评估和奖励外，还应当以团队为基础进行绩效评估和利润分享，鼓励合作而不是仅鼓励某一个优秀的个人。除了基本的个人薪酬系统之外，还可以设定一种以团队达成目标为前提的个人奖励。另外，给团队成员的晋升、加薪以及其他各种激励都应以他们在团队合作中的表现为衡量标准。

在工作设计方面，由于认识到团队成员的工作动力主要来自工作本身，应采用灵活合理的工作方式，使团队成员体会到工作的意义和价值。另外，设计合理的容错规则也是一种重要的方法，如可以规定资金补贴范围。

4.7.6　控制团队规模

为了使团队成员之间都能够充分了解并且相互影响，以及保证团队结构的简单化和组织目标的明确，应当严格控制团队成员的数量，一般不要超过 12 人。适当的团队规模，容易形成较强的团队凝聚力、忠诚感和相互信赖感。

4.7.7　开展高质量的团队培训

通过培训来保证团队成员价值观与团队价值观的一致，矫正团队成员的个人行为，保证团队成员工作的高效率。在团队培训中，成员对新知识和信息的接受至关重要。培训已经不是传统意义上集中时段的训练，而应该是即时的、全方位的学习。要让团队成员感觉到学习的紧迫性，并把每个学习机会转变成交流和合作的机会。为此，必须制订周密的培训计划来实现培训思路的根本转变。

4.7.8　让团队文化建设贯穿团队管理中的各环节

高效团队需要相应的团队文化来配合。首先，要增强成员对团队的认同感，使团队成员为自己是团队的一员而感到自豪。如果团队成员都能有"风雨同舟""同呼吸，共命运"的使命感，这将会对团队管理非常有利。其次，要让每个团队成员认识到，他们之间的协作和做出的贡献对团队的成功来说是至关重要的。换句话说，若没有他们的贡献，团队的目标将无法实现。

团队文化建设可以贯穿到管理的各个环节。例如，在绩效考核和薪酬管理方面应充分体现团队的特点，以集体的成果来决定创造的价值；把团队价值观贯穿于培训的始终；在宽松的环境中，树立团队的榜样等。因此，要持之以恒地把管理好团队所必需的理念渗透到每个团队成员的行为中。

总之，同其他形式的管理一样，创建高效团队是件复杂的事情，不存在确保成功的简便易行的规则。管理者将上述原则和方法整合起来，进行系统思考，并根据实际情况采取有针对性的措施，就可以创建高效团队，不断提高团队效能。

 **案例 4**

在"玩"性中带着团队成长

"茴香酒馆"是一家闻名全国的酒馆，该酒馆的老板是一位很帅气的、20 多岁的小伙子，他的名字叫李鑫蔚。他在茴香酒馆这个平台上只用了几年的时间，就将茴香企业从酒吧娱乐延展到了餐饮美食，他把整个企业经营得像他本人一样朝气蓬勃。探究他的成功之道，我们仅能找到一个字来概括——"玩"。他的企业中没有其他企业那样的繁缛的管理制度和企业文化，有的只是那种锐也内敛、藏也锋芒的让人大吃一惊的"玩"性文化，在这"玩"字的骨子里，是一种不可复制的团队的心智文化。在他的心智文化里，你找不到那些大而空的战略规划和华丽的辞藻，也没有卖弄年轻资本的点点痕迹，更没有老总威严的假面孔，只有年轻岁月在他身上驻足的玩性和智慧。进入他的团队后，他会告诉你两件事：第一件事是在他的企业没有老板和打工者之分，只有团队成员的新老之分；第二件事是你怎样才能通过玩得尽兴让工作效率更高。当然他的"玩"性文化是随性的、健康的、积极的和时尚的。看看他的个性着装——身上永远套着质地上乘的个性休闲服；他的兴趣爱好——手边永远带着国内外最新时尚读本；他的职业素养——从不放弃大师级的工商管理培训；他的工作状态——在聊天中完成一个团队最高长官应该完成的事情……在他看来，生活是一种玩，学习是一种玩，着装是一种玩，创业是一种玩，经营企业同样是一种玩。也许简单的反而是深奥的，玩，不需要繁文缛节，玩，不需要条条框框的设计，当玩能成为一种生产力的时候，这样的境界不是谁都能达到的。李鑫蔚用"玩"经营着企业，在"玩"性中带着他的团队成长。

（资料来源：李建，刘鹏. 创新与创业［M］. 北京：中国人民大学出版社，2017.）

4.8 团队精神

4.8.1 团队精神的概念

若要打造高效、优秀的团队，必须培养团队精神。团队精神是指团队成员彼此共鸣、一致认同的内心态度、意志状态和思想境界。或者说，团队精神是团队成员的士气。简单地说，团队精神就是大局意识、协作精神和服务精神的集中体现。团队精神的基础是尊重个人的兴趣和成就，核心内容是协同合作，最高境界是全体成员的向心力和凝聚力，也就是个体利益和整体利益统一后推动团队的高效率运转。团队精神的形成并不要求团队成员牺牲自我，相反，挥洒个性、表现特长能够保证成员共同完成任务目标，而明确的协作意愿和协作方式能够产生真正的内在动力。没有良好的职业心态和奉献精神，就不会有团队精神。团队精神包含团队的凝聚力、团队成员的合作意识和团队成员的士气三方面内容。

$$（知识+经验）×精神＝竞争力（新的生产力）$$

知识可以从课堂上和书本中学习，经验可以在实践中积累，而以上公式说明只有在知识和经验的基础上乘上一种高尚独特的精神，团队才能拥有竞争力。也就是说，在知识和经验相同的情况下，精神对团队的建设具有决定性作用。团队精神就是这个团队在长期实

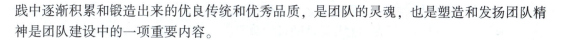

践中逐渐积累和锻造出来的优良传统和优秀品质,是团队的灵魂,也是塑造和发扬团队精神是团队建设中的一项重要内容。

4.8.2　团队精神的本质特征及团队精神的培养

1. 团队精神的本质特征

(1) 团队精神的基础——挥洒个性。

团队业绩来自两个方面:首先来自团队成员个人的成果;其次来自集体的成果。也就是说,团队所依赖的是个体成员共同贡献而得到的实实在在的集体成果。这里不要求团队成员都牺牲自我去完成同一件事情,而要求团队成员都发挥水平做好这件事情。

(2) 团队精神的核心——协同合作。

团队成员在才能上是互补的。共同完成目标任务的保证就在于发挥每个人的特长,并注重流程,使之产生协同效应。

 **小故事 2**

请按一下九层

这里有一部电梯,上下班高峰期时人最多。我在上电梯前和公司的人力资源总监相遇,说笑间,电梯来了。我们随着人群一拥而进,大家都稍微调整一下身体,找到一个相对合适的位置。这时,一条胳臂从人缝中穿过来,一位小伙子隔着好几人,伸手企图按电梯电钮。他够得很辛苦,好几个人刚刚站踏实的身子不得不前挺后摞,电梯内因此而出现了一阵小小的骚动。那个总监问道:"你要去哪一层?""九层。"有人抬起一个手指头立刻帮他按好了。小伙子没有说谢谢。下午,我在楼道里又遇见那位总监,他说:"还记得那个去九层的小伙子吗?他是来应聘的,不过我没有留用他。""哎,多好的小伙子,可惜,缺少合作精神。"他说,"开口请求正当的帮助对他来说是一件很困难的事情,得到帮助后也不懂得感谢。这种人很难让别人与他合作。"

追求独立是好事,但太过了,就成了缺乏合作精神,独立的意志就不再受到尊重。推广到企业之间的合作,其含义便更深了一层——利益。追求自身的利益是应该的,但太过了,就会造成无法与人合作的局面,那么自身的利益也得不到保障。

国际上许多企业间会强强合作,这种形式很常见,出发点只有一个:经过联合形成更大的力量,对两个企业都有好处。

如果那个小伙子坦然而礼貌地说一句:"请帮我按一下九层。"结果会怎么样呢?大家不会拒绝他的请求,而且帮他的人还会心生助人的快乐。最后,他也能得到想要的工作。所以,当你得到别人的帮助时,别忘了说一声谢谢。

(资料来源:卢青. 请帮按一下九层,深圳商报,2006-03-13.)

(3) 团队精神的最高境界——向心力和凝聚力。

全体成员的向心力、凝聚力是从松散的个人集合走向团队的最重要的标志。向心力、凝聚力来自团队成员自觉的内在动力,来自共同的价值观。很难想象,没有展示自我机会的团队能形成真正的向心力;也很难想象,没有明确的协作意愿和协作方式的团队能形成真正的凝聚力。

（4）团队精神的根本——团队利益与个体利益的统一。

只有使每个成员的目标和利益与团队的目标和利益一致，使团队成为维护和实现大家利益的共同体，大家才能为了共同利益而走到一起，心往一处想，劲往一处使，拧成一股绳。

（5）团队精神的外在表现。

团队精神的外在表现：一是积极向上、充满活力的精神面貌和高昂的士气；二是强烈的责任心；三是强烈的集体荣誉感。

 **案例5**

小明和小红的合作

小明和小红是同班的幼儿园学生，他们一起玩玩具。小明喜欢玩拼图，小红喜欢玩积木。他们开始在同一张桌子上玩玩具，但是由于兴趣不同，他们开始产生了冲突。小明想要一起玩拼图，而小红想要继续玩积木。在这种情况下，他们试图解决这个问题，但是他们不知道该怎么做。

在老师的帮助下，他们开始探索不同的方法来解决问题。老师提议让小明先玩拼图，然后小红可以在他完成拼图之后玩积木。小明同意了这个建议，他专注地完成了拼图。小红看到他在认真完成任务，感到很满意。当小明完成拼图后，他转过身来和小红一起玩积木。他们发现这样做很有趣，这样他们就成功地解决了冲突。

这个案例展示了同伴合作的重要性。尽管小明和小红有不同的兴趣爱好，但他们通过合作和沟通解决了问题。在老师的帮助下，他们学会了妥协和共同努力的重要性，这将有助于他们日后在生活和工作中建立成功的关系。

（资料来源：百度文库）

2. 团队精神的培养

要打造优秀的团队，必须培养团队精神。每一个优秀的团队都有其鲜明的团队精神，一个人注入了这种精神，他就会成为一名优秀的团队成员；一个团队注入了这种精神，就会成为一个坚强的战斗集体。可以说团队精神就是团队的灵魂，塑造和发扬团队精神是团队建设的一项重要内容。要培养和塑造团队精神，需要做好三个方面的工作：提高团队的凝聚力、培养团队的合作精神和提高团队的士气。

（1）提高团队的凝聚力。

团队凝聚力反映了团队内部人际关系的质量，以及团队成员对团队的情感依恋程度。凝聚力高的团队能够增强成员的心理安全感和自豪感，凝聚人心、鼓舞士气，形成强大的团队合力，有效促进团队目标的实现。那么，怎样才能提高团队的凝聚力呢？

1）鼓励团队合作而非个人努力。个人英雄主义是团队建设的大敌，在团队的管理过程中，应鼓励通过团队合作取得团队的成功，而非以牺牲他人甚至团队整体利益为代价取得个人成功。

2）增强领导效能。领导是团队的核心，团队凝聚力的高低很大程度上取决于领导者的才干、威信与人格魅力。团队领导者必须公平、公正，把对成员的严格管理与真挚热爱结合起来；能够及时化解团队内部的矛盾与冲突，为成员营造良好的工作环境与融洽的人际氛围；在工作中严于律己、率先垂范，以高尚的人格魅力团结一大批志同道合的成员，以高超的领导艺术赢得成员的尊重与爱戴，形成无坚不摧的坚强集体。

3）统一团队目标。团队凝聚力的强弱在很大程度上取决于团队成员目标一致性的程度。团队在工作过程中，要坚持全员参与、民主决策的原则；通过充分的沟通，消除团队成员之间的意见分歧，形成统一的团队目标，以团队的目标统领各项工作。

4）强调集体奖励。要在团队内部树立相互协作的风气，必须形成利益共同体，使每个成员都能在这种互助行为中得到好处，这样才能从制度设计上解决协作行为的内在动机问题。所以，管理者要建立集体奖励制度，使团队的成功与每个人息息相关。

5）增强集体荣誉感。当人们履行了对特定组织的义务时，会得到组织的肯定和褒奖，个人因意识到这种肯定和褒奖所产生的道德情感，即荣誉感。要想使团队具有荣誉感，就先要使成员对自己的团队有信心。因此，管理者要经常鼓励团队成员，使他们有一种被接纳、被肯定的感觉。当团队取得一定的成功或达成既定目标时，管理者要让大家一起分享成功与快乐；在团队成员做出成就时，要及时进行鼓励与褒奖，当团队成员工作失利时，也要及时安慰与鼓励；当团队成员受到委屈时，要成为其坚强的后盾与保护伞，为团队成员遮风挡雨，使其感受到团队的关爱与温暖。

6）适当控制团队规模。根据群体研究的结果，团队规模的大小与凝聚力的强弱成反比，因此，要提高团队凝聚力，应控制团队的规模。

（2）培养团队的合作精神。

团队合作指的是一群有能力、有信念的人在特定的团队中，为达成一个共同目标相互支持、共同奋斗的过程。团队合作精神具体表现为：团队成员间相互支持、同舟共济，互敬互重、礼貌谦逊；他们彼此宽容、尊重个性的差异；彼此间是一种信任的关系，待人真诚、遵守承诺；相互帮助、互相关怀，大家彼此共同提高；利益和成就共享、责任共担。要培养团队合作精神，需要做好以下几方面的工作。

1）培训和组织活动。培训和组织一些团体活动，特别是拓展培训或集体旅游，是很多企业培养团队成员间合作精神的重要方法。例如，诺基亚每年为员工提供一次集体外出活动和两次以部门为单位的团队培训机会。参加活动时，部门之间可以自由组合。通过共同参与活动和培训项目，使员工互相了解，产生信任感，这不仅拉近了他们的距离，更增强了他们的凝聚力。

2）营造沟通的氛围。真诚、平等的内部沟通是创造团队合作氛围的基础。团队领导者要鼓励成员充分表达创意和建议，主动和其他人进行沟通，提出自己的想法，但要确立沟通的原则是就事论事，绝不可以牵扯到其他方面。例如，诺基亚非常看重团队成员的沟通，鼓励团队的领导者带动团队成员参与决策，从而在主要问题上获得一致意见。这个决策的过程为团队积极沟通、共同探讨最佳可行性方案留出了足够的空间；在参与决策的过程中，团队成员相互支持，共同进步。

3）提升领导能力。团队领导者的领导风格直接影响团队的合作精神。在民主的领导方式之下，团队成员更愿意表达自己的意见和参与决策，成员相互支持，共同进步；在专制的领导方式下，团队成员的参与机会少，满意度相对较低；在放任型的领导方式下，团队就像一盘散沙，人心涣散，也谈不上团队合作。

4）团队领导者应率先带头鼓励合作而不是竞争，并制订规则及合作的规范。上行下效是团队中存在的一种普遍现象，如果领导者之间缺乏合作，甚至山头林立，成员就不可能形成合作意识与习惯。因此，在团队建设中，各级领导者要带头合作，以大局为重，为成员做出表率，树立榜样。此外，管理者还要在制度设计上制订相应的规则，对合作行为给予肯定与鼓励。

 ● 案例6

谷歌"亚里士多德"计划

在创业过程中，"靠谱"不单单意味着每个人的能力与职位匹配，领导者的战略思考和员工的领悟执行总是会出现冲突，如何将个人价值最大化，使"整体大于部分之和"成为令创业团队最困惑的难题之一。

几乎每个创业公司都不可避免地会遇到一个相同的问题：创始人、高管和员工在衡量"成绩"上总是存在差异——创始人和高管更关心结果（如销售数字或产品发布），而员工则表示"在创业初期，拥有属于自己的文化才是衡量团队的最重要指标"。

也就是说，这些公司即便拥有了执行力超强的成员，但如果他们觉得工作不自在，也总有一天会另谋高就，寻找更舒适的工作环境，而现阶段任何由团队创造的成就也会成为"短命的历史"。

与之相对的另一个问题是，团队成员享受公司所营造的文化氛围，制造出的却是低水平的产品，这显然也不行。因为一旦失去优质产品，也就失去了持续发展的动力，若失去收益支撑，团队最终也会失败。

所以，创业公司只有做到既能满足团队成员的感性需求，又能刺激各成员保持高效工作，才有可能交出一份漂亮的成绩单。

为此，谷歌的研究人员推出了"亚里士多德"计划：首先确定了研究对象，即包含高执行力和低执行力的180个团队，然后制订了衡量定性和定量数据的评估标准；通过数据分析及对数百名高管、团队负责人和员工进行深度访谈，从四个不同维度评估公司的团队效率，分别是团队执行力的评估、团队领导对团队的评估、团队成员对团队的评估、销售业绩与季度指标的差距。

相关研究表明，影响团队效率最重要的因素不是团队成员里有谁，而是成员之间如何合作。影响团队效率和团队合作关系的因素主要有心理安全感、可靠性、目标制订、意义构建、影响力这五个因素，拥有这五项胜任力后，也就意味着能组建高效团队，胜利在望。

（资料来源：[美]汤姆·彼得斯.成就卓越[M].范鹏，译.北京：机械工业出版社，2023.）

（3）提高团队的士气。

士气的本义是指军队作战时士兵们的精神状态。团队的士气是指团队成员愿意为实现团队目标而奋斗的精神状态和工作风气。在进行团队建设时，若要提高士气，则需要做好以下几项工作。

1）领导者要充分展示自己的信心与勇气。团队的领导通常起到稳定军心的作用，因此，要提高团队士气，团队领导首先要表现出对目标的信心，特别是当团队遭到挫折与失败时，成员会看领导的决定，领导者的精神状态与工作作风会对成员产生耳濡目染的影响作用。例如，在电视剧《亮剑》中，李云龙永不言败的信念、锲而不舍的精神、舍我其谁的霸气、敢于亮剑的精神，对提高独立团的士气起到了决定性的作用，使独立团成为无所畏惧、无坚不摧的坚强团队。

2）工作循序渐进，先易后难。士气来源于自信，而自信来源于成功经验的积累。因此，在团队建设过程中，管理者要合理控制目标难度，安排工作应先易后难，这样有利于成员积累成功经验，增强信心。

3）提前做好应变准备。在团队建设过程中要提高士气，除了要制订科学合理、具有挑战性的目标外，还要制订周密的应变计划，以防患于未然，避免由于突发事件影响团队成员的士气。

4）聚焦团队的成功。在团队建设过程中，管理者应聚焦团队的成功，不断重温团队走过的辉煌历程以及取得的成绩。例如，有的企业在团队建设过程中专门设立团队荣誉室，把团队所取得的成绩、获得的各种荣誉进行陈列，经常组织员工参观，每次参观都会使员工再一次加强成功的体验，从而进一步激发其成就感和自豪感。

5）正确对待失败。在团队建设过程中，管理者还应注意引导成员正确面对失败。一方面，这可以使成员认识到世界上没有常胜将军，失败并不是世界末日；另一方面，使成员意识到失败是成功之母，如果能够从失败中及时总结经验，就是向成功又接近了一步，从而使成员及时摆脱失败的阴影，继续以积极的心态投身于工作。

 案例 7

团队建设不是用金钱堆砌起来的

在一次宴会上，周老板向朋友透露出想转行做餐饮的意思，认为只要加盟一家著名餐饮品牌就能轻松地将消费者兜里的钱转化为自己的。周老板的朋友于是向其强力推荐总部设于重庆的中国著名火锅 A 品牌，通过与重庆总部的几轮沟通谈判，周老板交纳了 15 万元加盟费，获得了 3 年在昆明的独家经营权。当历时 3 个月的选址、装修、招聘培训、试锅等烦琐环节操作下来后，已花去了 380 万元的费用，终于迎来了火锅店开业的时刻。由于周老板自己并不懂餐饮经营管理，更不懂团队建设，在开业不到 5 个月的时间里，他就换了 1 位总经理、2 位大堂经理、1 位炒大料的师傅，原因是总经理拿着高薪不做事，缺少职业精神，总是在计算机上"斗地主"；大堂经理在业务上缺少服务经验，前厅管理一团糟，与厨房员工矛盾不断，点菜组和传菜组居然还常打架；炒大料的师傅也不内行，他炒的锅底老是变化无常，客人总是反映不是味淡了就是味重了，不是不香就是不辣。周老板实在受不了，就把四位员工都辞掉了。不久他，的火锅店也因经营不善而易手他人了。

（资料来源：李建，刘鹏. 创新与创业[M]. 北京：中国人民大学出版社，2017.）

本章小结

本章介绍了目前在管理学界和业界都备受关注的团队问题。所谓团队，是指为了实现组织目标，而由相互影响、相互协作的两个或以上的个体所组成的群体。团队主要由五个要素构成，也称为五要素模型，它们分别是目标、人、团队的定位、权限、计划。根据团队的目标和任务特点，可将团队分为多种类型，主要包括：问题解决型团队、自我管理型团队、多功能型团队和虚拟团队。但是在团队合作过程中，存在诸多挑战，如团队成员间缺乏信任、"搭便车"现象、"烂苹果"效应、容易逃避责任、难以衡量个人绩效等。

高效团队所具有的主要特征是清晰的目标、相关的技能、一致的承诺、相互信任的氛围、良好的沟通、成员角色的多变性、恰当的领导、内部支持和外部支持。建设高效团队主要从八个方面入手：①确立目标和规范；②选择符合团队要求的成员；③选择合适的领导和团队结构；④培养成员间的信任感；⑤建立合理的激励机制；⑥控制团队规模；⑦开展高质量的团队培训；⑧将团队文化建设贯穿到团队管理的各个环节。

要培养和塑造团队精神，需要做好三方面工作：①增强团队的凝聚力；②培养团队的合作精神；③提高团队成员的士气。

复习思考题

1. 团队和群体有什么区别？
2. 常见的团队类型有哪些？谈谈各类型团队的特点。
3. 什么是团队合作中的"烂苹果"效应？
4. 团队文化建设在高效团队建设中有什么作用？

案例分析

华为的团队建设

狼者，群动之族。攻击目标既定，群狼起而攻之。头狼号令之前，群狼各就其位，欲动而先静，欲行而先止，且各司其职，嚎声起伏而互为呼应，默契配合，有序而不乱。头狼昂首一呼，则主攻者奋勇向前，佯攻者避实就虚，助攻者蠢蠢欲动，后备者厉声而嚎以壮其威……在狼成功捕猎过程的众多因素中，严密有序的集体组织，高效的团队协作和出众的策略是其中最明显和最重要的因素。这种特征使得它们在捕杀猎物时总能无往不胜。

华为是一个大集体，截至 2022 年 12 月 31 日，华为员工总数约为 20.7 万人，研发员工约占总员工数量的 55.4%（约 11.4 万人）。而且，华为员工的素质非常之高，85%以上是名牌大学的本科以上学历毕业生。华为取得的业绩是骄人的，在中国企业史上可谓独一无二。华为需要依赖一种精神把这样的一个巨大而高素质的团队团结起来，而且使企业充满活力。华为找到的因素就是团队精神——狼性。正是这种"狼企"文化造就了华为的成功之路。

在业界，华为闻名遐迩，就连对手也要敬畏三分。特别是华为低调的性格与疯狂的行为，使这匹诡异的土狼多了几分神秘，让人琢磨不定。最初，华为还只是一个注册资金仅为 2 万元的民营小企业，而仅 2001 年的销售额就高达 255 亿元，荣登电子百强前十位，成为世界级通信设备供应商。对华为而言，主业就是销售。销售表现出了狼性最为鲜活的一面，就是以整体力量向外攻击，为实现目标利用各种手段争夺市场。它对胜利有着疯狂的追求，它对失败有着不懈的忍耐。在竞争中，华为的"武器"不一定是最好的，但一定是最有效的，所以竞争力来自它的狼性。

华为团队精神的核心就是互助。华为非常崇尚"狼"，而狼有三种特性：其一，有良好的嗅觉；其二，反应敏捷；其三，发现猎物集体攻击。华为认为狼是企业学习的榜样，要向狼学习"狼性"，狼性永远不会过时。

华为的"狼性"不是天生的。现代社会把员工团队合作精神的问题留给了企业，企业只有解决好了才能获得生存和发展的机会。华为对狼性的执着是外人难以理解的。

华为的管理模式是矩阵式，矩阵式管理要求企业内部的各个职能部门相互配合，通过互助网络，对任何问题都能做出迅速的反应。不然就会暴露出矩阵式管理模式最大的弱点：多头管理，职责不清。而华为销售人员在相互配合方面效率之高让客户惊叹，让对手心寒，因为华为从签合同到实际供货只要四天的时间。

华为接待客户的能力更是让一家国际知名的日本电子企业领袖在参观华为后震惊，认为华为的接待水平是"世界一流"的。华为的客户关系在华为被总结为"一五一工程"，即一支队伍、五个手段、一个资料库，其中五个手段是"参观公司、参观样板店、现场会、技术交流、管理和经营研究"。对客户的服务在华为是一个系统，华为几乎所有部门都会参与进来，如果没有团队精神和团队出众的策略，一个完整的客户服务流程很难顺利完成。

（资料来源：陈国海. 管理心理学[M]. 北京：清华大学出版社，2023.）

问题和讨论：

1. 华为公司的团队建设有何特点？
2. 华为公司为何能够成功打造高效团队？

第五章　管理沟通

学习目标

学习目标

1. 理解沟通的含义并掌握其分类。
2. 理解有效沟通的影响因素及解决办法。
3. 了解冲突的概念及来源。
4. 掌握冲突管理的原则、策略和方法。

本章导读

　　本章从讨论沟通的概念开始，进一步介绍沟通的功能、过程和类型，对比不同沟通类型的优劣及各自的适用范围，介绍影响有效沟通的因素及实现有效沟通的方法。另外，由于冲突也是管理的基本特征之一，本章将介绍冲突产生的原因和分类，以及如何应对并管理冲突。

导入案例

研发部的梁经理

　　研发部梁经理才进公司不到一年，其工作表现颇受主管赏识，无论是专业能力还是管理绩效，都获得了大家的肯定。在他的周详规划之下，研发部中一些延宕已久的项目都在积极推进中。

　　部门主管李副总发现，梁经理到研发部以后几乎每天加班。他经常第 2 天看到梁经理电子邮件的发送时间是前一天晚上 10 点多，接着甚至又看到当天清晨 7 点多发送的另一封邮件。这个部门总是梁经理最晚下班，上班时又第一个到。可是，即使在工作很忙的时候，其他同事犹如没事人一般准时下班，很少随他留下来，平常也难得见到梁经理和他的手下或者同级主管交流。

李副总对于梁经理怎样和其他同事、手下交流工作感到好奇，于是开始观察他的沟通方式。原来，梁经理都是以发送电子邮件的形式交代员工工作的。他的手下除非必要，也都是以电子邮件答复工作进度及提出问题，很少找他当面报告或讨论。对其他同事也是这样，电子邮件被梁经理看作和同事们合作最正确的交流工具。

可是，近来大家开始对梁经理这样的交流方式反应越来越不好。李副总察觉，梁经理的部门渐渐没有向心力，除了不配合加班外，一般只执行他交办的工作，不太主动提出企划或问题。而其他各部主管也不会像梁经理刚到研发部时那样主动到他办公室聊天，大家见了面，只是客气地点头。开会时的讨论，也都是在公事公办。

李副总在楼梯间遇到另一部门的陈经理，以闲聊的方式问及梁经理的工作，陈经理说梁经理工作相当仔细，可是对工作以外的事就没有多花心思。李副总听了后没再多问。

这天，李副总恰好经过梁经理房间门口，听到他在打电话，且讨论的内容好像和陈经理业务范围相关。他到陈经理那里，恰好陈经理也在接电话。李副总听到讲话内容，确定是两位经理在讲话。等他们通话结束后，他找到陈经理，问他怎么一回事，明显两个主管的办公室挨着，为什么不直接走过去说话，竟然是用电话呢？

陈经理表示，这个电话是梁经理打来的，梁经理好像比较喜欢用电话讨论工作，而不是当面交流。陈经理曾试着要在梁经理的办公室谈工作，梁经理不是以最短的时间结束谈话，就是眼睛一直盯着计算机屏幕，让他不得不快点离开。陈经理表示，几次之后，他也情愿用电话的方式交流了，省得让人感觉自己过于热情。

了解完这些情况后，李副总决定找梁经理聊聊。梁经理说，他感觉效率应该是最需要追求的目标，所以他希望用最节俭时间的方式达到工作要求。李副总以过来人的经验语重心长地对梁经理说："工作效率非常重要，但良好的沟通交流绝对会让工作顺畅好多，交流看似是小事情，实则意义重大，交流畅达，工作效率自然就会提高；忽略交流，工作效率最终必将下降！"

在管理实践中，很多管理者也犯了与梁经理一样的错误，他们一味强调工作效率，不愿浪费一点时间。尽管他们自己勤奋敬业、踏实肯干，非常有事业心和责任心，但是由于无法形成高效的团队，反而使工作效率大打折扣。实质上，在沟通交流上花少许时间成本，绝对能让工作效率大为增进。

（资料来源：360文库，文章有改动）

沟通存在于社会活动的各个方面，任何社会活动的进行都离不开有效的沟通。在企业和组织中沟通更加重要，为实现组织目标，要保持成员间信息通畅和协调一致地行动；同时，为提高团体士气，增强内部凝聚力，还需要化解各种原因引起的冲突，只有这样，才能提高管理绩效，增强竞争力，使企业立于不败之地。本章将对影响有效沟通的因素，如何实现有效沟通，冲突的来源，解决冲突的原则、策略和方法等进行详细介绍和分析，以期提高管理者的沟通能力和解决冲突的能力，从而提升工作绩效。

5.1　沟通的原理

对管理者来说，沟通不容忽视，因为他们所做的每件事中都包含着沟通。管理者没有信息就不可能做出决策，而信息只能通过沟通得到。一旦做出了决策，还需要进行各种沟通，因为决策需要组织人员实施，且实施结果仍然需要进行沟通，否则将不会有人知道结果是什么。因此可以说，沟通贯穿于管理的全过程，有沟通才会得到最绝妙的想法、最富有创见的建议、最优秀的计划、最有效的设计方案，并通过沟通得到实施，获得丰厚的成果。因此，管理者需要掌握有效的沟通技巧，这是成为成功的管理者的重要因素。当然，此处探讨的主要是管理沟通方面的问题，尽管人际沟通也是管理者需要掌握的技能，此处并不展开介绍。

5.1.1　沟通的含义

所谓沟通，是指人与人之间、人与组织之间、组织与组织之间进行信息的传递、思想和情感的交流、观点和意见的表达，以求达到思想一致和充分理解的过程。包括企业的一切组织都是由不同的人、不同的部门组成的集合体，在这个集合体中的每个人都存在能力、性格、需求等方面的差异，而组织要正常运作和经营，必须保证组织内部领导、部门和员工能够统一确定行动目标，明确行动方向，并协调一致地行动，这需要通过组织中领导、部门、员工之间感情、思想、策略上的交流来实现，因此，组织如果缺乏沟通就无法存在，良好的沟通对于任何群体和任何组织的有效运作都十分重要。

沟通是相互的，它必须包括信息发出者与信息接受者，缺少任何一方面内容都很难完成。组织中的任何成员可以是沟通的主体，每个主体都可以是信息发送者也可以是信息接受者。在现代管理中，沟通不仅是组织存在的重要条件，也是一种重要的管理手段。有人认为，阻碍群体工作绩效的最大障碍在于缺乏有效的沟通，人们用将近70%的清醒时间进行沟通（包括听、说、读、写四个方面），却很难实现完美的沟通。什么是完美的沟通呢？完美的沟通（如果它确实存在的话）是想法或思想传递到接收者那里时，其所感知到的心理图像与发送者发出的完全一样。尽管从理论上说这是一个很基本的过程，但在实践当中却远远达不到这种完美的沟通。组织内部管理者和各个工作人员都应努力提高沟通的技能，更好地理解和领会管理目的，有效传播信息，充分发表和交流各自的意见，让管理变得更高效。

5.1.2　沟通的功能

在群体或组织中，沟通主要有以下四种功能。

1. 沟通可以控制员工的行为

管理者为实现管理目标会明确告诉员工需要做到如下事情：①应该做什么；②什么时候做；③如何做；④没有达到标准时应如何改进工作；⑤要遵守公司的政策；⑥要求员工按照工作说明书的规定工作并遵守操作流程。通过沟通可以实现这种控制功能，从而达到组织目标和行动的协调一致。另外，非正式沟通也控制着行为。例如，当群体中的某个人工作十分努力并使其他成员相形见绌时，周围人会通过非正式沟通控制该成员的行为。

2. 沟通可以使员工明确组织的目标和任务

在目标管理理论和强化理论的介绍中可以看到这一点。具体目标的设置、对实现目标过程的反馈、对理想行为的强化这些过程都激发了员工的动机，而这些过程又都需要沟通，沟通能使员工明确组织的目标和任务，从而改变消极被动、冷眼旁观的态度，采取积极的行动。

3. 沟通可以满足员工情绪表达的需要

对很多员工来说，工作群体是主要的社交场所，员工通过群体内的沟通来表达自己的失落感和满足感。他们会与直接主管沟通工作方面的不满和抱怨，会彼此诉说个人的意见，表达喜怒哀乐的感情，可以增进相互之间的交往与友谊，产生亲密感，加强团结，改善调节人际关系，调动团队积极性，增强团队精神与凝聚力。沟通满足人的社会交往与友谊的需要，不仅有利于人际关系的和谐，而且能解除人内心的烦恼、孤独、压抑与紧张，使人心情愉快、舒畅，有益于身心健康。

4. 沟通的最后一个功能与决策角色有关——传递信息

沟通通过传递资料为个体和群体提供决策者所需要的信息，使决策者能够确定并评估各种备选方案。例如，企业部门的生产经营和管理都离不开信息，其产品的畅销、经营好坏与消费者状况、竞争对手、市场动态、成本升降、盈利的增减、工艺改进、技术革新、原料供应、行政立法与政治经济政策的变化等方面的信息都与企业的经营管理有关，必须从社会上得到各种确切的消息、信息之后，才能提高企业的生产水平和经济效益。同时有效沟通也是企业协调与外部环境的关系，适应变化和灵活调节的前提，是提高企业经济效益的重要手段。

5.1.3　沟通的过程

在沟通发生之前，发送者（信息源）必须明确意图是什么并将意图组织成（生成）"需要传递的信息"，将这一信息进行编码（转化为信号形式），通过媒介物（通道）传送至接收者，再由接收者将收到的信号转译回来（解码）。这样，信息的意义就从一个人手中传给另一个人。

图5-1所示为沟通的过程。这一模型包括六个部分：信息源、编码、通道、接收者、解码和反馈。

图5-1　沟通的过程

沟通的程序是由六种基本要素构成的：其一为信息源，即信息发送者，他是信息沟通的主体，是有目的的传播信息者，为某种意图而发送信息；其二为信息编码，即把信息加工成便于传递的形式，可采用语言、文字、数据、电码、图案、影片、符号等编码形式；其三为信息传播通道，即信息沟通的媒介与渠道，如声、光、电、动物（犬或信鸽）、人、报纸、书信、书刊、电影、电视等都是信息传播的媒介与渠道；其四为信息接收者，即信息传递至所想达到的对象；其五为解码，即信息接收者依据自己掌握的知识和过去的经验对信息进行解释，将编码信息还原成信息发送者的意图；其六为信息接收者的反应，即他将采取何种行动或反应反馈至信息发送者，信息发送者将根据反馈结果对信息的传送是否成功以及传送的信息是否符合原本意图进行核实，它用来确定信息是否被理解。

5.1.4 沟通的类型

沟通的类型很多，每种都有自己的划分标准与特点，因此，在管理过程中应根据实际情况，选择合适的、有效的沟通方式。

 【短视频】沟通的原理

1. 口头言语沟通和书面言语沟通

依据沟通工具来划分有言语沟通与非言语沟通。其中言语沟通又分为口头言语沟通和书面言语沟通。

（1）口头言语沟通即指通过会议、讨论、报告、谈话、电话洽谈等方式进行的信息交流和意见沟通。

口头言语沟通的优点是：简便易行、灵活迅速，具有立即反馈、双向沟通的特点；可以通过语音、语调、停顿、表情等进行感情交流，增加沟通双方的亲切感和提高沟通效果；双方能充分地交换意见，有弹性、可以随机应变，能当面提出并回答问题。其缺点是由于随机性强，可能抓不住重点；陌生人交谈造成心理紧张与压力；口说无凭，其权威性小一些。因此，要求沟通的双方心理不要太紧张，要口齿清楚，言语简练，发表意见能抓住重点，要有谈话的诚意和技巧，否则会降低沟通效果。有关研究表明，知识丰富、自信、发音清晰、语调和善、逻辑性强、有同情心、诚实、仪表好、幽默、机智、友善等是有效沟通的特质。

（2）书面言语沟通即指通过公告、通告、通知、通报、报告、请示、批复、函、决定、意见、命令、计划、总结、简报、规章制度、调查报告、研究报告等方式进行的信息交流。

书面言语沟通的优点包括具有一定的严肃性、规范性、权威性；不容易在传达中被歪曲；可以作为档案材料和参考资料，以及正式文件长期保存；比口头表达更为详细，接受者可慢慢阅读，细细领会。其缺点包括沟通方式不灵活，耗时较长，不能及时反馈问题，对文字水平的要求较高。

口头言语沟通是人与人之间最主要的沟通方式，在组织中选用哪种沟通方式由组织规模决定。如果组织规模小，管理层级少应以口头沟通为主，组织规模大，管理层级多应以书面言语沟通为主，书面言语沟通是大型组织重要的管理工具。第一，书面言语沟通可以对企业进行有效的控制。例如，在大型企业中，最高管理层制订年度生产计划、销售计划、成本计划，然后将其分解到下级部门和更下一级部门，最后分解到个人。接下来，每月、每季、每年，让员工写工作总结，使各级人员互通信息。由此，上级部门对下级部门在什么时候应该做什么，做到什么程度了如指掌，从而实现对各部门和全体员工工作情况的有效控制。第二，可以节约成本。很多大型企业分公司遍布全国，要把分公司的负责人召集到总公司开会，成本巨大，电视电话会议成本较低，但缺点与口头言语沟通类似，效果还不如口头言语沟通，同样口说无凭，权威性偏差，缺乏反馈途径。第三，可以为管理者节约时间，让他们有更多的时间关注企业战略。口头言语沟通虽然能增进沟通双方的感情，但是一天内能面谈的人数有限，所能获取的信息也非常有限，而企业只要有完善的书面沟通网络，管理者仅需花少部分时间翻阅文件即可掌控全局，所以优秀的领导者有充裕的时间做其他事情。马云管理着阿里巴巴集团还有时间去演电影，去电视台做评委，在各种会议发表主题演讲，这就是时间充裕的表现。第四，借助多媒体、网络化等现代化通信工具，书面言语沟通的速度也非常快，一个通知一天可以传遍全国，打电话、开会、谈话等口头沟通方式则做不到，而且它不会产生歧义，口头传递信息是很容易产生歧义的。另外，由于通报表扬有激励功能、信函有情绪表达功能，市场调查报告有获取信息功能，使用书面言语沟通比使用口头言语沟通功能更合适。当然，从心理学角度看，采用书面言语沟通方式，应注意文章的可读性、规范性、清晰性、逻辑性，可以大幅提高沟通效能。

非言语沟通主要指表情与动作的交流，人们常通过各种手势、目光接触与对视、面部表情、身段表情等来交流信息与感情，也有人称此为身体语言的沟通。非言语沟通常见于人际沟通中，而在管理中，这种沟通方式很少使用。

【短视频】口头言语沟通和书面言语沟通

2. 单向沟通和双向沟通

从信息沟通是否有反馈方面看，沟通可分为单向沟通和双向沟通。

（1）单向沟通，即指发信者与接信者的方向位置不变，双方无论在语言上还是在表情动作上都不存在反馈信息，如发指示、下命令、电视授课、广播演讲、报告、填鸭式教学等都带有单向沟通的性质。

（2）双向沟通，即指发信者与接信者的位置不断变化，发信者以协商、讨论或征求意见的方式面对接信者，信息发出后便立即得到反馈。有时双方位置互换多次，直到双方共同明确为止。谈心会、座谈会、对话会与互动授课等都属于双向沟通。

单向沟通与双向沟通哪种更好呢？美国管理心理学家莱维特曾在1959年设计了相关实验来研究这一课题。他用两种不同的指示语（单向沟通和双向沟通），让被试者在纸上画出一系列相连接的长方形。要求其连接点必须在角上或某边的中点，而且所成的角度为90°或45°，莱维特单向沟通和双向沟通实验，如图5-2所示。

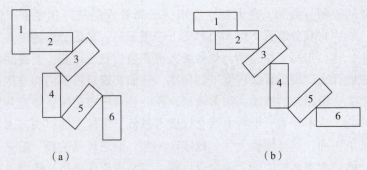

图 5-2　莱维特单向沟通和双向沟通实验
(a)示意一；(b)示意二

该实验得出下列几点结论：①从速度上看，单向沟通比双向沟通的速度快。②从内容正确性上看，双向沟通比单向沟通准确(用正确画出图形的人数百分率表示)。③从沟通程序上看，单向沟通安静、规矩，双向沟通混乱、无秩序。④双向沟通中，接收信息者对自己的判断有信心、有把握；但对发出信息者有较大的心理压力，因为随时会被提问、批评与挑剔。⑤单向沟通需要较多的计划性；双向沟通无法事先计划，需要当场判断与决策能力。⑥双向沟通可以增进彼此了解，建立良好的人际关系。

可见，单向沟通和双向沟通各有所长，到底采取哪种方式应视不同情况而定。在管理实践中，采用哪种沟通方式应考虑信息接收者的认知能力以及信息传递的紧迫程度，信息接收者认知能力较差以单向沟通为好，因为无法从他们那里得到反馈信息，明确的指令会带来更高的效率；信息接收者认知能力强以双向沟通有利，发信者以协商、讨论或征求意见的方式面对接信者，能提升彼此的关系，营造和谐的气氛，认知能力强的人通常会有自己的见解，有助于改进工作；时间紧迫需快速应对的问题以单向沟通为好；时间充足，重要、重大、影响深远的问题则双向沟通效果要好。尽管单向沟通与双向沟通并无优劣之分，但在提倡民主管理的趋势下，双向沟通将越来越被重视。

3. 上行、下行及平行沟通

从组织结构和流动方向上讲，沟通方式可分为上行、下行、平行三种。

上行沟通是纵向沟通的一种方式，是组织成员通过组织系统直接向该组织领导者或高级领导者传递情报、反映意见。基层管理人员或领导者向高级领导者汇报情况、反映意见就是这种沟通方式。这种沟通可能因级别不同，造成心理距离与障碍；职工害怕打击报复，害怕"穿小鞋"，不愿反映真实情况；逐级上行沟通，层层过滤，也可能导致信息曲解。领导者召开职工座谈会，建立意见箱和领导者接待日，建立职工汇报制度，经常深入听取职工意见等都是保持上行沟通渠道畅通的有效方法。

下行沟通主要指组织领导者向下级管理者，下级管理者对职工进行的信息沟通。下行沟通的任务是：①指示组织目标和工作方针。②指派工作计划、工作项目和程序。③发布任免事项，提出处理意见。④对职工进行思想政治教育。领导者与管理人员向下级沟通时，应注意以下几点：①向下级提供新信息、新消息，以引起职工的兴趣。②充分注意下级的情绪，调动职工的积极性。③发扬民主作风，不搞专制独裁。④讲究沟通艺术，说短话、实话、风趣、生动、有教育性等。

平行沟通是指在组织系统中，层级相当的个人及团体(不同部门)之间所进行的信息传递和交流。平行沟通可使办事程序手续简化，节省时间，提高效率；可使企业内部相互了解，培养整体观念及团体合作精神；可以增强职工之间、团体之间互谅互让的精神，培养友谊感；可以满足职工的社会需要，提高工作兴趣，改善工作态度。平行沟通可能在同级领导者之间进行，也可以在平行团体之间进行，还可能在团体成员之间进行；既可用正式沟通的方式，如团体内部的协商会、联席会议、调度会议，团体外部的公函来往、谈判与协商会等，也可用非正式沟通的方式，如私人聚会交谈、娱乐式的沟通等。

4. 内部与外部、正式与非正式沟通

从沟通范围来分，沟通方式分为内部与外部沟通，前者是组织与团体框架结构内部按指挥层级系统与管辖幅度为主进行的沟通；后者是组织团体与外部相关利益集团，如供销商、营销商、顾客、社区、金融机构、政府等的沟通，以及内部成员与外部成员之间的沟通。内部与外部沟通又都可以分为正式与非正式两种，正式沟通是依据组织与团体明文规定原则进行的，非正式沟通是私下进行的沟通，它具有形式不拘、信息新鲜、传言失真等特点。非正式沟通是正式沟通的补充。非正式沟通可以弥补正式通道的不足，是正式沟通的补充；可以更多满足职工情感方面的需要，了解员工真正的心理倾向，减轻管理者的沟通压力，有效防止正式沟通中的信息"过滤"现象。

5. 逐级沟通与越级沟通

从沟通环节来分有逐级沟通与越级沟通，逐级沟通是指组织与团体框架结构内部按指挥层级系统从下一级向直接上级沟通，然后由直接上级向上依次进行沟通，或由上一级向直接下级沟通，再由直接下级向下依次进行沟通的沟通方式；越级沟通是指组织与团体框架结构内部按指挥层级系统从下一级越过直接上级向更高层级进行沟通，或由上一级越过直接下级向更低层级进行沟通。

传统观点认为应坚持逐级沟通，严禁越级沟通，其原因有三点：

(1)从组织角度看，组织的沟通要有一个明确的流程，否则会出现信息不对称的情况，严重的可能导致管理混乱、工作无法开展、员工内部矛盾等问题。特别是在一些关键信息上，越级沟通会导致多方信息不同步，这里面埋下的隐患积累到后期，就可能导致严重的后果。

(2)从员工角度看，每个员工都有直接上级，如果越级沟通，被跨过直接上级，上级没有掌握完全的信息，就对他底下管理的员工失去了完全的把控，一旦员工有什么疏忽，就无法及时发现员工的疏忽并进行指导改正，最后可能导致严重的后果。

(3)从个人角度看，逐级沟通充分体现了对每个人的尊重，在职场上有利于更好地团结员工，从而更好地开展工作。

逐级沟通有优点，但缺点也很明显，首先，效率低下，可能推进一个事情，大部分时间都耗在沟通上了；其次，容易出现信息过滤，使最终信息无法还原成信息发送者的意图。另外，考虑到人性的弱点，沟通的层级越多，效率越低，信息过滤的可能性越大，这对组织来讲可能是致命的，因此，马斯克就主张越级沟通，他认为，只要有能够提高生产力和幸福度的想法就可以直接与负责人交流而不要通过一连串的类似上传下达的模式。

案例1

> 澳大利亚布里斯班市有一家大公司，该公司的员工来自23个不同国家和地区。由于语言、风俗习惯、价值观等千差万别使员工平时的沟通很不顺畅，误解和纠纷不断。于是，人力资源部的培训经理开始对这些员工进行集中培训。
>
> 考虑到这些员工大都是新雇员，培训经理首先向他们介绍了公司发展的历程及现状，并向他们解释员工守则及公司惯例，然后做问卷调查。该调查要求这些员工写出公司文化与母语国文化的区别，并列举出进公司以来与同事在交往时自己感受到的不同态度、价值观、处事方式等，还要写出个人对同事、上司在工作中的心理期待。
>
> 问卷结果五花八门，其中最有趣的是，来自保加利亚的一位姑娘表示，她发现所有同事点头表示赞同，摇头表示反对，而在保加利亚则刚好相反，所以她很不习惯。公司一位斐济小伙子则写道，公司总裁来了，大家为表示敬意，纷纷起立，而他则条件反射地坐到地上——在斐济，表示敬意时要坐下。
>
> 培训经理先将问卷中的不同之处分类，再让这些员工用英语讨论，直到彼此能较好地互相理解在各方面的差异。
>
> 经过培训，这些员工之间的沟通比以前顺畅多了，即使遇到障碍，也能按照培训经理的要求来解决问题了。
>
> （资料来源：百度文库，经编者整理）

5.2 有效沟通

信息被及时且完全传递，意义被准确理解，沟通的结果与目标相一致的沟通就是有效沟通。在现实生活中，完全有效的沟通是不存在的，在沟通的过程中，总会因各种因素的影响发生信息失真和被曲解的现象，致使信息传递不能正常发挥作用。管理者需要了解沟通过程中可能存在的障碍，克服各种因素的干扰，保证信息交流的可靠性和准确性，使组织内部的工作有效开展，从而实现最终目标。

5.2.1 有效沟通的标准

沟通的过程可以简化为信息发送过程、信息接收过程和信息反馈过程，这三个过程的"质"与"量"决定了沟通的"质"与"量"。首先，信息要及时且完全传递。有效的沟通很大程度上依赖于信息的及时性，一条过时的信息，即使是完整而准确的，其价值也会大打折扣。同时，有效沟通要保证传达足够的信息量。如果信息内容缺失，即使其他方面做得再好，接收方也无法全面、完整、准确地理解。其次，信息接收方准确地理解信息的意义。沟通不仅仅是信息的传递，还要信息接收者准确地理解信息的含义，如果信息接收者无法准确理解信息，那么发送再多的信息也是毫无意义的。最后，沟通的结果与目标相一致。有效的沟通必须达到沟通的结果与目的一致，如果沟通没有得到应有的结果，可能会导致管理混乱，会影响信息发送者的积极性。

5.2.2　影响有效沟通的因素

影响有效沟通的因素有三种：个人因素、组织因素和文化因素。

1. 个人因素

个体在成长过程中受遗传和环境的交互影响，使个体在生理、心理和社会等方面表现出的相对稳定而又不同于他人的特点，就叫个体差异。个体差异的存在造成个体对同一信息的不同理解，见解上的差别会影响信息的有效沟通。个人因素表现在生理、心理和社会等方面，主要有以下几种。

（1）人格与态度。

一个性格外向、喜欢与人接触、活跃、热情的人，发出的信息容易使人相信；一个腼腆、沉默寡言、不喜欢与人接触的人，发出的信息即便属实，也不一定使人轻易相信。一个平时工作尽职尽责、严谨自律的人，发出的信息容易被人重视；反之，一个平时工作不负责、懒惰的人，发出的信息再真实，也不一定会引起他人的重视。

（2）地位和能力。

组织内部层级系统决定了内部人员地位的不同，地位层级高的人发出的信息容易使人相信，地位层级低的人发出的信息不容易使人相信，这就是所谓的"人微言轻"。能力对沟通的有效性有非常大的影响，特别是表达能力，如果沟通者表达能力欠佳，如用词不当、口齿不清、逻辑混乱、自相矛盾、模棱两可等，会使信息接收者难以准确理解信息发送者的真实意图。

（3）知识和经验。

当信息发送者将自己的观点编译成信息码时，他只是在自己的知识和经验范围内进行编码。同样，信息接收者也只是在他们自己的知识和经验基础上译解对方传送的信息含义。双方共有的知识和经验越多，沟通越顺利；共有的知识和经验越少，在信息发送者看来很简单的问题，信息接收者可能也无法理解，从而导致沟通失败。

（4）选择性知觉。

在沟通过程中，信息接收者会根据自己的需要、动机、经验、背景及其他个性特征有选择地去看或去听信息。解码的时候，还会把自己的兴趣和期望带到所接收的信息中。人们对于符合自己观点和需要的，就容易听进去；而对于不符合自己观点和需要的，就不太容易听进去。

（5）信息过滤。

信息过滤是指信息发送者为了投信息接收者所好，故意操纵信息传递，造成信息歪曲。例如，员工常因害怕传达坏消息或想取悦上级而向上级"报喜不报忧"，这就是在过滤信息。过滤的主要决定因素是组织结构中的层级数目，组织中的纵向层级越多，过滤的机会也就越多。

（6）信息过载。

信息不足会影响沟通的效果，但是信息过量同样也会阻碍有效沟通。现在的人们常常抱怨信息过载，电子邮件、电话、会议、专业资料等带来的大量信息使人应接不暇。当加工和消化大量的信息变得不可能时，人们就会忽视、不注意或者忘记信息，这经常会导致信息流失，降低沟通的效率。

2. 组织因素

正如个人因素会影响沟通的有效性一样，组织因素也会影响沟通有效性。如果组织内部部门繁多，人员庞杂、素质不一，那么组织内部沟通就会困难重重。组织因素对沟通有效性的影响主要表现为以下几种。

(1)组织结构复杂。

组织结构复杂程度跟组织规模有关，小型组织可以应用简单结构，部门化程度低，正规化程度低，控制跨度宽，仅有2~3层垂直层级，如果是小型企业，往往企业经营者与所有者为同一个人，在这种组织中，信息传递快速，反应敏捷，信息沟通非常有效。大型组织需要比小型组织更为专门化，更为部门化，更多垂直层级设置，也更多规章制度，信息要在组织中层层传递。另外，如果组织各部门之间分工不明、机构重叠臃肿、条块分割，在沟通过程中不仅容易失真，引起传递信息的歪曲，而且会浪费大量时间，影响沟通的效果与效率。

(2)组织内人员素质、专业知识差别太大。

组织内人员素质、专业知识差别太大，在传递信息的过程当中只了解自己专业的那一部分知识，对其他部门、其他领域的工作不甚了解，或对接收的信息听不懂、看不明白、不理解，在接收、传递、反馈信息时就极易造成混乱，导致信息传递不准确。

3. 文化因素

文化指的是组织成员中的一个意义共享的体系，对组织成员的生活起着重要作用，使组织成员对于什么是恰当的行为，什么是有意义的行为有了共同的理解。人类的沟通要在一定的文化背景下发生，而文化也不能离开沟通而存在，即沟通与文化密切相关，文化会促进或阻碍沟通。信息发送者和信息接收者之间的文化相似性有助于成功的沟通，文化的差异会铸造人际沟通的障碍。不同的文化差异通过自我意识、语言、穿着、饮食、时间意识、价值观、信仰、思维方式等方面表现出来。

例如，在具有强力型组织文化的公司中，员工们方向明确，步调一致，组织成员有共同的价值观念和行为方式，他们愿意为企业自愿工作或献身，那些窒息组织活力和改革思想的官僚们难以在这类企业中立足。因此，这种组织文化可以有效促进沟通的有效性，提升组织绩效。

在角色型组织文化的组织中，你是谁并不重要，你有多大能力也不重要，重要的是你处于什么位置，你和什么人的位置比较近，做每件事情都有固定的程序和规矩。这种有组织文化的企业会形成各种小圈子，每个小圈子都有固定的成员，成员间以稳重、忠诚为纽带，只有小圈子的内部成员可以有效沟通，不能进入小圈子的人则被边缘化。

5.2.3 有效沟通的实现

1. 提高沟通技能

为了克服个人因素对有效沟通的影响，管理者必须掌握或培养一定的沟通技巧。一些沟通技巧对于管理者发送信息特别重要，另一些则对管理者接收信息至关重要。这些技巧能帮助管理者获得决策和行动所需要的信息，与其他成员达成共识。

(1)学会倾听。

一般来说，在沟通过程中最常用到的能力是说的能力和听的能力。说，不仅要能说，而且要会说，即在说的时候不仅能把自己的意思表达出来，而且要让人听了心悦诚服。听，要善于听，就是在听的时候能抓住重点，抓住中心，并能做出判断，形成自己的看法和观点。说——强调的是语言表达能力，听——强调的是倾听的能力，但人们在实践中往往重视语言表达能力的训练而忽视倾听能力的提升。其实，沟通的最大困难不是在于如何把自己的意见、观点说出来，而是在于如何听出别人的心声。相对于语言表达能力而言，倾听的能力更为关键。作为管理者来说，听是为了获得决策和行动所需的信息，而说通常是为了发号施令，发号施令要以正确的决策为前提，所以，听比说重要，管理者若要提高沟通技能，一定要学会倾听。

（2）重视反馈。

反馈，是指信息接收者给信息发送者一个信息，告知信息已收到，以及理解信息的程度。反馈是沟通过程中的最后一个环节，往往是决定沟通目标可否实现的关键。任何管理活动都离不开人性的影响，影响有效沟通的个人因素指的就是人性因素，因为人性可能被操纵，需要在信息接收者与信息发送者之间搭建直通车，直通车就是信息反馈系统，正确使用信息反馈系统，能够极大地减少沟通中出现的障碍。

 **案例 2**

字节跳动——字节圈

字节圈是字节跳动公司内部重要的讨论平台，也是字节跳动员工最活跃的地方。字节圈定位为企业内部社区平台，为字节员工提供可以相互交流和反馈的有效渠道。"收集反馈"是字节圈诞生之初的重要使命之一，字节各业务线都非常重视员工的反馈，字节员工也很乐于反馈内部产品、业务的问题，这里也被字节员工看作公司上下沟通、保持自省的重要渠道。

在字节圈内，有各种用来收集反馈的版块，如针对公司产品的反馈、针对行政与服务的反馈等，让员工的声音可以充分传递出去；同时，各业务对应的负责人，也会在字节圈对相关反馈进行回复处理，形成一个公司内的"反馈"生态，字节也在用"坦诚清晰"的企业文化守护着这一生态。

面对工作中的不满，直接在社交媒体上喊话大老板并求关注足以让大家惊掉下巴。因为在很多企业中，员工往往连在工作群中发一条消息都要犹豫纠结，反复调整语言，生怕自己无法揣测领导的心意，更别提对公司"指指点点"了。

但事实上，这些大公司对员工自由表达的共识也证明了，一家企业员工没有实话可说，才是管理者最应该害怕的。打破层级的质问和言辞犀利的吐槽是企业自由开放的例证，员工表达自由、情绪自由的背后是充足的心理安全支撑——这往往是企业能够长久发展的关键因素。

（资料来源：邓天舒，https：//www.bbtnews.com.cn/2023/0420/473306.shtml.）

（3）克服认知差异。

个体差异的存在导致人与人之间存在认知差异，认知差异会使不同的人对同一信息有不同理解，很多沟通问题可以直接归因于对信息的理解不准确，因此要实现有效沟通就必须克服认知差异。为了克服认知差异，信息发送者应该使信息清晰明了，简单准确，尽可能使具有不同观点和经验的信息接收者都能够理解。在沟通时应该尽力了解沟通对象的教育背景、文化背景，尽可能表现出与信息接收者的同质性，可以拉近沟通双方的距离，这样有助于提高沟通的有效性。

（4）抑制情绪化反应。

情绪化，指一个人的心理状态，容易因为一些或大或小的因素发生情绪波动，喜怒哀乐经常会不经意间转换，也可以理解为是人在不理性的情感下所产生的行为状态，简单来说就是喜怒无常。每个人都可能在不理性情感的支配下产生如愤怒、失望、戒备、兴奋、恐惧、嫉妒等情绪化反应，情绪化反应会使信息的传递严重受阻或失真。在沟通中应尽力抑制情绪因素的影响，关注自己和对方的情绪变化，为可能出现的情绪化反应做好准备并加以处理，如果无法抑制，那么只能暂停沟通直到完全恢复平静。

2. 破除组织沟通壁垒

（1）做好部门和岗位的设置。

做好组织设计，合理设置部门和岗位，部门和岗位的设置要以组织目标为基础，以实现组织目标为根本原则，将组织所从事的工作进行合理分工与协作。为实现快速的上传下达，组织结构应趋于扁平化，组织结构的层级数目应控制在 4 级以内，沟通的线路越短，沟通的速度便越快，信息失真的可能性越小。组织设计应遵守权责对等、命令统一的原则，信息沟通渠道和路线要通过组织结构图、岗位说明书等清楚地向全体员工展现出来。

（2）做好人事工作。

人事工作即与岗位相匹配的人员有关的工作，包括人员的选择、人员的调动、薪酬、奖惩等。人员的选择和调动除了要体现能岗匹配的原则之外，还应重视人员素质和知识素养。素质相近的人员之间沟通得更通畅，组织中充斥着具有广阔的知识平台，丰富的知识储备和多种技能的通才更容易理解信息的含义，因此，做好人事工作是保证沟通有效性的必要条件。

（3）设置跨部门沟通会议。

设置跨部门沟通会议是企业促进横向交流的有效方式，为部门间面对面的沟通提供平台，跨部门沟通会议可以定期或不定期召开，用于协调组织中共同目标、共同任务等问题。在跨部门会议上，各部门派出相关人员参会，对有关问题进行探讨并共同解决。跨部门沟通会议是工作的场所，也是思想交流的场所，有利于营造公开的组织氛围，有利于加速部门融合，从而实现跨职能整合管理的目标。

（4）建立公共信息平台。

在"互联网+"时代的背景下，企业应充分利用互联网的价值，建立企业内部公共信息平台，实现信息共享，加快信息在企业内部的流动。具有开放性和互动性的公共信息平台，不仅拓展了企业的沟通渠道，还能够让领导者从员工反映的信息上清楚地看到组织存在的问题，从而做出正确的决策。

 案例3

阿里巴巴——阿里内外

阿里内外是阿里巴巴供内部员工使用的企业运行与协作平台，在这里，阿里巴巴员工可以直接发帖@任何人，包括管理层，甚至可以对公司顶层决策发出质疑。

在接受媒体采访时，马云曾被问到此点，当时他现场表示："阿里内网的活跃程度超过大家想象，所有问题和意见都可以提，都可以表达，而且历来都是实名。包括我发表的观点，同事觉得对的，会给我加分。觉得不对不同意的，那扣分的也多了去了！有时候（芝麻）分都快要扣光了。"

在某社交平台上，一位阿里员工在回答"在阿里工作是一种什么体验？"时也提到了这一点："在阿里内网有很多帖子，直接怼自家业务，督促业务改进，看到不爽的地方甚至可以直接在内网对线。刚入职的时候第一次看到有人呼吁某部门总裁出来解释问题，这是在原来的公司想都不敢想的。"

（资料来源：邓天舒，https://www.bbtnews.com.cn/2023/0420/473306.shtml.）

3. 形成开放包容的组织气氛

组织气氛也称为组织氛围、组织气候。正如一个国家有独特的政治气候和经济气候一样，一个组织也有其内在的气候特征。而在另一些组织中，人们会感觉到其中的温暖、融洽与合作；而在另一些组织中，人们感到的是冷漠、隔阂和冲突。组织气氛会影响到沟通的顺利进行。在一个成员相互高度信赖和开诚布公的组织中，信息可以被快速发送和接收，其中存在的问题也可能在沟通中得到化解。而在一个气氛不正、成员相互猜忌和提防的组织中，信息则较难被传递和接收，即使信息对成员有利也可能招致猜疑和认为不可信，不好的信息则会被严密审查甚至隐瞒。为形成开放包容的组织气氛，在组织沟通中应始终保持以诚信为基本准则的沟通方式，领导者应向员工开诚布公、推心置腹，说出自己的真实想法，想要的是什么，避免不必要的猜忌。

5.3　冲突及其管理

冲突是影响组织气氛和士气的重要因素之一，可以成为组织中较为严重的问题。它虽然不至于导致一个企业的灭亡，但能造成混乱的局面，使得员工几乎无法在一起共同工作，很多优秀员工被迫流失，导致组织的工作绩效大幅降低。不过，并非所有冲突都是坏事。美国学者布朗对冲突与组织绩效之间的关系进行了考察，发现一定的冲突保证了组织的高绩效。管理学家斯蒂芬·P.罗宾斯曾说过："冲突可以促使变化的产生，如果企业不改进产品或服务以求满足变动中的客户需求，适应竞争者的行动及科技发展，企业组织将日益不健全，并最终走向衰落。很多组织的失败是因为组织冲突太少，而非冲突太多。"冲突有消极作用，也有积极作用。管理者要能够激发功能正常的冲突，避免功能失调的冲突。

5.3.1　冲突的概念

冲突指的是个人或群体内部、个人或群体之间互不相容的目标、认识或感情并引起对立或敌对的相互行动的一种状态。

"竞争意识"是个人行为特征的具体表现，"合作"是团体行为特征的具体表现。竞争是为了达到一定的目标而相互争胜，力争压倒对方而取得优势地位的心理状态和行为活动，表现为争先、争优、争强、争胜等行为方式，它会给竞争双方带来紧张和压力，有时甚至会发展成暴力、破坏、伤亡等状况。合作是指两个或两个以上的个人或团体，为了达到某种目标齐心协力、相互配合、相互促进、共同导向目标的心理状态和行为活动。人类作为群居动物，很多时候有共同的利益诉求，有共同的灾难危险要应对，此时，单个人的力量太弱小，需要多个人或团体的协作共同完成目标，因此，合作非常重要。竞争与合作看起来似乎是对立的，一个是彼此较量，有你无我；一个是通力合作、携手并进，但它们同时存在于一个企业或组织中，对个人来讲，本能决定了他争强好胜，作为组织，却又要求他们通力合作，如果发生目标不兼容、资源分配不均、沟通不当等问题时，冲突就产生了。所以关系学派认为"对所有群体和组织来说，冲突都是与生俱来的"。

对冲突的认识有个发展过程，大致经历三个阶段。西方社会传统管理理论，最早把冲突理解为暴力、破坏、动乱，对冲突持否定态度，直到 20 世纪三四十年代，这种观点仍然"占优势地位，它代表了大多数人的态度"。"20 世纪 40 年代末至 70 年代中叶，人际关系观点在冲突理论中占据统治地位"，相关研究者认为，"对于所有群体和组织来说，冲突都是与生俱来的。由于冲突无法避免，关系学派提倡接纳冲突""冲突不可能彻底消除，有时它还会对群体的工作绩效有益"。现在相互作用观点则鼓励冲突，认为"融合、和平、安宁、合作的组织容易变得静止、冷漠，并对变革与革新的反应迟钝""管理者要维持一种冲突的最低水平，从而使团体保持旺盛的生命力、善于自我批评和不断推陈出新"。

 【短视频】冲突

5.3.2 冲突的原因

1. 组织内部成员之间冲突的起因或来源

（1）目标不兼容。

当组织中不同个人或部门的目标互不兼容、相互干扰时，就会引起冲突。由于个人的自我中心主义、小团体意识、本位主义的存在，更看重个人或部门的目标，当目标能为个人或部门带来经济利益时，就会导致冲突产生，而涉及的经济利益越大，冲突便越激烈。

（2）差异化。

组织中的个体具有的不同教育背景、价值观念和文化差异等都是导致冲突的重要因素。人的知识、经验、理想、信念、价值观不同，导致人的能力差异引起冲突、生活习惯差异引起冲突、对人与事的是非、善恶、好坏评价差异引起冲突、道德品质差异引起冲突。

（3）任务的依赖性。

所谓任务的依赖性，是指为实现目标，团队成员需共享资源、发生互动的程度。在一些情况下，成员的最终所得取决于他们共同努力的绩效。通常，任务依赖性越强，发生冲突的概率就越高。

（4）资源分配不均。

几乎所有企业资源总是缺乏的，资源缺乏会使人们通过和那些也需要这些资源的人竞争来获得资源，就会出现资源分配不均的状况，有些个人或部门获得的资源很多，有些个人或部门获得的资源很少，资源分配差异越大，引发冲突的可能性越大。

（5）任务的模糊性。

任务的模糊性是指工作进程中存在任务不明的情况，不清楚部门、单位、个人干什

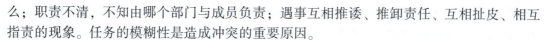

么；职责不清，不知由哪个部门与成员负责；遇事互相推诿、推卸责任、互相扯皮、相互指责的现象。任务的模糊性是造成冲突的重要原因。

（6）沟通不当。

人们缺乏有效沟通的机会、能力或动机，是导致冲突的重要原因。第一，若双方缺少沟通，则容易各自根据已有的心理定势来解释和预期对方的行为，而心理定势是一种先入之见，带有主观性和一定的情绪色彩，因此容易造成误解，从而引起冲突。此外，缺乏直接接触和交流机会导致双方难以形成心理上的认同和移情。第二，缺乏沟通的技巧和能力也是引发冲突的重要因素。当一方以过激的方式表达不同意见时，对方很可能会同样报以不合作态度。如此一来，冤冤相报、恶性循环，会导致冲突升级。第三，交流上的不顺畅会削弱双方再进一步沟通的动机。社会情绪性冲突所带来的强烈的负面情绪使人们回避沟通，而交流不足则会进一步加重冲突。

2. 团体之间冲突的起因或来源

（1）组织结构不合理、机构臃肿、权力重叠、管理机制与规章制度不健全、责任不明确，互相推诿或互相封锁造成的冲突。

（2）人力、物力、财力等资源在组织各部门之间分配不公引发冲突。

（3）工作流程要经过多个部门，但部门间工作衔接没有做好导致工作延误引起的冲突。

（4）由于绩效考核制度的实施，企业内部各部门之间形成竞争关系，竞争过度引发敌对或攻击行为造成的冲突。

（5）部门本位主义、小团体主义、官僚主义引起的冲突。

（6）由于团体与团体成员的价值取向差异，特别是团体骨干与领导成员在价值观、需要、态度上的差异引起的冲突。

5.3.3　冲突的类型

有三种基本类型的冲突：一是目标性冲突，是人们希望获得的最终状态或喜欢的结果不相容时的形势；二是认识性冲突，是意见或想法不一致时的形势；三是感情性冲突，是感情或情绪互不相容时的形势。

目标性冲突是由于在工作问题上的分歧产生的冲突，是围绕工作任务而展开的，目的在于更好地完成任务，较少涉及个人评价、人际关系等敏感的社会情绪性问题。一般来说，这种冲突不仅是无害的，而且是有益的和必要的。它常常起到"催化剂"的作用，促使冲突双方乃至旁观者重新审视问题，做出更好的决策，发现完成任务的新方法、新途径，还可以增强组织的活力，活跃组织气氛，因此，是一种富有建设性的冲突。

认识性冲突是由于个体的教育背景、价值观念以及文化差异导致不同群体或个人在对待某些问题上的认识、看法、观念存在差异而引起的冲突。这种冲突很难解决，有些冲突具有强烈的破坏性。例如，一个理科生很容易理解汽车发动机的工作原理，而文科生却很难理解；宗教冲突一直困扰各国政府，几乎每次宗教冲突都发展成暴力事件，而国与国之间的宗教冲突最后都发展成战争。对组织而言，招聘与录用教育背景、价值观念、文化背景相近的员工是解决认识性冲突的最好办法。

感情性冲突是由于人际问题引起的对人不对事的冲突，常常基于人的偏见或成见，并伴有浓烈的社会情绪色彩，目的是贬低对方而抬高自己。对组织而言，这种冲突会助长组织政治行为，分散冲突双方和其他组织成员的注意力，造成或加剧组织的紧张气氛，影响组织的正常业务和工作效率。对个人而言，这种冲突会给当事人双方带来巨大的心理压力，使其处于高度紧张的应激状态，降低其工作满意度，严重的还会产生工作倦怠、旷工、离职等心理和行为后果。

5.3.4 冲突的管理

冲突管理是指采用一定的策略和方法，最大限度地发挥冲突的益处而抑制其害处。著名学者路易斯·R.庞蒂认为，如果对组织结构进行合理设计，对员工进行正确的培训，再辅助冲突管理的方法和技术，最坏的冲突是可以避免的。冲突管理是危机管理的一个方面，管理者要时刻关注组织内外部冲突状况，合理利用能促进组织变革、提高组织绩效的冲突，避免和减少过度的、会给组织造成破坏的冲突。冲突管理通常包括以下几个步骤：首先要了解冲突管理的过程；其次确定冲突管理的原则；再次选择合适的冲突管理策略；最后采取合适的解决冲突的方法。

1. 冲突管理过程

冲突管理的整体过程可以概括为由冲突认知、冲突诊断、冲突处理、效果评价和结果反馈五个环节所组成的闭环系统，如图5-3所示。

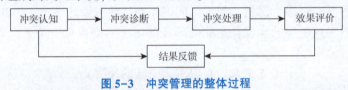

图5-3 冲突管理的整体过程

（1）冲突认知环节是冲突管理的起始环节。

此阶段重在调查研究，搜集资料，弄情问题是什么？问题在哪里？冲突相关方是谁？冲突各方有哪些对立或不一致？冲突各方之间有哪些差异性和相互依赖性？冲突的起因、走向和内部环境条件等都客观真实地了解清楚问题，为后续工作打实基础。

（2）冲突诊断环节是进行冲突管理的前提。

若无有效的冲突诊断，不知冲突的病症、病因，则冲突管理方法与手段再高明，也难以成功。管理者在冲突诊断环节中重在辨别、分析、判断冲突问题，衡量和分析冲突是什么类型？冲突的起因或来源是什么？冲突各方态势如何？可以采取什么策略和方法？冲突将会朝着何种方向发展？冲突处理的可能结果是什么？经过科学的冲突诊断之后才能对冲突进行有效处理。

（3）冲突处理环节是实施冲突管理，实际干涉、调控冲突的行为活动环节。

冲突管理者需要根据诊断环节的工作结果或"诊断结论"，开具冲突解决的"药方"，选取恰当的冲突处理策略和方法，来实际处理冲突，争取理想的冲突管理结果。

（4）效果评价环节是指对冲突管理的成效进行评价、衡量，并反馈到冲突管理的认知等环节，还要对冲突行为产生的结果和影响进行评价和衡量，以总结经验、吸取教训，全面提升冲突管理技能，对有建设性的冲突应予以鼓励，对具有破坏性的冲突则要杜绝再次发生。冲突管理的效果评价可以使用目标实现、系统资源、内部过程和战略影响等效果评价方法。其中，目标实现法以目标、目的和最终结果来评价冲突管理效率；系统资源法注重从投入产出要素的评价；内部过程法以组织内部互动过程关系（如人际关系、信息流、信任和员工发展等）为变量，通过比较这些变量在冲突管理前后的改善程度来评价冲突管理的效果；战略影响法侧重考察企业经营战略，如果冲突管理能满足企业战略的要求，提高企业竞争优势，则其冲突管理就是有效的。

(5)冲突管理的结果反馈环节是把冲突处理和评价的结果反馈至冲突相关方。反馈环节侧重传递公平公正、团结合作、和谐发展、积极向上的信息，对会带来组织变革，提高组织绩效的冲突应予以鼓励，而对具有破坏性的冲突应施以必要的惩戒。

2. 确定冲突管理的原则

管理心理学家们为解决冲突提出了如下有效的原则：①提倡和谐发展，引入竞争机制，发展建设性冲突，消除破坏性冲突。②要提倡民主，倡导和鼓励员工敢于发表不同意见，形成生动活泼的局面。③要加强信息沟通，提倡意见交流，增加透明度，减少隔阂，缩短心理距离。④要使 EAP 系统(员工帮助计划)健全，动员各方面的力量做"平衡心理差异"，以及"自我心理调节"等工作。

3. 选择合适的冲突管理策略

(1)处理冲突的二维模型。

美国行为科学家托马斯提出了处理冲突的二维模型(图5-4)。以沟通者潜在意向为基础，认为冲突发生后，参与者有两种可能的策略可供选择：关心自己和关心他人。其中，"关心他人"表示在追求个人利益过程中与他人合作程度用横坐标表示，"关心自己"表示在追求个人利益过程中的武断程度用纵坐标表示，定义冲突行为的二维空间。这两个维变，可形成五种处理冲突的策略：

图5-4 处理冲突的二维模型

1)强制(或斗争)策略，是坚持性高，又不合作的牺牲对方的策略。这种极端不合作的冲突管理方式通常并不是最佳解决方案。但是，当确定自己是正确的，且分歧需要在较短时间内解决时，斗争是必要的。

2)回避策略，是两个维度都低的逃避对抗的策略。这种比较消极的冲突管理方式在应对不太紧要的问题时比较有效，此外，当问题需要冷处理时亦可作为权宜之计来防止冲突进一步激化。但是，回避无法从根本上解决问题，且容易导致自己和对方都产生挫败感。

3)克制策略，是合作性高而坚持性低的牺牲自己、满足对方的和解顺应策略。当对方权力相当强大或问题对于自身并不是太重要时，克制是比较有效的方式。但它容易令对方得寸进尺，从长远看，克制并不利于冲突的解决。

4)合作策略，是二维均高的求同存异策略。其特征是双方乐于分享信息，并善于在此基础上发现共同点和最佳解决方法。通常，合作是首选的冲突管理方式。但只有当双方没有完全对立的利益，且彼此有足够的信任和开放程度来分享信息时，合作才能有效地发挥作用。

5)妥协策略，是两维适中的双方让步双方权宜接受的策略。这种方法比较适合难以共赢的情境。当双方势均力敌，且解决分歧的时间期限比较紧迫时，妥协是比较有效的。但是由于忽略了双方的共同利益，因此妥协往往难以产生非常令人满意的问题解决方法。

处理冲突的二维模型是从冲突参与者的角度分析处理冲突的策略，但对管理者来说也有很大的借鉴作用。可以看出，合作策略是唯一完全体现双赢取向的策略，但在管理实践中，冲突双方完全没有对立且利益相通的情境一般不存在，就像管理决策的原则是满意原则而不是最优原则一样，冲突管理也只能选择相对满意的策略，那么妥协就成为最适宜的冲突管理方式。有人说：妥协是一种艺术。任正非认为"开放、宽容、妥协、灰度"是华为企业文化的精髓，是科学管理的核心。所谓妥协，并不是谁该听谁的，而是持不同利益诉求的各方通过协商沟通、互动与让步来解决分歧，寻求共识。要做好冲突管理要求管理者示诚意、明大理、善平衡、多互动，寻求企业与员工、效益与福利、业绩与报酬的最大公约数。当然，没有一种策略适用于所有的情境，因此，要针对不同的情境采用不同的冲突管理策略，是冲突管理的精髓所在。

 **案例4**

开放、宽容、妥协与灰度

华为核心价值观中很重要的便是开放与进取，这条内容在经营管理团队讨论中发生了较长时间的争议。华为是一个有较强创新能力的公司，开放难道有这么重要吗？由于成功，我们现在越来越自信、自豪和自满，其实也在越来越自闭。我们强调开放，更多一些向别人学习，我们才会有更新的目标，才会有真正的自我审视，才会有时代的紧迫感。

坚定不移的正确方向来自宽容、妥协与灰度

人们常说，一个领导人重要的素质是方向、节奏。他的水平就是合适的灰度。

一个清晰方向，是在混沌中产生的，是从灰色中脱颖而出，方向是随时间与空间而变的，它常常又会变得不清晰。并不是非白即黑、非此即彼。合理地掌握合适的灰度，是使各种影响发展的要素，在一段时间内保持和谐，这种和谐的过程叫妥协，这种和谐的结果叫灰度。

"妥协"一词似乎人人都懂，用不着深究，其实不然。妥协的内涵和底蕴比它的字面含义丰富得多，而懂得它与实践它更是完全不同的两回事。我们华为的干部大多比较年轻，血气方刚，干劲冲天，不太懂得必要的妥协，也会产生较大的阻力。我们纵观中国历史上的变法，虽然对中国社会的进步产生了很大的影响，但大多没有十分理想。我认为，面对上述变法所处的时代环境，他们的变革太激进、太僵化，冲破阻力的方法太苛刻。如果他们用较长时间来实践，而不是太急迫、太全面，收效也许会好一些。其实就是缺少灰度，方向是坚定不移的，但并不是一条直线，也许是不断左右摇摆的曲线，从某些时段来说，还会画一个圈，但是我们离得远一些或粗一些来看，它的方向仍是紧紧地指着前方。

我们今天提出了以正现金流、正利润流、正的人力资源效率增长以及分权制衡的方式，将权力通过授权、行权、监管的方式，授给直接作战部队，这也是一种变革。这种变革也许与二十年来的决策方向是有矛盾的，也将涉及许多人的机会与前途，我想我们相互之间都要有理解与宽容。

宽容是领导者的成功之道

为什么要对各级主管说宽容？这同领导工作的性质有关。任何工作，无非涉及两个方面：一是同物打交道；二是同人打交道。不宽容，不影响同物打交道。一个科学家，性格怪僻，但他的工作只是一个人在实验室里同仪器打交道，那么，不宽容无伤大雅。一个车间里的员工，只是同机器打交道，那么，即使他同所有人都合不来，也不妨碍他施展技艺制造出精美的产品。但是，任何管理者都必须同人打交道。有人把管理定义为"通过别人做好工作的技能"。一旦同人打交道，宽容的重要性立即就会显示出来。人与人的差异是客观存在的，所谓宽容，本质就是容忍人与人之间的差异。不同性格、不同特长、不同偏好的人能否凝聚在组织目标和愿景的旗帜下，靠的就是管理者的宽容。

宽容别人，其实就是宽容我们自己。多一点对别人的宽容，其实，我们生命中就多了一点空间。

宽容是一种坚强，而不是软弱。宽容所体现出来的退让是有目的和有计划的，主动权掌握在自己的手中。无奈和迫不得已不能算宽容。只有勇敢的人才懂得如何宽容，懦夫决不会宽容，这不是他的本性。宽容是一种美德。

只有宽容才会团结大多数人共同认知方向，而只有妥协，才会使坚定不移的正确方向减少对抗，只有这样才能实现目标。

没有妥协就没有灰度

坚持正确的方向，与妥协并不矛盾，相反，妥协是对方向坚定不移的坚持。

当然，方向是不可以妥协的，原则也是不可以妥协的。但是，实现目标的过程中的一切都可以妥协，只要它有利于目标的实现，为什么不能妥协一下？当目标方向清楚了，如果此路不通，我们妥协一下，绕个弯，总比原地踏步好，不用一头撞到南墙上。在一些人的眼中，妥协似乎是软弱和不坚定的表现，似乎只有毫不妥协方能显示出英雄本色。但是，这种非此即彼的思维方式，实际上是认定人与人之间的关系是征服与被征服的关系，没有任何妥协的余地。

"妥协"其实是非常务实、很通权达变的丛林智慧，凡是人性丛林里的智者，都懂得在恰当的时候妥协，或向别人提出妥协，毕竟人要生存，靠的是理性，不是意气。

"妥协"是双方或多方在某种条件下达成的共识，在解决问题上，它不是最好的办法，但在没有更好的方法出现之前，它却是最好的方法，因为它有不少的好处。

妥协并不意味着放弃原则、一味地让步，明智的妥协是一种适当的交换。为了达到主要目标，可以在次要的目标上作适当的让步。这种妥协并非完全放弃原则，而是以退为进，通过适当的交换来确保目标的实现。相反，不明智的妥协就是缺乏适当的权衡，或是坚持了次要目标而放弃了主要目标，或是妥协的代价过高，遭受不必要的损失。明智的妥协是一种让步的艺术，妥协也是一种美德，而掌握这种高超的艺术，是管理者的必备素质。

只有妥协才能实现"双赢"和"多赢"，否则必然两败俱伤，因为妥协能够消除冲突，拒绝妥协，必然是对抗的前奏。我们的各级干部真正领悟妥协的艺术，学会宽容，保持开放的心态，就会真正达到灰度的境界，就能够在正确的道路上走得更远，走得更扎实。

（资料来源：任正非，2019）

（2）团体冲突的处理策略。

1977 年，布朗在《团体冲突的处理》一书中提出团体冲突的处理策略（表 5-1），认为应从团体态度、团体行为、组织结构三方面调节冲突，当冲突过高时，要设法减低；当冲突过少时，要设法增加。

表 5-1　团体冲突的处理策略

着眼点	要解决的问题	冲突过多时采取的策略	冲突过少时采取的策略
团体态度	1. 明确团体之间的异同点 2. 促进团体间的了解 3. 改变团体成员的情感和认知	1. 强调团体间的相互依赖作用 2. 明确冲突升级动态及造成的损失 3. 培养认同感，增进感情，消除成见	1. 强调团体间的利害关系 2. 明确勾结排他的危害性 3. 增进团体的界限意识
团体行为	1. 改变团体内部行为 2. 培养团体代表的工作能力 3. 监视团体之间的行为	1. 促进团体内部分歧表面化 2. 提高与他人合作共事的能力 3. 通过第三方面来调节行为	1. 增进团体内部的团结和谐一致 2. 提高坚定原则性判断是非能力 3. 请第三方面参加协商
组织结构	1. 借助上级或更大团体干预 2. 建立组织调解制度 3. 建立新的接触机制 4. 重新明确团体的职责范围和目标	1. 按照正常等级处理 2. 建立规章、明确关系、限制冲突 3. 设置统一领导与管理各团体的人员机构 4. 重新设计组织结构，突出工作任务并减少冲突	1. 上级施加压力要求改善关系 2. 削弱容易让人产生冲突的规章 3. 设置专门听取意见的人员 4. 明确团体的职责与目标，加深团体间的差异

4. 采取合适的解决冲突的方法

（1）组织层面避免或减少不必要的冲突。

1）强调高级目标。目标设置理论告诉我们目标是一种有力的激烈力量，在适当条件下，它会导致更高的工作业绩。为全体员工设置一个具体的、有一定难度的、会给所有员工带来利益的、所有成员都能理解并认同的共同目标，能够让所有员工放下成见，从而有效避免各种原因带来的潜在冲突，使全体成员各施所能，全力为组织的共同目标服务。在设置目标时首先要注意目标的可接受性，如果大多数成员认为目标无法实现不可接受，那么目标会有反效果即加剧冲突；其次要向全体成员公开，隐藏的不为人知的目标是没有任何效果的；最后要把目标分解成多个小目标并做出承诺，在实现每个小目标后兑现承诺，如果目标只是空洞的口号，那么怎么强调目标也无法避免或减少冲突。总之，合理设置目标、在组织内广泛宣传并逐渐兑现承诺有利于增强组织凝聚力，减少消极的有破坏性的冲突。

2）减少差异化。减少差异化是解决认识性冲突的最好办法，通过改变或消除导致差异的各种条件实现。消除组织中的个体的教育背景差别、价值观念差别和文化背景差别，使组织成员的能力相似，生活习惯相似，对人与事的是非、善恶、好坏评价相似，道德品质相似，引起冲突的条件被消除也就不可能产生冲突。由于组织是为了达到某些特定目标经由分工与合作及不同层次的权力和责任制度而构成的人的集合。不同的职位对人的资格条件和人员素质有不同的要求，所有组织成员的无差异化是不可能的，因此，管理者把相近的工作的人做到减少差异化即可，使冲突维持在一种较低水平的状态。

3）降低任务依赖性。降低任务依赖性可以有效减少冲突发生的概率，对于共用型任务依赖，可以采用分离共用资源的方法，而对于顺序型和交互型任务依赖，则可以采用合并任务的方式来降低任务依赖性。此外，还可以通过建立缓冲带的方法（如建立专门的调解委员会）来协调不同部门的工作。

4）合理分配资源。增加资源可以有效解决由资源匮乏导致的冲突问题，当然管理者需权衡增加资源的成本及冲突带来的损失。除了增加资源，管理者更应注意资源分配不均，如果资源分配不均的话，即使投入再多的资源，冲突问题也无法根本解决。需要注意的是，合理分配资源不是搞资源分配平均主义。任何一个企业都是其产品在设计、生产、销售、交货和售后服务方面所进行的各项活动的聚合体，每项经营管理活动就是这一价值链条上的一个环节，资源分配应以每项活动在价值链上的重要性为依据，重要的还是次要的，是基本增值活动还是辅助性增值活动，所分配的资源要有所区别。

5）明确规则与程序。明确规则与程序能够有效解决由模糊性带来的冲突，明确工作任务，把任务分解到部门、单位和个人，职责明确，责任清晰，制度规范，可以有效杜绝遇事互相推诿、推卸责任、互相扯皮、相互指责的现象。当资源匮乏时，更应该对分配和利用资源做出明确的规定。总之，明确规则与程序有利于消除误解，营造公平、公正的工作环境，增强组织的凝聚力，从而减少冲突。

6）增进沟通和理解。有效的沟通对冲突管理是至关重要的，它能消除刻板印象带来的偏见和负面情绪，增进彼此的理性认识。在组织管理中，常用的沟通方法有对话法和组间镜像法。对话法是指通过团队成员之间正式或非正式的交谈来讨论彼此的分歧，在了解各自基本设想的基础上建构团队共同的思维模式。组间镜像法一般适用于双方冲突已恶化到公开对立地步的情形，通常需要管理者有计划、有步骤地进行干预。其目标旨在为冲突各方提供一个充分表达各自观点、讨论分歧的机会，并最终通过改变错误观念的方式来找到改善双方关系的途径。

（2）冲突发生时解决冲突的方法。

当冲突发生时管理者可以选择以下方法解决冲突。

1）协商谈判法，即求同存异法，是用求大同存小异或求大同存大异的方式缓和冲突的方法。只要个人或群体内部、个人或群体之间存在着彼此依赖的关系，谈判就是可能的。管理者可以把冲突双方拉到谈判桌上，用谈判解决冲突。在谈判过程中，各方可以确立起始点、目标点和阻抗点，通过不断让步和相互妥协，最终达成协议。影响谈判效果的因素包括谈判的情境因素（如谈判地点、场所的物理布局、时间进程和最后期限等）和谈判者的行为因素（如计划与目标设定、收集信息、有效交流、适度让步等）。

2）第三方介入或仲裁调解法，即由第三者出面调停的办法。相对中立的第三方可以作为调解人或仲裁者，帮助冲突各方解决分歧。第三方介入主要应该达到效果好、效率高、结果公平、程序公正的目标。根据第三方对冲突解决过程和结果的控制程度，可以将第三方介入分为调解、仲裁和审判三类。

3）权力、权威法，即上级诉诸权力或武力，强制性调解或解决冲突的方法。当冲突各方态度强硬，言行过激，不肯做出任何让步，而且冲突会给组织带来较大负面影响时，上级可以利用权力强行干预，避免冲突升级，把冲突暂时平息下来后再做其他处理。

4）拖延与回避法，即延缓解决问题，避免直接冲突的方法。当冲突代价过高，或者解决冲突的代价过高时，管理者可以采用拖延战术处理冲突问题。管理者可以要求冲突各方先搁置冲突，把工作完成后再行处理，工作完成后又以其他理由拖延，用这种冷处理的方式直到冲突自动消解。

5）其他，如合并与兼并法、转移目标法、教育与认知重构法、调整政策或策略方法、解体与重组法等。

本章小结

本章介绍了沟通和冲突管理方法，即通过介绍基本概念的沟通，强调沟通在管理中起着非常重要的作用。在群体或组织中，沟通具有四种主要功能：控制、激励、情绪表达和信息。良好的沟通能够提高组织绩效。沟通是有很多种类型的，各自有不同的应用场合。口头言语沟通和书面言语沟通各有优缺点，在组织中选用哪种沟通方式由组织规模决定。如果组织规模小、管理层级少应以口头言语沟通为主，组织规模大、管理层级多应以书面言语沟通为主。单向沟通与双向沟通也是各有所长，到底采取哪种方式应视不同情况而定。在管理实践中，信息接收者的认知能力差以及信息紧急以单向沟通为好；反之，则双向沟通更好。上向、下向、平行沟通，内部与外部、正式与非正式沟通都是组织中常有的沟通方式。传统观点认为，在组织中应坚持逐级沟通，严禁越级沟通，但是随着时代的发展，为克服人性的弱点，越级沟通越来越受到重视。

信息被及时且完全传递、信息接收方准确地理解信息的意义、沟通的结果与目标相一致的沟通就是有效沟通。影响沟通过程的因素有很多，包括个人因素、组织因素和文化因素。其中个人因素有人格与态度、地位和能力、知识和经验、选择性知觉、信息过滤、信息过载等。组织因素表现为组织结构复杂，组织内人员素质、专业知识差别太大。为实现有效沟通需要采取以下措施：提高沟通技能、破除组织沟通壁垒、形成开放包容的组织气氛。

对冲突管理，首先对冲突的来源进行了分析。组织内部成员之间冲突的来源包括目标不兼容、差异化、任务的依赖性、资源分配不均、任务的模糊性、沟通不当。团体之间冲突的来源包括组织结构不合理、资源在组织各部门之间分配不公、工作衔接问题、绩效考核导致竞争过度、部门本位主义、价值取向差异。处理冲突可以采取强制（或斗争）策略、回避策略、克制策略、合作策略、妥协策略。团体冲突的处理策略应从态度、行为、组织结构三方面调节。组织层面避免或减少冲突的方法包括强调高级目标、减少差异化、降低任务依赖性、合理分配资源、明确规则与程序、增进沟通和理解。冲突发生时解决冲突的方法包括协商谈判法，第三方介入或仲裁调解法，权力、权威法，拖延与回避法以及其他方法。

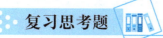

复习思考题

1. 请指出沟通在群体或组织内的各种功能并分别举例说明。
2. 对比编码和解码过程的异同点。
3. 对比逐级沟通和越级沟通的异同点。
4. 冲突的来源有哪些？举例说明如何管理冲突？
5. 对比合作策略和妥协策略并分别举例说明。

案例分析

失败的竞聘

刘志强，2010年7月刚毕业于某大学电子商务专业，应聘到了杭州MEV贸易集团公司工作。在三个月的试用期内，由于刘志强工作富有激情，并且具有较强的交际能力，得到同事们的一致好评和部门经理的赏识，因此被留下聘为正式员工。2010年10月，按照刘志强的专业方向和个人志愿，他被分配到了集团下属电子商务公司工作，负责电子商务公司淘宝网店的营销和推广方面的工作。

进入电子商务公司后，刘志强一如既往地努力工作，善于钻研，经常向部门内部的前辈和其他部门的领导请教工作方法以及业务方面的问题，从而使其业务能力不断得以提升，工作也开展得有声有色，业绩也很突出，受到了电子商务公司主管领导的好评。

2012年，刘志强迎来人生中的第一次晋升机会，在得到集团公司领导的认可之后，电子商务公司主管领导决定把他提拔为淘宝网店的店长。此时，中国的电子商务正发展得如火如荼，销售额每年以几何数级增长。乘着网络经济发展东风，刘志强在这个职务上如鱼得水，淘宝店经营得风生水起，成为集团公司营利的现金奶牛，刘志强也成为电子商务公司的明星店长。2015年11月，刘志强被任命为电子商务公司客户服务部经理，负责电子商务公司的客户服务工作，一直积极要求上进的他工作更加努力，为自己制订职业生涯规划，希望自己能够得到更大的提升。

正在刘志强筹划自己更大的发展空间时，2017年3月，集团公司决定拓宽业务领域，准备成立一家国际名品经营公司，通过亚马逊、阿里巴巴等网络电商公司的跨境电商平台把公司产品卖到世界各地，因此，需要面向集团内部招聘一名总经理和两名业务经理，全力以赴开拓国际市场。刘志强认为自己是电子商务专业毕业，专业对口，有多年网店管理经验，工作能力很强，能够适合国际名品经营公司业务经理的要求，决定再次挑战自己，报名参加竞聘业务经理职位。

2017年3月20日，国际名品经营公司岗位竞聘大会在集团总部大楼会议室举行，集团总裁、总部机关各部门的领导和集团各分公司总经理出席了会议。参加业务经理竞聘的除了刘志强外，还有MEV集团上海分公司的业务经理徐志强和2014年加入MEV集团的国内某名牌大学毕业生王家超。由于认真准备了讲稿，加之对自己的沟通能力、应变能力以及工作经验充满自信，刘志强认为此次竞聘成功的概率很大，至少自己比入职不满三年的王家超的工作经验丰富很多，胜算也便大得多。

按照姓名的拼音排序，刘志强第一个走上了讲台。整个演讲过程都很顺利，下一个环节是答辩。为了给自己的下属鼓劲，电子商务公司的孟总第一个提问："刘志强，你在刚才的演讲中提到自己工作能力很强，能讲一讲你是如何提升自己的工作能力的吗？"

"作为入职集团近七年的大学生，我对领导安排的每项工作都仔细思考，认真执行，同时经常到图书馆借阅各种与工作相关的业务书籍，时常向老领导和经验丰富的员工请教工作方法，从理论和实践两个方面不断提升自己的业务能力，所以即使我不是业务能力最强的一个，但一定是进步最快的一个！"刘志强满怀信心地答道。

"你刚才提到电子商务企业的客户服务工作十分重要，甚至对公司的经营业绩起到举足轻重的作用，能深入地说一说客户服务的主要作用吗？"为进一步考察刘志强的工作能力，集团总裁继续提问。

"我从 2014 年 11 月到现在一直从事客户服务工作，处理过的棘手问题很多，我认为服务工作开展的好坏将直接影响公司的经营效益；同时，对公司的持续发展起着很重要的作用。就拿我工作的电子商务公司来说吧，我三年内处理的客户投诉问题都不知道有多少起了，客服部的工作很重要，工作开展得也很难，有些客户如不给予经济补偿就百般纠缠。我们客服部 2016 年因客户投诉而给予经济补偿的有 79 起之多，全年因为顾客投诉造成的经济损失就达 236 530 元！"为了增强说服力，刘志强在回答过程中还指出了自己工作中的实力并使用了精确的数据辅助说明，希望展现出自己对工作的认真和业绩情况的准确把握能力，从而得到集团总裁及评委的认可。

"真的有这么多客户投诉需要经济补偿吗？每年的损失有这么多？"集团总裁半信半疑，在问刘志强的同时转过脸看了一眼电子商务公司的总经理。

"这些数据是我去年工作中总结出的，这些数据足以说明客户服务工作的重要性。"刘志强并没有意识到集团总裁所持疑问的真实意图，依然按照自己的思路回答问题。其实，集团总裁掌握的客户服务方面的损失数据与他讲的"精确"数据的差距很大。

最终，刘志强竞聘失败了。2017 年 8 月，刘志强被调离电子商务公司客户服务部经理一职，被任命为某偏远省份销售公司的业务经理。2018 年 5 月，由于业务开展欠佳，刘志强辞职离开了该公司。

（资料来源：360 文库，有改动）

问题和讨论：

1. 刘志强竞聘失败的原因是什么？
2. 从竞聘的角度分析，刘志强要想获得成功应从哪些方面进行改进？
3. MEV 集团公司内部沟通存在哪些问题？如何改进？

第六章　领导理论

🎯 **学习目标**

1. 了解领导者的含义、领导特质理论的内容及不足之处。
2. 掌握管理方格理论、路径—目标理论、情境领导理论、CPM 理论的代表人物及主要内容。
3. 理解领导和管理的区别以及魅力型领导理论、变革型领导理论、自我领导的主要观点。

✒️ **本章导读**

本章从不同侧面阐述了什么样的领导工作才是有效的，并提出了不同的领导理论，还介绍了领导理论中的领导特质理论、领导行为理论、领导权变理论的观点；分析了中国情境下的 CPM 理论和家长领导理论；介绍了领导理论的新发展，如魅力型领导、变革型领导、诚信领导及自我领导等领导理论，然后探讨了这些理论在实际工作中的应用。

📦 **导入案例**

乐队指挥的领导力：如何激发乐手的潜力

乐队指挥担当着至关重要的角色，不仅需要具备音乐素养和技能，还需要具备优秀的沟通能力、团队管理能力、领导力等方面的素质。只有这样，乐队的演奏水平才能够不断提高，取得更加优秀的演出成果。

一、了解乐手

乐队指挥需要了解乐手们的个性、技能和情感需求。有些乐手可能需要更多的支持和鼓励，有些则需要更多的挑战和激励。只有了解乐手们的个性、技能和情感需求，指挥才能更好地与他们沟通，调整他们的表演状态，以达到更好的音乐效果。指挥还需要尊重乐手的专业知识和技能，给予其足够的自主权，以便他们充分发挥自己的才华。在排练过程中，指挥应该时刻关注乐手的情绪和状态，及时给予鼓励和支持，让他们感受到团队的凝聚力和归属感。

二、设定明确的目标和期望

设定明确的表演目标和期望是乐队指挥推动乐队向成功迈进的重要一步。这需要乐队指挥根据乐队的实际情况制订具体、可衡量、可达成的表演目标。这些目标可以包括一些技巧性的要求，如音乐节奏的协调性、乐器演奏的准确性等。同时，表演目标还可以包括一些更为具体的要求，例如指定的演出时间、演出场地和演出方式等。通过设置明确的表演目标和期望，乐队指挥可以引导乐手朝着共同的目标努力，也能够激励乐手的进步和努力。通过这种方式，乐队可以在表演中取得更好的成就和更高的评价。

除了具体的表演目标外，乐队指挥还需要设定符合乐手实际水平和潜力的期望。这些期望需要考虑到乐手的实际水平和潜力，既有挑战性又不会过高，以便于乐手在努力的同时不会感到过于艰难。

三、激发乐手的潜力

在排练和表演的过程中，乐队指挥需要与乐手们建立紧密的联系，了解他们的个人需求和技能水平并提供个性化的指导和支持。除了进行技术方面的指导外，乐队指挥还需要激发乐手的艺术表现力，包括了解音乐的情感和历史背景，以及如何将这些元素融入演出中。指挥需要负责选择适合乐手和观众的曲目并通过细致的指导帮助乐手表现出最佳的音乐效果。

四、了解自己的领导风格

乐队指挥是一项需要高度领导力的工作。他们不仅需要掌握音乐知识和技术，还需要了解自己的领导风格，以便更好地指导乐队成员。在与乐队成员交流时，乐队指挥需要培养有效的沟通能力，以便清晰地传达他们的意图和期望。此外，乐队指挥还需要具备良好的决策能力，以便在演奏中做出适当的决策并及时调整乐队的表现。总之，乐队指挥不仅是一名音乐家，还是一位优秀的领导者。

（案例来源：黄志平. 乐队指挥的领导力：如何激发乐手的潜力[J]. 大众文艺，2023（18）：40-42. 本案例摘录了上述文章中的部分内容）

上述案例告诉我们，乐队指挥要想使得乐队的演奏水平整体提高，要考虑多方面的因素，乐队指挥既要了解自己的指挥风格，也要了解乐手的需要，并为乐手制订具有适度挑战性的目标，从而激发乐手的潜力。由此可知，作为组织的领导者，提高领导行为的有效性时也要考虑组织目标的设定、下属的特性、个人领导风格等因素。

6.1 领导与领导者

6.1.1 领导与领导者的含义

在汉语词汇中，"领导"一词具有多重含义，有时指领导活动、领导过程以及领导功能和作用；有时指"领导者"；有时兼而有之。约翰·科特教授认为："领导一词在日常生活中有着两种截然不同的含义。有时，领导指的是有助于引导和动员人们的行为和（或）思想的过程；另一些场合中，领导指的是处于正式领导职位的一群人，希望他们起着这个词前一层含义中所指的作用。"

1. 领导和领导者的定义

领导这一概念在学术话语中被赋予了多重定义。有多少位研究领导的学者，就有多少个关于领导的定义。陆谷孙先生在《英汉大词典》中对"Leadership"（领导）进行了三种解释：一是指领导、领导地位、领导权力；二是指领导才能；三是指领导人员，领导层。由此可见，领导是与地位、权力、能力及影响力等联系在一起的。

哈罗德·孔茨和海因茨·韦里克指出，领导是影响人们心甘情愿地和满怀热情地为实现群体目标而努力的艺术或过程。领导者的行动即在于帮助一个群体尽其所能地实现目标。领导者并不是站在群体的后面推动和激励，而是要置身于群体之前，引导群体前进，鼓舞群体为实现组织目标而努力。对领导的界定强调的是领导行为的战略性、引导性、艺术性，以及领导的组织和激励功能。

彼得·德鲁克则认为："领导者的唯一定义就是其后面有追随者。一些人是思想家，一些人是预言家，这些人都很重要，而且很急需，但是，没有追随者，就不会有领导者。"这个界定反映了领导者与追随者之间的良性互动关系，是一个具有鲜明时代精神的概念，揭示了领导者的本质含义。

还有许多关于领导的界定，就不在此一一列举。总之，理论界对领导的含义存在不同的见解，可谓"仁者见仁，智者见智"。多数人认为："领导是指引和影响个人或组织，在一定条件下实现某种目标的行动过程。领导者是致力于实现这一过程的人。"

 【短视频】领导与领导者

2. 领导和管理的区别与联系

若要研究领导，必须提到管理，因为领导和管理具有极为密切的联系。从管理学的逻辑构架来看，领导是管理的重要组成部分，但领导又似乎可以从管理中独立出来。在某些情境下，管理又几乎是领导的同义语。虽然如此，我们还是要清楚领导和管理不是一回事，二者有一定的区别。

本部分从以下四个方面阐述领导和管理的区别，并在此基础上探讨二者之间的联系。

（1）领导和管理的区别。

1）二者面对的对象不同。领导是引导他人实现组织目标的一种行动，领导的作用在于激发员工的工作积极性，所以领导面对的对象主要是人。而管理面对的则是对资源的程序化配置，高效完成已经规划好的目标，所以管理面对的主要是资源的协调，包括人但又不限于人。

2）二者的职能范围不同。现有的管理理论和领导理论共同的认知是领导是管理的重要职能之一，管理的主要职能除了领导之外，还有决策、计划、组织、控制等。从这个意义上来说，管理包含了领导，其职能范围更广。

3）二者的属性不同。领导是一种变革的力量，而管理是一种程序化的控制工作。研究领导力的著名学者约翰·科特认为，领导主要处理变化的问题，领导者通过开发未来前景确定前进的方向，充分激励人们战胜变革过程中遇到的政治、官僚主义和资源方面的障碍。而管理者主要处理复杂的问题，优秀的管理者通过制订计划、设置规范的组织结构及监督计划实施的结果而使组织达到有序状态。华伦·班尼斯把领导定义为"创造并实现梦想"，认为领导的重点放在做正确的事情上，即与目标方向有关；而管理的重点则放在把事情做正确上，即管理是执行的角色——正确地做事。

4）二者的权力来源不同。管理者的权力基础是组织的正式任命，而领导者的权力基础除了组织正式任命外，更大程度上是个人影响力。在现实生活中，尽管一个人可以同时扮演领导者和管理者双重角色，但有时候领导者却不一定是管理者，而管理者也不一定是领导者。前文提到彼得·德鲁克关于领导者的观点："领导者的唯一定义是其身后有追随者。"这说明，领导者在本质上是一种影响力的拓展，与其下属的关系更多地是一种追随与依从的关系。

（2）领导和管理的联系。

在实际的组织运作中，领导和管理并不是泾渭分明的。这是因为，领导活动和管理活动、领导和管理存在千丝万缕的联系，二者的有效结合是组织发展的根本保障。一个人在从事管理工作时也在担任领导工作，管理包含着领导。如果缺乏激发和鼓舞员工的能力，也不能成为一位优秀的领导者；一位领导者不能很好地进行程序化运作，也不是一位好的管理者，二者在组织中必不可少。只有强有力的领导而缺少管理会导致为了变革而变革，甚至会造成变革朝着完全不理智的方向发展；只有强有力的管理而缺少领导可能会导致为了维持秩序而维持秩序，致使官僚主义加重，令人感到压抑。将有效领导与高效管理相结合，不仅有助于产生必要的变革，还能使混乱的局面得到控制，才能带来满意的效果。

6.1.2 领导的本质：影响力

领导行为一般发生在群体或组织中，一项领导活动由领导者和追随者（下属）共同构成，强有力的领导者能够对追随者（下属）的心理和行为产生巨大影响，领导的本质是影响力，那么领导者影响力的来源是什么呢？正是对于这一问题的思考，领导才获得了丰富的内涵，也正是领导与管理的本质区别。

由于管理者是建立在职位权力基础上的，这并不意味着管理者真正拥有权威，一个拥有职权的人并不一定拥有真正的权威，下属接受领导者的领导，并不是基于他对领导者职权的畏惧，而是基于对领导者权威的认同和接受。由此可见，领导活动的权威性不单是凭借职位权力这一强制性要素建立的。追随者（下属）认同领导者的权威，在很大程度上是基于其非职位权力（参照权力或专长权力）。

现代社会是一个组织化程度很高的社会，在各类组织中，基于组织结构中的职位权力而形成的影响力和基于领导者个人因素而形成的影响力均不可被忽视。由此，我们可以得出这样的结论：领导的本质是影响力，影响力的来源可能来自领导者的职位权力，但在更大程度上是来自领导者的非职位权力，且在相比之下，后者的影响力更持久。

6.2 领导特质理论

领导理论关注的核心问题是哪些因素造就了有效领导者。围绕这一问题，相关的学术研究分别选择不同路径对各种可能的因素进行考察，希望能够发现其内在规律，从而有效提升领导效能。不同的理论之间往往相互交融、互为借鉴，并由此展示了一幅色彩斑斓的领导科学研究的"丛林"图景。

对领导特质的研究经历了不同的阶段，我们可以大致将其划分为研究伟人特质的时期、研究领导者特质的时期、研究与有效领导相关的领导特质的时期，以及研究特定领导特质对特定情境的影响的时期。

6.2.1 伟人特质研究

首先进入研究者学术视野的领导理论是"伟人理论"（Great Man Theory）。该理论盛行于 19 世纪和 20 世纪早期。该理论主张，领导者与追随者具有根本性的差异。领导者不仅更有能力，而且具有一系列完全不同的个性特质。这些特质是与生俱来的，不是后天培养的。卡莱尔的《英雄和英雄崇拜》、詹姆斯的《历史上的伟大的男人》和高尔顿的《遗传的作用》等著作，都强调个性和行为是先天塑造的，一些人与生俱来就是领导者，并且认为基因的遗传或者天生的特质使得领导者与追随者区别开来。

在卡莱尔的学者"伟人理论"观点的影响下，很长一段时期的领导力研究强调关注"英雄式"的领导者个体具有的特征品质，而一些"小人物"则被排除在研究之外。坚持这种理论视角的学者试图发现使得成功的领导者与其他人区别开来的品质。正是因为人们认为领导者是天生的，具有领导别人的特殊才能，所以才能对领导者拥有坚定的信念。如果一个人具有这种特定的领袖才能和品质，不管在什么情况下，他们最终都将被推向领导者的位置。

伟人理论引发了大量学者对伟人特质的研究，但所有这些研究所产生的一般结论却与研究的初衷相反，人们发现领导者与追随者之间并没有根本性的差异。导致这种结论的一种主要原因是，成功领导者并不只有一类，而是多种多样的。人们无法用一组有限数量的特质来概括所有这些领导者的个性特征。

6.2.2 领导特质理论

20 世纪早期，伟人理论演进为"领导特质理论"（Traits Theory of Leadership）。在这一时期，研究者们虽然仍然认为领导者与非领导者有不同的特质，但不再假设这些特质是天生的。他们所研究的领导者特质包括了很广的范围，如生理特质、个性特质、智力特质、工作特质、社会特质等。如美国心理学家吉伯在其研究报告中指出，天才领导者具有 7 项特质，分别是：①智力过人；②英俊潇洒；③能言善辩；④心理健康；⑤外向而敏感；⑥有较强的自信心；⑦有支配他人的倾向。这种研究的一个普遍倾向是，将各种杰出人物的最优秀素质集于领导者一身，如哲学家的思维、经济家的头脑、组织家的才干、政治家的度量、军事家的果断、幻想家的想象、律师的善辩、战略家的眼光、新闻记者的敏锐等，令人望尘莫及。

尽管领导特质理论并不能充分解释有效的领导，但研究确实发现了与领导者高度相关的一些特质，总结起来分别是：进取心、强烈的领导欲、诚实和正直、自信、才智和与工作相关的知识。表6-1简要概述了这些领导特质。

表6-1 区分领导者与非领导者的六种特质

领导特质	具体表现
进取心	领导者表现出极高的努力程度，他们对成就有较高的渴求，富有进取心，精力充沛，不知疲倦地执行各项活动，积极主动
强烈的领导欲	领导者有强烈的意愿去影响和领导其他人。他们展现出勇于负责的意愿
诚实和正直	领导者之间以及上下级之间通过诚信和不欺骗以及言行一致来建立信任关系
自信	下属求助领导者的目的是排除疑虑，因此，领导者必须展现出充分的自信以使下属对目标和决策的正确性确信不疑
才智	领导者必须具备足够的才智去搜集、综合和解释大量信息，并能够创造美好的愿景、解决问题和做出正确的决策
与工作相关的知识	有效的领导者必须对公司、行业和技术问题有较高水平的知识储备。渊博的知识能够使领导者做出信息充分的决策和理解这些决策的内涵

实践表明：领导特质理论对于组织和个人的领导力发展具有指导意义。通过对成功领导者的特质进行研究，组织可以识别和培养具备潜在领导能力的人才，提高领导队伍的整体素质。此外，领导者也可以通过了解自身的特质和行为模式，调整和优化自己的领导方式，提高领导效率和组织的绩效。

然而，领导特质理论也存在一些挑战和局限性。首先，这类理论未能充分考虑不同组织和情境对领导者特质的不同要求。不同的组织和行业可能需要不同类型的领导者，因此领导特质的研究需要更加具体化和针对性。其次，领导特质理论未能充分考虑领导者的动态发展过程，即领导者的特质和行为方式可能会随着时间和情境的变化而改变。

6.2.3 与有效领导相关的领导特质研究

从20世纪40年代开始，大量学者对领导特质理论提出了批评，其中最为核心的批评是认为并不存在一个普遍性的领导特质。20世纪中期，斯托克蒂尔指出：尽管领导者与非领导者在某些特质上有所不同，但一个人并不只因具有某些特质就变成了领导者，更不能因此就保证其领导一定成功。他的研究表明，具有某些特质的领导者，在某一情境下会成功，但在另一情境下可能就不成功。具有不同特质的领导者，可能在同样的情境下都能成功。同时，单一特质与领导效能之间并没有高度的相关性；各种特质的组合与领导效能之间的相关程度较高，但也仅限于某几种情境。这一结论使得许多领导特质的研究者将研究角度从领导者与非领导者的特质比较，转向领导特质与领导效能关系的研究。他们提出的新口号是："人人都能成为领导者""领导者是每个人的事"。

斯托格迪尔在《领导手册》一书中，归纳出六类领导特质：①身体特性，如身高、外貌等；②社会背景特性，如社会经济地位、学历等；③智力特性，如决断力、判断能力、知识量等；④个性特性，如自信、正直、诚实、适应能力、进取心等；⑤与工作相关的特性，如工作责任感、工作积极性、工作富有成效等；⑥社交特性。

吉塞利调查了90家企业的300名经理人员，在《管理才能探索》中写出了领导者的八种个性特征和五种激励特征。八种个性特征具体包括：①才智：语言与文字方面的才能。②首创精神：开拓创新的愿望和能力。③督察能力：指导和监督别人的能力。④自信：自我评价高、自我感觉好。⑤适应性：善于同下属沟通信息，交流感情。⑥判断能力：决策判断能力较强，处事果断。⑦性别：男性与女性有一定的区别。⑧成熟程度：经验、工作阅历较为丰富。五种激励特征具体包括：①对工作稳定性的需要。②对物质、金钱的需要。③对地位和权力的需要。④对自我实现的需要。⑤对事业成就的需要。吉塞利不仅具体分析了每个特征对领导者行为的影响，而且指出了这些特征的相对重要程度。

美国管理学家彼得·德鲁克在《有效的管理者》一书中指出了五种有效的领导特质，并指出它们是可以通过学习掌握的。这五种特质包括：①知道时间该花在什么地方，领导者支配时间常处于被动地位，但所有有效的领导者善于系统地安排与利用时间。②致力于最终的贡献，他们不是为工作而工作，而是为成果而工作。③重视发挥自己的、同事的、上级的和下级的优势。④集中精力于关键领域，确立优先次序，做好最重要的和最基本的工作。⑤能做出切实有效的决定。

与有效领导相关的领导特质理论认为领导是个动态过程，领导者的人格特征和品质是在实践中形成的，是可以通过训练和培养加以造就的。不同的国情特点、不同的社会历史条件，对一个合格的领导者的个性特征的要求是不同的。

6.2.4　对变革时代领导者特质的研究

进入20世纪80年代以来，变革的时代使组织中领导者的作用凸显出来。于是对变革时代领导者特质的研究成为新的热点。在这种研究中，对领导者魅力的研究使研究者更关注领导者特质中的情感因素。柯克帕特里克和洛克在总结许多新的研究结果的基础上提出，成功的领导者与其他人是不相同的，对他们来说，某些特殊的特质确实起到了关键的作用，这些特质是成为领导者的前提条件。领导者并不一定是绝顶聪明或是全知全能的伟人，但他们需要具备"极好的特质"，而这种特质并不是每个人都具有的。领导是一份要求很高而又无情的工作，需要承担巨大的压力和沉重的责任。拥有这些特质的人比那些不具备这些特质的人更有希望成为成功的领导者。但特质只是前提，拥有某些必要禀赋的领导者，还必须采取正确的行动，才能获得成功。

综合上述领导特质的相关理论，研究者们概括出了许多与有效领导相关的领导者特质。尽管这些研究在结果上有许多交叉和重叠，但没有达成一致。而且，随着领导情境的变化，各种因素的相对重要性也在发生变化。因此，确定一种相对完整、稳定的并被大家认可的与有效领导相关的领导者特质组合，只能是一种美好的期望。但这并不意味着这种研究完全没有价值。一方面，通过总结这些研究结果，我们可以看到与有效领导相关的领导者特质的大致范围和类别；另一方面，对这些特质的深入研究后，我们可以更清楚地认识个人特质与有效领导之间的关系。

6.3　领导行为理论

20 世纪 40 年代至 60 年代中期，一些研究者着重对领导行为展开考察和研究，旨在探究有效领导者的行为的特殊之处。领导行为理论的前提假设是：如果成功的领导者具备一些具体行为，那么，我们可以通过设计一些培训项目把这些行为模式植入个体身上以培养有效的领导者。研究者在领导行为方面进行了大量研究，本节简要阐述三种最经典的研究。

6.3.1　领导的二维构面理论

俄亥俄州立大学的教授在 20 世纪 40 年代末进行了一系列研究，他们搜集整理了大量下属对领导者行为的描述话语，最初列出了 1 000 多个因素，后来经过多轮分析、归纳和提炼，归纳为两个维度，分别是"定规行为"和"关怀行为"。该理论被称为"俄亥俄学派理论"或"二维构面理论"。

定规行为指领导者更愿意界定自己和员工的角色，以实现组织目标。定规行为包括分配工作、协调工作关系和促进目标达成的行为。高定规行为的领导者向小组成员分配具体工作，要求员工保持一定的绩效标准，并规定工作的最后期限。定规行为聚焦下属做什么、如何做、做到什么程度，属于"理"层面的问题。

关怀行为指领导者尊重下属的意见，关心下属的心理，愿意与下属建立积极的信任关系。高关怀行为的领导者乐于帮助下属解决个人问题，他们十分关心下属的生活、健康、满意度等，并能够平等地对待每一位下属，显得友善且平易近人。关怀行为聚焦下属工作积极性、主动性和创造性的影响因素及其与组织绩效和组织目标实现之间的关系，属于"情"层面的问题。

"定规行为"和"关怀行为"这二维构面构成一个领导行为坐标，分别是"高关怀—低定规""低关怀—高定规""低关怀—低定规"及"高关怀—高定规"（图 6-1）。

图 6-1　领导的二维构面理论

"高关怀—低定规"领导方式的特点是该种领导者注意关心爱护下属，经常与下属交换思想，交换信息，与下属感情融洽，但是组织内规章制度不严，工作秩序不佳。具备这种特点的领导者通常较为仁慈。

"低关怀—高定规"领导方式的特点是该种领导者注意严格执行规章制度，建立良好的工作秩序和责任制，但是不注意关心爱护下属，不与下属交流信息，与下属关系不融洽。具备这种特点的领导者是一个较为严厉的领导者。

"低关怀—低定规"领导方式的特点是该种领导者不注意关心爱护下属，不与下属交换思想，交流信息，与下属关系不太融洽，也不注意执行规章制度，工作无序，效率低下。具备这种特点的领导者是一个无能、不合格的领导者。

"高关怀—高定规"领导方式的特点是该种领导者注意严格执行规章制度，建立良好的工作秩序和责任制，同时关心爱护下属，经常与下属交流信息，沟通思想，想方设法调动组织成员的积极性，在下属心目中可敬又可亲。具备这种特点的领导者是一个高效的领导者。

研究发现，"高关怀—高定规"的领导者常常比其他三类领导者更能使下属实现高效率和高满意度。然而，这种领导者并不总是产生积极效果。例如，在生产部门内，工作技能评定结果与定规程度呈正相关；与关怀程度呈负相关。但在非生产部门内，这种关系恰恰相反。再如，中国企业的领导者采取的领导行为多为"高关怀—低定规"的领导方式；而西方国家领导者采取的多为高关怀—高定规的领导方式。

总之，俄亥俄州立大学的研究表明，"高关怀—高定规"的领导方式能够产生积极效果，但同时我们也发现了一些特例，表明这一理论需要加入一些工作特性、文化等情景因素深入研究。

6.3.2 密歇根大学的研究

密歇根大学调查研究中心的李克特（R. Likert）等人几乎与俄亥俄州立大学同时开展了相关的领导行为研究，他们分别调查了高生产部门和低生产部门的领导方式，将其领导行为归纳为两个因素——生产导向（Production Orientation）和员工导向（Employee Orientation）。生产导向型的领导行为主要表现为：领导者更强调工作中的技术和任务完成等事项，主要关注群体任务的完成情况，并把群体成员看作达成目标的手段。属于员工导向型的领导行为主要表现为：领导者注重人际关系，他们总会考虑到下属的需要，并承认人与人之间的不同。

密歇根大学调查研究中心的研究结果显示，高生产部门的领导者的行为是员工导向型的，且员工表现出较高的满意度；低生产部门的领导者行为则是生产导向型的，且员工的满意度低。这一研究结论支持员工导向型的领导者。

6.3.3 管理方格理论

美国得克萨斯大学的行为科学家罗伯特·布莱克（Robert Rogers Blake）和简·莫顿（Jane Srygley Mouton）二位学者发展了俄亥俄州立大学和密歇根大学的研究结论。他们在1964年出版的《管理方格》一书中提出了管理方格理论（Management Grid Theory）。该理论致力于探讨何种领导方式可以使资源更有效地转变为结果，倡导用管理方格图（图6-2）表示领导方式。

其中的坐标轴的横轴代表管理者对生产的关心，纵轴代表管理者对人的关心，可以将两个维度视为一种尺度，分别划分为9个等级，从而产生了81个方格，每个方格代表了一种领导风格。

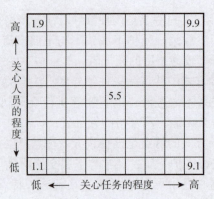

图6-2　管理方格图

布莱克和莫顿认为有四种极端的领导风格。

（1）（1.1）类型的领导风格。

（1.1）类型的领导风格被称为"贫乏型管理"，管理人员很不关心人或生产，很少过问他们的工作；力求以最小的努力完成必需的工作，以维持组织成员的资格。

（2）（9.9）类型的领导风格。

（9.9）类型的领导风格被称为"团队型管理"，管理人员在行动中对人和生产均显示出极大的奉献精神。工作的完成来自相互认同的员工，由于组织目标而形成"命运共同体"，人们之间相互信任和彼此尊重。这种领导风格被认为是最有效的管理手段，能带来生产力和利润的提高、员工事业的成就与满足、身体与精神的健康等。

（3）（1.9）类型的领导风格。

（1.9）类型的领导风格被称为"乡村俱乐部型管理"，管理人员对员工的需求关怀备至，他们促成一种舒适、友好的组织氛围，而很少甚或不关心生产。

（4）（9.1）类型的领导风格。

（9.1）类型的领导风格被称为"任务型管理"，管理人员只关心促成有效率的经营，很少甚至不关心人，他们的领导作风是非常专制的。

（5）（5.5）类型的领导风格。

（5.5）类型的领导风格被称为"中庸型管理"，管理人员对生产和人的关心是适中的，他们得到充分的士气和适当的产量，但不是卓越的。他们并不设置过高的目标，对人则很可能是相当开明的态度。

遗憾的是，布莱克和莫顿并没有对如何成为（9.9）类型的领导者提供明确的答案，只是提供了领导行为的一种概念式框架。另外，也没有足够的证据支持在所有的情况下，（9.9）类型的领导风格始终是最有效的。

与对领导特质的研究相比，对领导行为的研究有以下四个有利条件：首先，行为能被直接观察，而特质研究则是从行为间接地推论特质的存在，因此行为研究比特质更具有客观性；其次，行为能被测量，而特质却更具有抽象性，因此行为研究比特质研究更精确；再次，与特质不同，行为不是先天的，也不是早期生活中形成的，行为能通过学习而形成；最后，与个性相比，人们对某种特定的行为拥有更少的防卫心理，并能有更多的控制，因此这种研究的结果能具体用于改善人们的领导技能。

以上三种领导行为理论及其他一些类似的领导行为的研究对解释有效领导者的行为做出了突出贡献，但他们与领导特质理论的研究面临着相似的问题，即领导行为类型与成功的领导绩效之间一定存在必然的一致性关系吗？现实情况是，不同的环境和情境会导致不同的结果，而领导行为理论很难得出确切的结论。所以，领导行为理论的缺陷是缺乏考虑领导效果的情境因素。

6.4 领导的权变理论

行为理论试图从领导行为风格角度来解释组织绩效，但这些理论在实证上得到的支持并不乐观。在特质理论与行为理论盛行的时代，研究人员一直试图寻找"最佳"的领导风格。但事实上，并没有哪种领导风格普适用于所有情境。于是，20世纪60年代，有的学者开始重视情境对领导有效性的影响，领导理论的研究进入了权变阶段。

领导权变理论，又被称为领导情境理论，其特点是重视情境对领导行为有效性的影响。该理论认为，并不存在着一种普遍适用的"最好的"领导方式，领导是一个动态过程，领导者的有效行为应随着情境的变化和下属的不同而变化。领导者在一定情境条件下通过与下属交互作用来达到目标。领导绩效取决于领导者、被领导者、情境等因素的交互作用。权变理论把研究重点放在领导者与被领导者的行为对环境的相互影响上，认为难以提出一个可以适用于任何情况的领导模式，只能应用适当的理论和模式，帮助领导者探索在某种具体情况下，可能采取的相应的领导行为，实施适应性的领导。

6.4.1 路径—目标理论

路径—目标理论是加拿大多伦多大学教授罗伯特·豪斯（Robert J. House）于1971年提出的一种关于领导行为的权变模式。该理论以美国俄亥俄州立大学二维构面理论及期望理论为基础，认为有效的领导者要认识到下属的工作期望并用他们所期望的事物去激励他们，使之与组织目标保持动态一致。

豪斯首先提出了该理论的几个研究假设，其一，领导者对员工或工作环境不足的弥补有助于提高员工的绩效和满意度；其二，使员工的需要获得满足感取决于有效的业绩；其三，为了有效的业绩提供必要的指示、支持和报酬。图6-3为路径—目标理论的模型图。

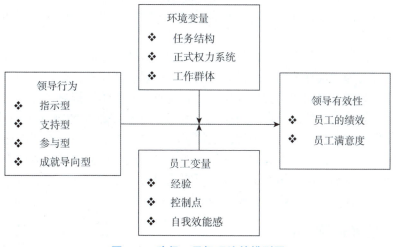

图6-3 路径—目标理论的模型图

【短视频】路径—目标理论

1. 领导行为

为了验证以上研究假设，豪斯提出了四种领导行为，分别是指示型领导、支持型领导、参与型领导及成就导向型领导。

①指示型领导：领导者关注工作的标准程序、明确员工的工作任务和绩效的标准。指示型领导会让下属明确自己的期望及完成工作的时间安排。

②支持型领导：领导者关注创建舒适的工作环境、关心员工的健康状态和生活需求。支持型领导者对员工十分友善，表现出对员工的高度关切。

③参与型领导：领导者在决策时积极与下属商讨并在决策时充分考虑下属的建议和意见。

④成就导向型领导：领导者为员工设置富有挑战性的目标，并期望下属以最佳水平实现目标。

2. 权变因素

该理论提出了环境和员工两类权变因素作为领导行为与领导有效性关系的中间变量。在环境变量中，领导者必须确认员工的任务是否结构化及结构化的程度；正式权力系统是否适合指示型或参与型的领导行为；工作群体是否满足员工的社会需要和尊重需要。在员工变量中，领导者必须谨慎评估员工的经验、控制点和自我效能感。如果员工的经验十分丰富，则参与型领导行为更为有效；如果员工属于外控型人格，则指示型领导行为更为有效；如果员工的自我效能感较强，则支持型领导行为更有效；而自我效能感较弱的员工更容易受到成就导向型领导行为的影响。

3. 结论与贡献

路径—目标理论验证了其理论假设，证明了"当领导者弥补了工作环境变量和员工变量方面的不足时，就会对员工的绩效和员工满意度产生积极作用"。因此，在实际工作中，倘若工作任务本身高度结构化、任务明确或员工经验丰富、能力强，领导者的过多解释、干预便会起到反作用。

路径—目标理论的贡献在于它在领导行为和领导有效性之间引入了多个权变因素，并且扩展了领导者行为的选择范围，使得领导行为有更强的适应性；豪斯认为，领导行为是灵活的，同一领导者可以根据不同的权变因素表现出不同的领导行为。

路径—目标模型的独特之处在于所描述的每种领导风格都是明确基于一种激励模型，是对领导过程良好的合理描述。这一理论加深了对领导的理解，一方面要考虑被领导者对任务的把握与理解因素；另一方面要考虑领导者消除障碍对任务圆满完成的作用。将员工满意度作为领导成效的标准，拓宽了对领导研究的视野。尽管这种理论的研究结果并不完全一致，但在众多领导理论中仍是独树一帜。

6.4.2　情境领导理论

行为学家保罗·赫塞博士和肯尼思·布兰查德在心理学家卡曼提出的领导生命周期理

论的基础上，吸取了阿吉里斯的成熟—不成熟理论，于 1976 年形成了一个重视下属成熟度的权变理论，即情境领导理论(Situational Leadership Theory，SLT)，如图 6-4 所示。赫塞和布兰查德认为，领导者的行为要适应下属成熟度这一变量。

他们对成熟度的定义是人们能够并且意愿完成某些特定任务的程度。其中，完成特定工作对应的知识、技能和经验的成熟度为工作成熟度，不需外部激励就能自动自发地去完成特定工作的程度为心理成熟度。员工的成熟度依据这两个指标由低到高分为 R_1、R_2、R_3、R_4 四种程度，R_1 代表既无能力又无意愿，成熟度最低；R_2 代表有意愿却无能力，成熟度较低；R_3 代表有能力却无意愿，成熟度较高；R_4 代表既有能力又有意愿，成熟度最高。

赫塞和布兰查德认为，下属的成熟度越高，领导者的监控就越少，这好似家长与逐渐长大的孩子的动态关系一样。该理论界定了四种具体的领导方式，分别是指示型、推销型、参与型及授权型。

指示型领导 S_1(高任务—低关系)：领导者定义角色，告诉员工做什么，如何做以及何时何地做，强调领导的指令性行为。

推销型领导 S_2(高任务—高关系)：领导者同时提供指示性行为和支持性行为。

参与型领导 S_3(低任务—高关系)：领导者与下属共同决策，领导者的主要角色是为下属提供便利的条件及积极沟通。

授权型领导 S_4(低任务—低关系)：领导者提供极少的指导与支持。

该理论模型认为，四种领导方式分别和四种成熟度相对应：如果下属既无能力，也无意愿完成任务，采取指示型领导方式较为合适；如果下属有意愿但无能力完成任务，采取推销型领导方式较为合适；如果下属有能力但无意愿完成任务，参与型领导方式可产生更高的绩效；如果下属既有能力也有意愿完成任务，授权型领导方式与之更为匹配。情境领导理论如图 6-4 所示。

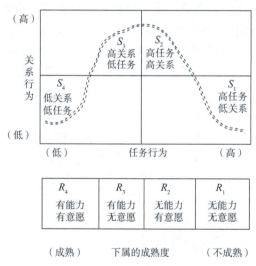

图 6-4 情境领导理论

SLT 在直觉上很容易被人接受。它认可下属的重要性，其基本逻辑是，领导者可以补偿下属有限的能力和激励水平的不足。然而，在后续学者对该理论的测试中，研究结果有些令人失望。一个可能的解释是该理论内部存在模糊之处，研究方法本身也存在各种问题。因此，该理论虽然在直觉上较为吸引人，也深受欢迎，但信服度并不高。

【短视频】情境领导理论

6.5 中国特色的领导理论与实践

从 20 世纪 80 年代中后期开始，越来越多的学者开始关注领导理论的本土化研究，既注重检验已有西方领导理论是否适宜中国的土壤，对已有理论进行修订和改良，又着力构建中国特色的领导理论。中国情境下的领导实践作为本土领导知识体系的重要组成部分，在全球领导知识体系中，从一株小灌木成长为今天的参天大树，主要得益于中国经济的迅速崛起和综合国力的快速提升。CPM 理论、家长式领导理论等就是领导理论本土化的典范。

6.5.1 CPM 领导理论的内涵及特色

CPM 领导理论的前身是日本学者三隅二不二提出的 PM 理论，而 PM 理论的前身又是美国学者的领导行为理论。1987 年，中国学者凌文辁在将日本学者三隅二不二的 PM 量表标准化的过程中，发现除了 P（Performance，绩效）和 M（Maintenance，维持）两个因素外，中国人对领导的期望还包括一个重要的方面：C（Characterand Moral，个人品德）。CPM 模式正是这一种新的领导概念的反映。CPM 领导理论既不是单纯的领导特质理论，也不是单纯的领导行为理论，而是将两者进行有机结合，也包含了情境理论的思想。凌文辁教授的 CPM 理论将长期争论不休的领导特质理论与领导行为理论进行了有机统一。

CPM 领导理论中的领导概念是基于"组织机能"提出的。因此，从动力学视角看，它推动了组织机能的执行，即实现组织目标，维系组织的生存与发展。

C 是模范表率的机能。领导者通过个人的品德而产生的影响力使其成为被领导者的模范和表率，一方面，可使被领导者在工作中的不满得到解除，获得心理上的平衡和公平感；另一方面，领导者的模范表率行为，通过角色认同和内化作用，能够激发被领导者的内在工作动机，使其努力地去实现组织目标。故而，C 机能对被领导者的影响是间接的。

P 是完成团体目标的机能，包括压力因素、计划性因素和专业性因素。为了完成团体目标不仅要求领导者有周密可行的计划、精通的专业知识、强有力的组织能力，而且要求领导者明确规定各级职责范围和权限，制订工作所必要的规章制度，限定下级完成任务的期限，协调各方面的工作，对执行情况进行检查等。这一切都是实现组织目标必不可少的。

M 是维系和强化团体的机能。领导者在执行 P 机能的过程中，往往会给被领导者带来压力，使被领导者产生紧张感和不满情绪。这种不满情绪的积累将引起被领导者的心理抵抗。M 机能的作用，就在于通过领导者对被领导者的体贴关怀、信任尊重及激励支持，给下级表达意见的机会，刺激其自主性和自信心，满足下级需求等做法，来解消上下级关系中不必要的紧张感，缓和工作中所产生的对立和抗争，以维护组织的正常运营，保证组织目标的实现。因此，M 机能是维持组织生存和发展所必要的。

C、P、M 三种机能分别起着不同的作用，P 是对工作，M 是对他人，C 是对自己。一个领导者只有正确地处理好对工作、对他人、对自己的关系，才能最大限度发挥领导的作用，收到良好的领导效果。它们之间的作用不是简单叠加，而是相乘，因此，领导效果（E）= C×P×M。

CPM 领导理论的研究结果表明，在对领导行为和领导效果的评价上，中国和西方是不同的模式，而 CPM 领导理论更符合中国的文化背景。这是因为，其一，在中国现行的领导者选拔和评价体制中，将其品德要素放在首位；其二，中国传统文化的伦理道德观念将人尤其是领导者的品德放在了重要的位置；其三，中国长期以来是高度集权的社会，人们往往对"德高望重"的领导者给予了厚望。品德会为领导者铸造厚实的威权基础，法定的权力永远是相对的、短暂的，唯有品德影响力是永恒的、稳固的。

6.5.2　家长式领导理论

领导是一种社会文化现象，领导行为具有较强的文化异质性。因此，要准确分析领导现象，必须将其置身于领导所处的社会文化环境中。家长式领导理论的提出和进一步研究是以中华传统文化为基础，分析在中国环境下的领导行为。

早在 1976 年，希林（Silin）就对 20 世纪 60 年代中国台湾地区企业的领导行为展开了研究，发现这些企业的老板和经理人的领导行为具有与西方截然不同的特征，分别是教诲式领导、德行领导、集权领导等。希林的这一研究为后来家长式领导概念的提出奠定了基础。

20 世纪 80 年代末期，我国台湾学者郑伯勋采用个案分析和实证检验的方法对我国台湾地区的一些家族企业主和经理人展开了系列研究，结果显示，这些企业的领导者普遍采用了家长式领导。郑伯勋将家长式领导定义为：一种表现在人格中的、包含强烈的纪律性和权威、包含父亲般的仁慈和德行的领导行为方式。根据这一定义，他把家长式领导划分为威权领导、仁慈领导和德行领导三个重要维度。

威权领导强调领导者对下属具有绝对的权威和控制，下属必须无条件服从。家长式领导深受中华传统文化，特别是儒家思想和法家思想的影响，威权领导正是儒家思想和法家思想影响下家族中父亲权威在企业组织中的延伸，居于下位的子女对居于上位的父亲必须无条件服从，父亲在家中有至高无上的权威。企业组织中的上级对下级的威权就类似家庭中的父权。

仁慈领导强调领导者对下属表现出高度关怀，不仅关心下属个人，还关怀其家庭成员；不仅关怀下属的当前利益，而且关怀下属的长远利益。仁慈领导是建立在儒家"仁"思想基础之上，下属会因为上级的关怀而产生知恩图报的心理和行为。

德行领导强调领导者表现出高度的个人道德修养、大公无私、自律等行为，以获得下属的尊敬与追随。德行领导则源自儒家思想的道德教化，优秀的品德对领导者尤为重要，领导者优秀的品行和高尚的道德情操既能在一定程度上弥补由于法制不健全而对下属保护不足的问题，又能树立起下属对领导的尊敬与崇拜。

从家长式领导的定义和三维度内容来看，家长式领导是一种将父亲般的仁慈和森严的纪律与权威融合在一起的领导风格。它要求领导者不仅关注下属的工作，同时也关注工作以外的生活，尽力提升下属的福利待遇；另外，领导者也要把保护下属作为自己的一项义务与责任，以此来获取下属的忠诚与信任。

家长式领导以中华传统文化为根基，在我国台湾、香港和内地组织中普遍存在。但家长式领导不只存在于华人社会，有证据表明在像印度、墨西哥等具有集体主义和高权力距离文化特征的国家和地区也存在家长式领导，这说明文化特征是家长式领导的重要前因变量。但是，随着全球经济一体化的到来，各国文化的互相影响与交融，存在于集体主义和高权力距离社会中的人的等级权威观念正在发生变化，这有可能会使家长式领导发生转变，进一步的研究需要学界结合当前的企业领导实践及员工价值观念等因素展开学理论证。

6.6　领导理论的新发展

最新的领导理论表现出几种截然不同的倾向：一方面，这是对领导者个体特质的关切。例如，魅力型领导理论、变革型领导理论及诚信领导理论均发现，倘若过分注重领导者的结构化行为，将无法展现领导之本质特征。这些理论均从领导者个人特质层面研究领导行为的有效性，意味着领导特质理论的复苏。另一方面，领导理论也出现了超越魅力型领导、个人领导的倾向。在知识化、信息化的时代，领导不再是少数人的专利，人人均可成为领导者。自我领导理论和超级领导理论即是突破传统领导理论的典型。

6.6.1　魅力型领导

魅力型领导理论是归因理论的扩展。它指的是当下属观察到某些领导者的行为时，会把它们归因为领导者的英雄式或超常的领导能力。绝大部分有关魅力型领导的研究都是在试图确定魅力型领导者和非魅力型领导者之间的行为差异。早在20世纪初，德国社会学家韦伯（Max Weber）提出"charisma"一词的概念，指出魅力是个体人格的一种特质，这种特质令人与众不同，并被认为具有超自然的、超人性的或者至少可以说是具有特别杰出的权力或者素质。普通人并不具备这些素质，因此此人被看成具有神性或者成为人们的典范，此人正是由于这种特质才被视为领导者。

有些学者从领导者的个性特点来界定魅力型领导者。例如，罗伯特·豪斯在1977年指出，魅力型领导者有三种个人特征：高度自信、支配他人的倾向、对自己信仰的坚定信念。

瓦伦·本尼斯（Warrer Bennis）研究了90名美国最有成就的领导者之后，发现魅力型领导者有四种共同的能力：有令人折服的自信和目标意识；能用下属易于理解的词语表达自己的目标和理想，并使之认同；对愿景贯彻始终和全身投入；了解自己的力量并以此为资本。

杰伊·康吉尔和拉宾德拉·克鲁格对领导者个性特质进行了更为全面的分析。他们认为，魅力型领导者主要有以下几个特质：有一个希望达到的理想目标；为目标全身心投入；反对传统固执而自信；激进变革的代言人而非现状的卫道士。

由于各位学者对魅力型领导者的特质进行了各自的研究，表述略有区别，于是本书总结了魅力型领导者的五点主要特质和具体内容（表6-2）。

表6-2　魅力型领导者的五点主要特质和具体内容

序号	主要特质	具体内容
1	自信心	对自己的判断和能力充满自信
2	清晰的愿景及陈述	有理想的目标，认为未来比现在更好。能用下属容易理解的言辞陈述愿景
3	对愿景坚定的信念	具有极强的使命感、奉献精神和冒险精神去实现愿景
4	不平凡的行为	他们的行为被认为是标新立异、不循规蹈矩的。但当获得成功时，这些非同寻常的行为往往会获得下属的敬佩
5	体察下属的需求	能够感知他人，并对下属的需求和情感做出积极回应

魅力型领导者是如何影响下属的呢？通常有以下四个步骤：第一步，领导者通过对环境进行持续评估，从而形成愿景。第二步，领导者运用动听、说服性、清晰的语言和组织成员进行愿景的沟通，并通过自己的行为为下属树立一个可供模仿的榜样。第三步，领导者构建组织成员的信任和忠诚。领导者构建组织成员对他本人及目标愿景的信任和信心，做到这一步，需要领导者的冒险精神、非传统的知识和经验，以及自我牺牲。第四步，领导者运用授权以及一些非传统技术实现愿景。诸多研究表明，魅力型领导与下属的高绩效和高满意度之间存在显著的相关性，如一项针对以色列银行员工的研究表明，当员工认同上级的领导魅力时，领导的效能较高。另一项针对美国政府公务员的调查发现，当员工为魅力型领导工作时，他们会有强烈的归属感，这将进一步促使他们的顺从行为和提供帮助的行为。

另外，大家必须明白一点，某些个体先天拥有一些特质令自己成为魅力型的人。但魅力型领导者的个性特质并非完全是与生俱来的，我们可以通过培训等方式来使领导者表现出魅力型领导者的个性特质和行为模式，然后从中获益，并逐渐成为魅力型领导者。近期有研究指出，魅力型领导并不是专属于世界舞台上的政治家，我们每个人都能在自己有限的能力之内提高魅力型领导的特质。

但是，在现实生活中，魅力型领导并不一定总是在为其所在组织谋利益。一些道德败坏的人也拥有领导魅力，这种人往往将个人目标凌驾于组织目标之上。还有一些魅力型领导所秉持的愿景本身就是灾难性的，他还会说服下属去追求这样的愿景。在这个意义上，魅力型特质既可以从善也可以从恶。社会的发展和进步需要向善的力量，拥有魅力领导特质的人应秉持正义、从善的愿景，为自己所在的组织做出贡献。

6.6.2　交易型与变革型领导

交易型领导和变革型领导的概念最早来自伯恩斯对政治领导类型的划分。交易型领导指领导者和下属都意识到自己的目的和对方的力量，双方以一系列的交换和隐含的契约为基础，在各取所需的情况下形成一种临时关系。本章所介绍的俄亥俄州立大学的研究、密歇根大学的研究、领导方格理论、路径—目标理论、情境领导理论都属于交易型领导理论。这些理论的共同特征是领导者给下属提供报酬、晋升、荣誉等，以满足下属的需要和愿望；而下属则以服从领导命令、完成任务等作为回报。

伯恩斯将变革型领导定义为领导者通过让下属意识到所承担任务的重要意义和责任，激发下属的高层次需要或扩展下属的需要和愿望，使下属不计较个人利益，为了团队、组织等的更高目标而努力工作。表 6-3 描述了交易型领导和变革型领导的区别。

表 6-3　交易型领导和变革型领导的区别

项目	交易型领导	变革型领导
观点	强调任务的明晰度、工作标准和产出 关注任务的完成以及员工的顺从 依赖组织的奖惩制度来影响员工的绩效	强调理想与组织价值观来激励追随者 为组织制订明确的愿景，通过领导风格来影响员工和团队的绩效
特征和方法	权变式奖励：承诺为努力提供奖励，为好绩效提供奖励，赏识成就 积极型特例管理：观察和寻找对于标准的背离，采取修正行为 消极型特例管理：仅在标准没有满足时进行干涉 放任式管理：放弃责任，避免做出决策	理想感召：提供任务愿景，潜移默化的自豪感，获得尊敬和信任 精神激励：持续地提高期望，鼓励努力，用简单的手段表达重要的意图 激发智慧：提升智慧，理性和谨慎地解决问题 个性化关怀：给予个人关怀，个性化对待每位员工的培训和建议

一些研究证据证明变革型领导优于交易型领导。例如，对美国、加拿大、德国军队的大量研究表明，在每一层次上，对变革型领导的评估都比交易型领导要好。变革型领导与低离职率、高生产率和员工满意度高度相关。

但近几年来，有学者进行了更加深入的探索，马喜芳、颜世富（2015）进行了题为"变革型领导一定比交易型领导更有效吗？"的研究，学者们对 CEO 的领导风格、组织激励和组织绩效进行了协同性研究，样本行业涵盖制造业、服务业、高新技术产业和 IT 行业等155 家企业的高管，研究结果显示：不同 CEO 领导风格（交易型和变革型）会影响不同维度的组织绩效（组织利润绩效和组织成长绩效）；CEO 领导行为与组织激励（货币激励和非货币激励）的不同匹配及其协同作用会对组织绩效的影响效果存在明显差异。研究进一步发现：交易型领导风格影响组织利润绩效，且组织的非货币激励在二者之间起到调节作用；变革型领导风格影响组织成长绩效。此项研究推动了交易型领导和变革型领导的进一步发展。

6.6.3　自我领导与超级领导

自 20 世纪 80 年代以来，社会结构发生了巨大变化，社会成员受教育程度普遍提高，信息技术飞速发展，这些变化使传统的官僚组织模式和领导方式受到挑战，被领导者在领导活动中的作用越来越凸显，于是自我领导理论和超级领导理论应运而生。

1. 自我领导

（1）自我领导的概念。

所谓自我领导，就是自己领导自己。组织行为学家曼兹（Manz）于 1986 年以自我调节理论、社会认知理论、社会学习理论等为基础，提出了自我领导理论。他认为，自我领导指个体通过必要的自我指导和自我激励从而取得行为绩效的自我影响过程。自我领导理论的提出，是以对被领导者的充分信任为基础的。

美国著名商业顾问肯·布兰查（Ken Blanchard）在《自我领导和一分钟管理者》一书中指出，过去强调命令与控制，强调上级告诉下属该做什么、如何做的领导模式已经过时

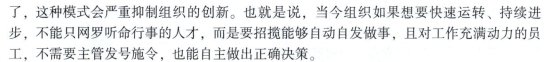

了，这种模式会严重抑制组织的创新。也就是说，当今组织如果想要快速运转、持续进步，不能只网罗听命行事的人才，而是要招揽能够自动自发做事，且对工作充满动力的员工，不需要主管发号施令，也能自主做出正确决策。

（2）自我领导的研究框架。

目前对自我领导的研究分为三类：一是着力于自我领导本身的内涵、特征的研究，以曼兹等学者为代表；二是基于自我领导的影响因素（前因变量）为研究对象，主要分析了影响自我领导的个体因素和情境因素；三是关注自我领导的影响效果，自我领导对个体的工作态度、工作行为和人格特征等都会产生影响（图6-5）。

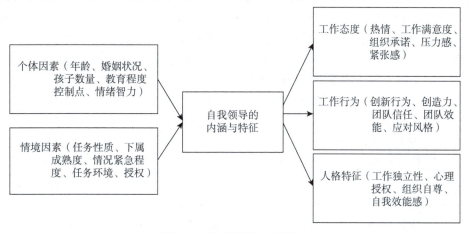

图6-5 自我领导的研究框架

相关研究表明，自我领导的影响因素主要有个体因素和情境因素。其中，个体因素包括年龄、婚姻持续情况、孩子数量、教育程度、内控点、情绪智力等。Kazan（1999）研究发现控制点与自我领导之间成正相关，年龄、婚姻持续情况、孩子数量与自我领导之间成负相关。Kinkade（2003）发现个体受教育程度越高其自我领导能力越强。Ntosh（2007）发现对失业人员的情绪智力进行培训，可以提高其自我领导并提高其自我效能感。情境因素包括任务性质、下属成熟度、情况紧急程度、任务环境、授权等。Markham 和 Markham（1995）指出，任务性质、可用时间和下属发展等情境因素影响了员工自我领导的发展；Houghton 和 Yoho（2005）认为当下属成熟度高、情况紧急程度低、面临非结构化任务时，用授权型领导鼓励下属自我领导较合适。

自我领导的影响效果研究主要集中在三方面：工作态度、工作行为、人格特征。首先，自我领导对个体的热情、工作满意度、紧张、压力感、组织承诺等工作态度都会造成不同程度的影响。Neck 和 Manz 等人研究发现在对自我领导思维培训后，个体提高了工作热情、工作满意度，降低了紧张感。Houghton 和 Yoho（2005）认为，授权型领导通过自我领导使员工增强感情承诺。其次，自我领导对个体工作行为的影响，主要包括创新行为、创造力、团队信任、团队效力、应对风格。DiLiello 和 Houghton（2006）认为，当高自我领导者感知到来自工作场所的更多支持时，他们更有可能把创造力和创新潜能运用到工作中。Bligh 等人（2006）认为，除了提高团队信任水平外，自我领导还直接提高了自我效能感的水平，进而提高团队效能。再次，自我领导对员工个体的工作独立性、心理授权、组织自尊、自我效能感等人格特征产生不同程度的影响。Houghton 和 Yoho（2005）认为授权型领导通过自我领导使员工拥有更多的工作独立性。最后，个体运用自我领导策略能体验更高的控制感和自主感，进而提高其在行为和决策中的独立性。Eloy（2005）认为团队管理者拥有超级领导者的特征越多，组织自尊感就越强。

2. 超级领导

领导行为理论和领导权变理论都是建立在"领导者—下属"二元结构之上，将领导者如何影响员工、如何使这一影响更为有效置于核心地位，而下属自身潜能的释放、潜在领导者的培养等许多问题都被排除在外。21世纪初诞生的超级领导理论则将积极释放下属的潜能置于核心位置，重点关注如何使下属成为自我领导者。超级领导就是领导者发动下属自己领导自己的新型领导方式。显然，超级领导实现了领导观念和领导方式的根本转换。

就领导观念而言，传统的领导理论把下属单纯当作下属，而超级领导理论则主张把下属都当成富有主动精神和责任感的"准领导者"甚至是"实际领导者"，让他们全方位发挥作用，以领导的角色和方式致力于推进整个组织目标的实现，共同完成任务。

超级领导理论不仅实现了领导观念的根本变革，而且引发了领导方式的根本变革。传统意义上的领导方式是突出领导者位于组织金字塔顶端的状态，而超级领导所反映的领导方式则是把组织系统内的每个人都当作了领导主体，组织在结构上实际趋于平等的状态，把原来的金字塔中单纯的领导者和下属混合化起来，变成一个将领导者和下属整合一致的扁平式领导实体；在这个实体中，领导者和下属这对角色至少在组织方式和形式上已经基本消失。这是领导方式的重要创新，也是一种民主进步。

总之，自我领导理论和超级领导理论实际上揭示了领导并不是某些少数人的专利或特权，而是一种人人都具有的能力。信息化和全球化所致的分权浪潮提醒我们：只有当人人都拥有自己的权利和能力时，他自身的才能才会最大限度地发挥出来。

6.6.4 诚信领导

关于领导者自身素质的研究，以往学术界主要侧重于领导者乐观、自信、责任心以及韧性等的探讨，而对领导者诚信问题的研究则甚为匮乏。事实上，诚信作为一种宝贵的品质，不仅应成为领导者具备的基本素质，而且应成为领导理论研究的基本对象。诚信领导理论由此应运而生。

1. 诚信领导的概念和内容

诚信领导是指领导者在领导过程中能够表现出诚实守信、言行一致、表里如一、诚恳负责的品质和行为，从而有利于实现组织目标。诚信领导理论是西方组织行为学者鲁特汉斯等人率先提出，并逐渐为学术界所承认，也成为领导学研究的新领域。鲁特汉斯（Luthans）认为，诚信领导者具有自我意识、积极的自我调节、积极心理能力和积极地自我发展四个方面的显著特点。

在鲁特汉斯之后，组织行为学家阿伐丽奥认为，诚信的组织领导者应该具备二元的组织行为性质，因为诚信的组织领导者可以指导各种具体的行为。同时，诚信的领导者还可以更好地参与组织的各种行为，甚至足以对整个组织实施有效控制。诚信领导者具备比较强大的个人魅力，这种个人魅力是受到其个人深层次的价值理念所影响，进而在组织内部形成一种高层次的可信性。诚信领导者往往会鼓励下属发表个人见解，这种个人见解或许和领导者意见相左，但是领导者并不会因此责备下属，从而形成类似友谊的协作关系，最终诚信的领导者获得其下属的信任及尊重。阿伐丽奥认为，诚信领导者拥有高水平的诚信，清楚了解自我及自己的信仰和价值观，他们的行动建立在自己的信仰和价值观之上并且在行动时能够毫无隐瞒地与其他人互动。

诚信领导与下属的态度和行为的关系模型，强调诚信领导者通过与追随者共同创造个人认同感和社会认同感，来提高追随者的承诺水平、满意度及工作投入度等，从而持续提高追随者的绩效；揭示了追随者的希望、乐观和积极情绪等积极心理变量以及追随者对领导者的信任的中介影响作用。

2. 诚信领导的作用

诚信领导者率直、开放，勇于承认自身的缺点并对自己的行为负责，愿意为下属的成功做出承诺，并能够鼓励下属诚实和正直的品质。这些领导行为会促使下属对领导者及其价值观、信念和目标的认同；诚信领导者还通过创造一种更深层的道德价值感，以及在与下属的交往过程中所表现出的高水平的诚实和正直而增加下属的社会认同。领导者通过提高下属的社会及个人认同而间接地对下属的希望、信任和积极情绪产生正面的影响。诚信领导行为可以提升下属对领导者的信任水平，还能够通过帮助下属发现自己的才能、将他们安排到合适的职位上、提供丰富的工作及发展同事间关系的机会，从而提高下属的投入水平。

本章小结

领导者是指能够影响他人并拥有管理职权的人。领导和管理具有极为密切的联系，但二者却不是一回事。二者在对象、职能范围、属性、权力来源等方面存在区别。关于领导者的理论有许多。领导特质理论主要关注领导者和非领导者之间存在的不同特质。领导行为理论主要包括俄亥俄州立大学关怀维度、定规维度的二维研究，密歇根大学以生产为中心和以员工为中心的领导行为研究，以及更加细致划分的领导方格理论。领导权变理论主要包括了路径—目标理论和情境领导理论，路径—目标理论以期望理论为渊源，其主要观点是领导的有效性取决于领导行为和员工变量与环境变量相适应。情境领导理论的核心在于领导者的行为要与下属成熟度这一变量相适应。具有中国特色的领导理论包括了 CPM 理论及家长式领导理论等，是研究者在西方有关领导理论的基础上结合中国的实际情况而得出的结论。自 20 世纪 80 年代以来，魅力型领导、变革型领导、自我领导、超级领导及诚信领导越来越引起学者们的关注。

复习思考题

1. 讨论领导特质理论的优点和缺点。
2. 请找出路径—目标理论、情境领导理论的共同点和区别。
3. 什么是管理方格理论？试将这种理论与俄亥俄州立大学和密歇根大学关于领导的研究进行比较。
4. 简要分析 CPM 理论。
5. 简要论述自我领导理论和超级领导理论的异同点。

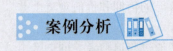

案例分析

ABC 公司的三个部门经理

ABC 公司是一家中等规模的汽车配件生产集团。最近，对该公司的三个重要部门经理进行了一次有关领导类型的调查。

1. 安西尔

安西尔对他本部门的产出感到自豪。他总是强调对生产过程、出产量控制的必要性，坚持下属人员必须很好地理解生产指令以得到迅速、完整、准确的反馈。当安西尔遇到小问题时，会放手交给下级去处理，当问题很严重时，他则委派几位有能力的下属人员去解决问题。通常情况下，他只是大致规定下属人员的工作方针、完成怎样的报告及完成期限。安西尔认为只有这样才能促进更好的合作，避免重复工作。

安西尔认为对下属人员应敬而远之，"亲密无间"会使纪律松懈。他不主张公开谴责或表扬员工，相信他的每位下属人员都有自知之明。安西尔说，在管理中的最大问题是下级不愿意接受责任，他的下属人员可以有机会做许多事情，但他们并不是很努力地去做。

2. 鲍勃

鲍勃认为，每位员工都有人权，管理者有义务和责任去满足员工需要，他常为他的员工做各种小事，如给员工两张艺术展览的入场券。他认为，每张门票的售价才 15 美元，但对员工和他的孩子来说却远远超过 15 美元。这种方式也是对员工过去几个月工作的肯定。鲍勃说，他每天都要到工厂去一趟，与至少 25% 的员工交谈。鲍勃不愿意为难别人，他认为安西尔的管理方式过于死板，他的员工也许并不那么满意，但除了忍耐别无他法。鲍勃说，他已经意识到在管理中有不利因素，但大都是由于生产压力造成的。他的想法是以一个友好、粗线条的管理方式对待员工。他承认尽管在生产率上不如其他企业，但他相信他的雇员有高度的忠诚与士气，并坚信他们会因他的开明领导而努力工作。

3. 查理

查理说自面临的基本问题是与其他部门的职责分工不清。他认为，对于将不论是否属于他们的任务，都安排在他的部门这件事，似乎上级并不清楚这些工作应该谁负责。但他没有提出异议，他希望公司领导叫他到办公室，要听听他对某些工作的意见，然而，他并不能保证这样做不会引起风波而使情况有所改变。他感到很窘迫，但现在适应了，其他部门的领导也不以为然了。

查理认为，纪律就是使每位员工不停地工作，预测各种问题的发生。他认为，作为一名好的管理者，没有时间像鲍勃那样握紧每位员工的手，告诉他们正在从事一项伟大的工作。他相信，如果一个经理声称为了决定将来的提薪与晋职而对员工的工作进行考核，那么，员工则会更多地考虑他们自己，由此而产生很多问题。

查理主张，一旦给一位员工分配了工作，就让他以自己的方式去做，取消工作检查。他相信大多数员工知道应该如何做好自己的工作。

（案例来源：丁敏. 组织行为学[M]. 北京：人民邮电出版社，2012.）

问题和讨论：

1. 你认为这三个部门经理各采取的是什么领导方式？这些模式都是建立在何种假设基础上的？这些模式各将产生什么结果？

2. 是否每种领导方式在特定的环境下都有效？为什么？

第七章 组织文化

学习目标

1. 理解组织文化的内涵及功能。
2. 了解组织文化的发展历史。
3. 掌握组织文化的要素、类型、结构。
4. 重点掌握组织文化建设的内容与方法。

本章导读

　　大部分社会组织有自身的组织文化并深受组织文化的影响。本章从组织文化的整体视角出发，阐述组织文化的内涵及功能、组织文化的相关理论和组织文化的建设等内容。

导入案例

德胜文化

　　德胜洋楼建立于 1997 年，是一家总部位于我国苏州的专门从事美式木制别墅建造的公司。北京大学国家发展研究院 BiMBA 商学院联席院长杨壮称赞德胜洋楼是一家真实到令人震撼的公司。德胜建造的美式木结构住宅超过了美国标准，它把农民工改造成高素质的产业工人和绅士，它的员工手册被誉为我国企业的管理圣经，得到了长期研究丰田制造体系的日本管理专家河田信先生的高度赞扬！

　　德胜洋楼始终坚持"诚实、勤劳、有爱心、不走捷径"的企业文化，德胜的高层深信：制度只能对君子有效，对于小人，任何优良制度的威力都将大打折扣，或者是无效的。德胜公司呼吁人们做一名合格的员工，努力使自己变成君子。

　　德胜的企业文化总结起来就两点：第一，公司制订详细的制度并且严格遵守和执行。

第二，公司真心对员工好，立志将农民工改造成绅士。

翻开德胜洋楼的员工手册，你会发现手册内容可谓洋洋洒洒、包罗万象，不仅有关于个人卫生和工作习惯的规定，还有关于生产和运营各方面的详细规定：财务报销、采购规则、质量监督、工程管理、仓库管理、安全管理、用车规定等。德胜的管理是精细化的、科学的、严格的，甚至是冷酷无情的。如果你违反了任何一项规则，后果都很严重，随时可能回家待岗。

然而，德胜也有人性化的一面，那就是真心对员工好，包容关爱员工。它呼吁人们做一名合格的员工，应努力使自己变成君子。德胜没有打卡制度，可以随时调休，不允许员工带病上班，员工不会因办公事而自己垫钱，甚至财务报销不必经过领导审批，签上自己的名字即可。德胜对员工的信任可见一斑！德胜每年会请员工到五星级酒店开大会，还会组织员工到欧美国家参观学习，希望让员工感受高品质的生活。

德胜洋楼把管理当作一种教育：通过制度和文化的反复教育过程，把农民变成绅士，把"小人"变成君子，把管理贵族变成精神贵族。德胜洋楼总裁聂圣哲说过："德胜的成功是管理的成功，是思想的成果，但究其根本是价值观文化的胜利。"

（资料来源：齐安甜. 无为而治：道德经与管理[M]. 上海：上海远东出版社，2019.）

7.1　组织文化概述

7.1.1　文化的含义

文化的含义可谓众说纷纭，见仁见智。

在中国，文化是"文"和"化"二字的结合："文"是指语言、文字、典章、制度等一类事物；"化"是指感化、改造、塑造的过程和结果。"文化"一词的出现可以追溯至《易经》。《易经》中记载："文明以止，人文也。观乎天文，以察时变；观乎人文，以化成天下。"汉代刘向在《说苑·指武》中表示："圣人之治天下也，先文德而后武力。凡武之兴为不服也，文化不改，然后加诛。"《辞源》对文化的解释是"文治和教化"。《中国大百科全书》对文化做了广义和狭义的划分，其中，广义的文化是指人类创造的一切物质产品和精神产品的总和；狭义的文化专指语言、文学、艺术及一切意识形态在内的精神产品。

在西方，"文化"（Culture）一词是从拉丁文"耕种"（Cultura）一词引申而来的，包括几个方面的含义：耕种、培育；修饰、打扮；敬仰、崇拜、祭祀。到了19世纪后期，现代文化学诞生，人们对文化开始从学科的角度给予不同的解释。现代文化学奠基人、英国文化人类学家泰勒在《原始文化》中指出："文化或文明是复杂的整体，包括知识、信仰、艺术、伦理道德、法律、风俗和作为一个社会成员的人通过学习而获得的任何其他能力和习惯。"泰勒的定义被很多学者认为缺少物质文化的内容。美国人类学家哈维兰在《当代人类学》中指出："文化是一系列规范或准则，当社会成员按照它们行动时，所产生的行为应限于社会成员认为合适和可接受的变动范围之中。"

7.1.2　组织文化的内涵

组织是按照一定的目的和形式构建起来的社会几何体。由于每一个组织都有自己特殊的环境和历史传统，也就形成了自己独特的哲学信仰、意识形态、价值取向和行为方式，于是每一种组织也形成了自己特定的组织文化。

随着组织文化研究的流行和深入，学者们对组织文化的界定发生了争议，将组织文化的定义进行梳理，大致划分为四类。

（1）"总和说"，即认为组织文化是物质文化和精神文化的总和，是组织管理中硬件与软件的结合。硬件是指外显文化，包括厂房设备、文化教育、工艺产品等；软件是指组织的隐形文化，是以精神为寄托的各种文化现象，包括管理制度、行为方式等。

（2）"精神现象说"，即认为组织文化是一个组织以物质为载体的各种精神现象。它是以价值取向为主要内容的组织精神、思维方式和行为方式，是组织员工在生产经营活动中形成的一种行为规范和价值观念。

（3）"现象说"，即组织文化现象大体有七类：①风俗、习惯、舆论；②思维方式；③行为准则；④价值观念；⑤精神境界；⑥作风；⑦待人艺术。总之，组织文化现象都是以人为载体的现象，而不是以物质为中心的现象，由一个组织的全体成员共同接受，普遍享用，而不是组织中某些人特有，并且是在组织发展过程中逐渐积累形成的。

（4）"同心圆说"（"层次说"），即组织文化包含四个同心圆：表层即物质层面（物质文化）、浅层即制度层面（制度文化）、中层即行为层面（行为文化）以及核心层即精神层面（精神文化）。物质层面，包括设备、产品和生产环境，还有视觉形象、厂房外观、颜色、服装、车辆等；制度层面，包括管理体制、规章制度、经营机制、奖惩办法及行为准则、道德规范等；行为层面，包括会议、活动、典礼仪式、领导风格、行为、语言及习惯等；精神层面，包括愿景、经营理念、价值取向、标语口号等。由于精神文化处于核心地位，它在组织文化中的比例要高得多。

总而言之，价值观是组织文化的核心，逐渐成为共识。因此，本书将组织文化定义为：组织在实践中创建与发展的用以解决组织内外问题的一套共同价值观、与价值观一致的行为方式，以及由这些行为所产生的结果与表现形态。

7.1.3　组织文化的兴起背景

美国和西方的管理主要受科学主义的影响，强调管理的科学要素，比如个体、群体、沟通、冲突、领导、组织变革等细节要素，相对忽视整体和文化因素的作用。自第二次世界大战后，美国在全球的政治经济地位日益加强，后来则成为经济发展的领头羊。然而，到了20世纪70年代，就在美国经济处于巅峰状态之时，日本经济重新悄然崛起，形成了对美国的极大挑战。日本的汽车、电器、银行进入美国市场，如丰田、本田、日产、三菱等汽车品牌，松下、索尼、佳能等电器品牌，并且在美国逐渐扩大市场占有率，不断蚕食美国公司的市场，这让美国人非常惊讶。

喜欢挑战、反思的美国人开始检讨自身管理存在的问题并十分重视研究日本经济强大之管理方面的原因。一方面，他们研究日本和美国管理的区别，试图从中发现日本在管理方面可以借鉴的规律；另一方面，他们对美国成功的企业进行总结和概括，发现这些企业基业长青的逻辑和规律。在美国、日本的对比研究中，学者们根据美日两国管理文化价值理念的差异分析，提出了企业文化的概念。比较有影响的是加利福尼亚大学美籍日裔学者威廉·大内教授，他从 1973 年开始研究日本公司的企业管理方法，认为美国应该从中吸收有益的成分，改进和提升美国的管理。大内在分析了美国占多数的 A(America) 型组织和日本类型的 J(Japan) 型组织之后，提出了他所设计的 Z 型组织。Z 型组织的特点是：实行长期的终身雇佣制，使职工在职业有保障的前提下，更关心与自身前途关系重大的本企业的长远利益；相对的长期考核和逐步提升制度；对人才采取非专业的培养方式，增强他们的工作适应性；在管理的明确控制和含蓄之间保持平衡；采取集体研究和个人决策相结合的"统一思想式"的决策方式；在员工中贯彻平等主义原则，使他们在不受监督的情况下自主酌情处理问题。为建立这种 Z 型组织，必须推行 Z 理论和文化。1981 年，他出版了《Z 理论——美国企业界怎样迎接日本的挑战》一书。

在美国国内学者对企业文化的研究中，比较有影响的当属哈佛大学教育研究院的迪尔和肯尼迪于 1981 年合著的《企业文化——企业生存的习俗和礼仪》。他们在 6 个月的时间里，对 80 家企业进行了详细的调查研究，认为杰出而成功的企业都有强有力的企业文化，这种文化为全体员工共同遵守，但往往是自然而然、约定俗成而非书面的行为规范；企业常常具有宣传、强化这些价值观的各种仪式和习俗。这些非技术、非经济的因素，最终导致了企业的成功。他们将企业文化的理论体系概括为五个要素，即企业环境、价值观、英雄人物、文化仪式和文化网络。

总之，组织文化是管理水平的高级体现。它表现为一种综合的管理哲学思想以及与之相关的一套潜在的管理制度、舆论氛围、做事风格等，可以潜移默化地影响员工的思想和行为，最终影响组织的效率。

7.1.4 组织文化的功能

组织文化在一个组织中发挥着重要的作用，主要表现在五个方面：①激励功能；②凝聚功能；③导向功能；④规范功能；⑤协调功能。

 【短视频】组织文化的功能

1. 组织文化的激励功能

组织文化的激励功能是指组织文化本身所具有的通过各组成要素来激发员工动机与潜在能力的作用，属于精神激励的范畴。具体来说，组织文化能够满足员工的精神需要，调动员工的精神力量，使他们产生归属感、自尊感和成就感，从而充分发挥他们的巨大潜力。组织文化能够对员工产生激励作用，其原因主要包括：①优良的组织文化能够为员工提供一个良好的组织环境。如果一个组织拥有良好的组织文化，它的内部人际环境就比较和谐。员工能够以良好的心态进行工作，各种纠纷比较少，工作绩效自然可以提高。②优良的组织文化能够满足员工的精神需求，起到精神激励的作用。美国心理学家赫兹伯格认为，只有从人的内部进行激励才能真正调动起人的积极性，恰当的精神激励比许多物质激励更有效、更持久。组织文化能够综合发挥目标激励、奖惩激励等多种激励手段的作用，从而有效地激发出企业内部各部门和所有员工的积极性。

 案例1

沃尔玛的员工都是与众不同的

沃尔玛信奉这样一种理念："沃尔玛的员工都是与众不同的。"沃尔玛公司将这句经典信条印在了员工的工作牌上，以提升员工的自信心和自豪感，从而激励员工忠于本职工作，全心全意地为顾客服务。沃尔玛十分注重对员工的精神鼓励，如经常在各个购物中心和公司总部的大厅、宣传栏张贴公司优秀员工的照片。沃尔玛的管理人员常常会走出办公室与员工直接沟通、交流，并及时处理现场的问题，这就是沃尔玛公司所倡导的"走动式管理"。管理人员的办公室虽然有门，但总是长期敞开着，以便让员工随时走进去进行交流。沃尔玛在管理上较少运用批评或处罚，更多的是激励。沃尔玛还会利用业余时间在公司总部和各个商场举办各种形式的培训班，此外还成立了培养高级管理人员的学校——山姆·沃尔顿学院。总之，以人为本的理念让员工感受到沃尔玛是一个团结的大家庭，充满了愉快、平等、上进的氛围。

[资料来源：李庚. 沃尔玛：赢在企业文化[J]. 中外企业文化，2014(10).]

2. 组织文化的凝聚功能

组织文化是一种"软性"的协调力和黏合剂，能够使员工形成巨大的向心力和凝聚力。组织文化以大量微妙的方式来沟通组织内部人们的思想，使组织成员在统一的思想和价值观指导下，产生作为组织成员的"身份感"和"使命感"，产生对组织目标、道德规范、行为准则、经营观念等的"认同感"。同时，在组织氛围的作用下，组织文化使组织成员通过自身的感受，产生对于本职工作的"自豪感"和对组织的"归属感"，使组织成员乐于参与组织的事务，发挥各自的潜能，为组织目标做出贡献。因此，出色的组织文化所营造的人文环境对员工的吸引力是其他吸引物无法比拟的，它打动的是员工的心。正所谓"留人先留心"，即若要建立一支长期稳定的、有战斗力和凝聚力的团队，必须依靠组织文化战略来支撑。

 案例2

宜家通过平等理念和人性化管理留住人才

宜家主张平等，反对等级观念和官僚制度。宜家公司的总部是一片平房，地下有一个多功能停车场。在这里，所有员工都穿着T恤和牛仔裤上班，且每间办公室的门都是敞开的。在这种氛围中，分不出谁是经理、谁是普通员工。宜家的创始人英格瓦·坎普拉德痛恨任何形式的等级制度。巡视商店时，他会鼓励大家直呼其名，以示他和大家是平等的。在宜家，经理对员工不称"员工"而称"同事"，以体现宜家"人人都重要"的平等理念。宜家不鼓励员工加班，因为公司认为员工的工作与生活的平衡对公司很重要。公司鼓励员工在工作上提出挑战，即便偶然失误也不会受到处罚。在这样一种文化氛围里，员工们快乐地工作，并享受着工作带来的快乐。

正因为宜家能够充分重视人、合理使用人、精心培养人、全面开发人、有效激励人，所以宜家的员工流失率才比较低。例如，西雅图宜家店的员工流失率是25%，而根据2001年零售联盟的调查，专卖店的平均员工流失率为78.4%。

[资料来源：智百. 宜家是一种家居文化[J]. 企业文化，2010(11).]

3. 组织文化的导向功能

组织文化作为员工的共同价值观念，一旦形成，就会产生一种思维定式，必然会对员工具有强烈的感召力，这种感召力将员工逐步引导到组织的目标上去。企业提倡什么、抵制什么，员工的注意力也就相应转向什么。这种功能往往在组织文化形成的初期就已经存在，并将长期地引导员工矢志不渝地为实现组织的目标而努力。

组织文化通过一系列管理行为来体现，如企业战略目标的透明性、内部分配机制的公平性等均能反映一个企业所倡导的价值观。当组织文化在组织内部成为一种强势文化以后，其对员工的影响力越大，员工的行为也就越发自然。例如，松下公司在经营活动中比较注意组织文化的导向作用，这使员工自觉地将组织文化作为企业前进的方向，引导企业不断地向着某一方向发展。

 案例 3

对宝洁公司企业文化的总体评价

宝洁公司的企业文化包括了多个方面，具有一定的整体性和系统性。其企业文化先进，对于提高员工的思想文化素质，增强企业吸引力，调动员工积极性都有着重要的意义。领导才能、主人翁精神，都让员工认识到应该在企业中主动发挥自己的作用。企业的管理理念，以及尊重员工的行为规范，增强了企业的吸引力和员工的凝聚力，在这样的企业文化的引导下，会有越来越多的人喜欢宝洁。

同时，企业文化也帮助管理者在管理中发挥了积极的作用。文化融于管理，管理体现文化。宝洁的企业文化让员工养成了良好的职业习惯，会在自己的岗位上尽责，寻找新方式完成任务，能够从过去的失败中总结经验。管理者可以重点关注文化达不到的层面，在此基础上管理员工。

综上所述，宝洁公司的企业文化是先进的，当员工从心底里对其认可和接受时，管理者对于员工的管理，便可以在自觉性的基础上，通过相应的制度进行固化，大家由内而外一致的帮助企业实现战略目标。

（资料来源：山东省企业文化学会微信公众号，有删改）

4. 组织文化的规范功能

在一种特定的组织文化氛围中，组织文化可以起到有效的规范作用。组织文化的规范功能主要体现在如下三个方面：①组织文化能够规范、统一组织的外部形象。②组织文化能规范公司的组织制度，让员工行为规范化。③组织文化可以让组织的全体员工产生一致的精神信仰，把个人和组织的发展目标进行有效的结合。组织文化的规范功能是通过员工自身感受而产生的认同心理过程实现的，它不同于外部的强制机制。组织文化使员工通过内省产生一种自律意识，从而自觉遵守组织管理的各种规定，如厂规、厂纪等。自律意识相比强制机制，其优势在于员工心甘情愿地接受无形的、非正式的和不成文的行为准则，自觉地接受组织文化的规范和约束，并按照价值观念的指导进行自我管理和控制。

 **案例4**

IBM 电脑帝国的企业文化

IBM 是一家有明确原则和坚定信念的公司，这些原则和信念看起来很简单、很平常，但正是这些很简单、很平常的原则和信念构成了 IBM 特有的企业文化。

老托马斯·沃森在 1914 年创办 IBM 公司时设立过"行为准则"。正如每位有野心的企业家一样，他希望自己的公司财源滚滚，也希望能够借此反映出他个人的价值观。因此，他把这些价值观标准写出来，作为公司的基石，任何为他工作的人都明白公司要求的是什么。小托马斯·沃森在 1956 年继任 IBM 公司的总裁后，继续将其父亲的信条发扬光大。

老沃森所规定的"行为准则"，由总裁至收发室，没有一个人不知晓，如必须尊重个人、必须尽可能地给予顾客最好的服务、必须追求优异的工作表现。

［资料来源：小淇. IBM 的绩效管理［J］. 中国质量技术监督，2009（10）.］

5. 组织文化的协调功能

组织文化的协调功能就是指组织文化可以强化组织成员之间的合作、信任和团结，培养亲近感、信任感和归属感，从而促进组织内部各个部门之间、个体与个体之间、个体与群体之间、群体与组织之间、员工与组织之间的有机配合。

 **案例5**

松下的玻璃式经营法

松下幸之助在公司只有七八名员工的时候就开始公开盈亏情况：他每个月都和公司的会计结算盈亏，然后把结果向员工公开发表。这样的做法激励了员工的士气，公司的业绩越来越高。当经营得好的时候，松下把喜讯带给员工，请大家分享成功的欢乐；当经营得差的时候，他也如实地把一切都讲出来，依靠大家的力量共渡难关。这种传统延续至今，公司负责人把公司的账目向松下产业工会负责人公开。工会的负责人看过账目，彻底了解公司的运营状况以后，自然不会提出无理要求。如此一来，劳资双方当然比较容易因相互信任而建立和谐的关系。

（资料来源：王成荣. 企业文化学教程［M］. 北京：中国人民大学出版社，2020.）

7.2 组织文化的代表理论

7.2.1 组织文化要素论

关于组织文化要素，有多种研究视角与结论，最有代表性的是 1981 年迪尔和肯尼迪提出的五要素说。现在，人们对于企业文化要素的理解多数源于此。迪尔和肯尼迪用通俗的语言展现了他们所看到的企业文化现象，让人们形象地认识了企业文化，也了解到通过

这五种基本要素建设企业文化的过程。

1. 企业价值观

企业价值观是企业文化的核心要素。它旗帜鲜明地表明了企业倡导什么，反对什么。企业价值观是企业文化各要素的"酵母剂"，企业的英雄人物、典礼仪式及文化网络都是从其中衍生、引申出来的，反过来，它们的作用也在于维护、传播及强化企业价值观。企业的价值观可以以核心价值观、企业精神、企业经营哲学、企业道德观等多种形式表现出来。

企业价值观的确立是企业在决定其性质、目标、经营方式和角色时做出的选择，是企业经营成功经验的历史积累，决定了企业的经营性质和发展方向，既构成企业内部成员的行为准则，又体现了企业一切行为和活动所追求的理想境界。其在企业的经营活动过程中的作用体现在导向作用、决定作用、支柱作用、规范作用、激励作用、整合作用及培育作用七个方面。很多管理专家认为，最佳企业的成功经验之一，就是企业领导者对于企业的奋斗目标都十分清楚，而且极为重视价值观的形成过程。正如彼得斯和沃特曼在《追求卓越》一书中指出的："我们研究的所有优秀公司都很清楚它们主张什么，并认真建立且形成了公司的价值准则。事实上，如果一家公司缺乏明确的价值准则或价值观念不正确，我们很怀疑它是否有可能获得经营上的成功。"

2. 英雄人物

英雄人物是企业文化的人格化要素，既是企业价值观的人格化体现，又是企业形象的象征，是企业员工行为模仿效法和学习的具体典范。英雄人物之所以重要，是因为他们能够在组织内部持久的魅力，如托马斯·沃森在 IBM 价值观仍在他们所构建的组织中提供精神凝聚力。

现代社会心理学的研究证明，任何人都有一种在群体中出人头地的强烈愿望。企业可以利用员工的这一心理机制，促使他们将强烈愿望转化成为具体的行为过程。这是企业创造文化的一个有效途径。在现实中，许多优秀的企业都十分重视树立能够体现企业价值观的英雄模范人物，通过这些英雄人物向其他成员宣传提倡和鼓励的东西。企业的英雄人物通常具有如下标准：他们是企业价值观的化身，是企业的支柱和希望，应具有不可动摇的个性和作风，他们的行为虽然超乎寻常，但离常人并不遥远，他们往往向人们显示"成功是人们力所能及的"；他们的行为可以起到提高员工责任感的作用。

 **案例 6**

苹果的英雄——史蒂夫·乔布斯

他曾经是"计算机狂人"，也曾被评为最成功的管理者。他几经起伏，依然屹立不倒，创造了"苹果"奇迹。21 岁的时候，乔布斯在自家的车库里成立了苹果公司，制造了世界上首台个人计算机。9 年后，他被自己聘请的 CEO 赶出了苹果，选择发展 3D 计算机动画公司，历经 10 年，获得了巨大成功，他也因此成为迪士尼最大的股东。时隔 12 年，他重回已经濒临绝境的"苹果"，苹果公司一片欢腾，欢迎他们最伟大的天才归来。乔布斯上任时，苹果公司的亏损高达 10 亿美元，他大刀阔斧地进行改革，一年后却奇迹般地盈利 3.09 亿美元。乔布斯成为一个奇迹，他总是给人带来不断的惊喜，无论是开始还是后来，他天才般的计算机天赋、平易近人的处世风格、绝妙的创意脑筋、伟大的目标、处变不惊的领导风范，这些铸就了苹果企业文化的核心内容。苹果公司的雇员对他的崇敬简直就是一种宗教般的狂热，雇员甚至对外面的人说：我在为乔布斯工作！

（资料来源：陈春花. 企业文化[M]. 北京：机械工业出版社，2022.）

3. 典礼与仪式

典礼与仪式是人类社会文化的外在表现形式之一，是文化的重要组成部分。它在日常生活中经常反复出现，并具有人人知晓而又没有明文规定的特点。它不是可有可无的，而是企业持续经营所表现出来的程序化并显示凝聚力的文化因素。

仪式作为企业活动的重要组成部分，可以促使企业员工相互了解、上下沟通、增进感情。仪式重复着企业的价值观，从而使员工沉浸在其中，对员工进行潜移默化的价值观教育，并营造一个完整的企业文化氛围。它还可以使职工体会到每一个仪式的内涵，消除企业内部的混乱，建立起秩序。例如，平安保险公司的"晨会"仪式，面向社会展示了其向社会出售的不仅是保险，而是一种承诺和责任。企业的仪式并无固定的模式，员工的招聘和解聘、特殊的日子、奖励方式、会议、企业庆典等，都可以发展成为某种具有特殊意义的仪式，引导和规范员工的行为方式，以生动的形式来宣传公司的理念和价值观。

典礼是企业在特殊庆祝与纪念活动中所使用的、加以文化性铺张与渲染的仪式，以帮助企业庆祝其英雄人物的成功和重大可纪念性事件。典礼使企业文化在得到升华的情况下展示在职工的面前，并为他们提供难以忘怀的体验。庆祝活动为员工提供家庭式的工作环境，让他们在工作之余不忘乐趣；庆祝使员工知道什么是最重要的，而表彰和纪念一些对企业有卓著贡献的人，可以确保企业获得预期的效果和所希望的行为模式。例如，东芝公司为优秀员工举办的表彰典礼中就寓含了公司对员工及其家属的价值认可与关爱，以此来鼓励他们对公司的高度责任感和执着的追求。美国西南航空公司每隔两个月就会表彰 10~12 名优秀的员工。此外，该公司还设计了"领导奖""社区关系特别奖""好邻居奖""幽默奖"等，以表彰在某一方面做出贡献或表现出众的员工。这些活动让员工切实感受到了自己的价值，切实意识到了自己应该去做什么。

4. 文化网络

文化网络是企业文化要素中的渠道要素，是指企业内部以逸事、故事、机密、猜测等形式来传播信息的非正式渠道，这在一定程度上可以理解为企业的非正式沟通网络。企业中的非正式组织是由于组织成员的感情和动机上的需要而形成的，所以其沟通渠道是通过企业内的各种社会关系（而这种社会关系又常常会超越组织内部固有的单位和层次，由于情趣一致或爱好相似、利益接近与观点相同以及彼此需要等原因产生）把人们联结在一起，并且依据心理、情感的力量来加以承接。

非正式沟通的网络具有沟通形式不拘一格、不受组织的约束与干涉、直接明了、速度快、可以提供正式渠道难以获得的信息等优点，但同时又存在着难以控制，传达的信息有时不够确切，易于失真、曲解，易形成小集团、小圈子和影响人心稳定与团体凝聚力等弊端。所以，企业的文化网络就是在最大限度上发挥非正式沟通渠道的积极作用，抑制其消极作用。例如，中国南方航空公司客舱部通过"春风组"讲故事的形式把企业的服务理念和价值观结合起来，形成一种特殊的文化氛围，从而为企业内部形成共同价值观、增强企会传播，又流行于企业内，得到了广泛的传颂。企业文化的各种信息借助于文化网络在企业易入心文化的塑造功能和导向功能发挥促进作用。

5. 企业环境

作为企业文化要素的企业环境，是指企业在与内外部相关主体的作用中，通过主观努力所营造的存在与发展条件。这与迪尔和肯尼迪最初所说的"企业环境"是有区别的，他们当初是想借"企业环境"这个概念，指出人们要根据企业所处的环境来选定企业文化建设的模式，是从企业文化建设的角度来说明企业环境在建设过程中是一个重要的要素。因此，那里的"企业环境"是指企业"经营所处的极为广阔的社会和业务环境"，包括市场、顾客、竞争者、政府、技术等的状况，而不涉及企业的内部环境。而这里所谈的企业环境，则是指企业文化现象中的一种存在形态，是企业文化的一个组成部分。人是文化创造和发展的主体，企业文化也是相关主体创造和发展出来的。因此，作为企业文化要素的企业环境，强调是由企业主体创造和发展出来的环境，而不是一种单向影响企业主体的外部环境。当然，作为企业文化要素的企业环境与企业文化主体之间存在互动关系。具体而言，就是企业存在于内外部客观环境之中，企业主体通过自己的行为营造了企业内外部的环境条件(这就是作为企业文化要素的企业环境)，而这种环境条件又会同时对企业及其相关主体产生影响。

企业环境一般可以分为外部环境和内部环境，也称为大环境和小环境。企业的外部环境从性质层面上可分为政治环境(主要包括法律环境、政策环境等)、经济环境(主要包括投资环境、市场环境、资源环境、金融环境等)和文化环境(主要指人文环境、教育环境、科技环境等)。此外，还存在着其他划分方式，比如可以按照所处的地域范围来划分。企业的内部环境又分为软环境与硬环境。软环境是指企业内部的人际环境、潜规则等；硬环境主要是指企业的物质环境。

7.2.2 组织文化类型论

1. 迪尔与肯尼迪的分类

哈佛大学教授特伦斯·迪尔和麦肯锡咨询公司的咨询顾问艾伦·肯尼迪合著的《企业文化——企业生活中的礼仪与仪式》出版于 1982 年 7 月，他们将组织文化划分为硬汉型、努力工作型、赌注型、过程型四种，见表7-1。

表7-1 迪尔与肯尼迪的分类

文化名称	硬汉型文化	努力工作型文化	赌注型文化	过程型文化
承担的风险	高	低	高	低
决策后得到的反馈	快	快	慢	慢

续表

文化名称	硬汉型文化	努力工作型文化	赌注型文化	过程型文化
常有这种文化的组织	建筑业、广播电视、管理咨询	零售业、汽车批发商、房地产	资本货物、空间产品、投资银行、军队	银行、保险公司、政府机关
在这种文化中成功者的行为	态度固执，个人主义，能接受非此即彼的决策	友好，高级销售方式，在群体内工作得很好	能长期忍受，模棱两可，技术上称职，反复检查他们的决策	很谨慎，总是遵循已被接受的程序，注意细节
成功者在这种文化中的长处	能在短期内完成大量工作	能够迅速完成大量工作	能有质量很高的发明及重要的科学突破	制订规范，维持工作场所的秩序
成功者在这种文化中的弱点	短期倾向，忽视公司的利益	力求快速解决问题，总是对行动比对解决问题更感兴趣	做事缓慢，不能很好适应短期变化	不善于营造创新的工作氛围
成功者在这种文化中的习惯	穿着时尚，喜欢一对一的运动，如网球	穿着上避免极端，喜欢团体运动项目，如垒球	根据地位高低穿着，喜欢高尔夫球那样的运动，因为这种运动的结果只有在游戏结束时才知道	根据地位高低穿着，喜欢过程性运动，如游泳和跑步等

2. 奎因等人的分类

奎因等人构建了竞争性文化价值模型，模型提出"弹性和自主性—稳定和控制""外部导向—内部导向"两个维度，用以测量企业文化，由此派生出四个象限：层级型文化、市场型文化、宗族型文化和创新型文化。这样分类比较科学，也比较实用（图7-1）。目前，该模型在企业文化测量诊断方面的影响力日渐提升。

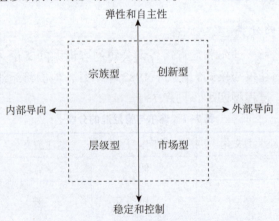

图7-1　奎因等人构建的竞争性文化价值模型

（1）层级型文化。

这类企业具有层级型的组织结构，规范的、结构化的工作场所，以及程序式的工作方式。企业领导在其中扮演协调者、控制者的角色，重视企业的和谐运作。人们更关心企业长远的稳定，尽量避免未来的不确定性，习惯于遵守企业中的各种制度和规范。麦当劳、福特汽车公司等属于这类文化。

（2）市场型文化。

市场型，并非以企业与市场的衔接紧密来判定，而是指企业的运作方式和市场一致。这类企业的核心价值观在于强调竞争力和生产率，更关注外部环境变化，如供应商、顾客、合作人、授权人、政策制订者、商业联合会等。在该文化环境下，人们时刻以警惕的眼光看待外部环境，认为市场中充满敌意，顾客百般挑剔。企业要在市场中生存，只有不断提升自己的竞争优势。因此，市场型文化中往往有一个明确的发展目标和主动进攻的战略姿态。GE、飞利浦等企业即属于这类文化。

（3）宗族型文化。

这类企业有着共同的目标和价值观，讲究和谐、参与和个性自由，更像是家庭组织的延伸。宗族型文化的一个基本观点是外部环境能够通过团队的力量来控制，而顾客则是最好的工作伙伴。日本很多企业属于这一类型，它们认为企业存在的重要目的在于提供一个人文的工作环境，而管理的主要内容则只是如何来激发员工的热情，以及如何为员工提供民主参与的机会。一般而言，这类企业员工的忠诚度较高。

（4）创新型文化。

创新型文化是知识经济时代的产物，它在具有高度不确定性、快节奏的外部环境中应运而生。创新型文化的基本观点认为，创新与尝试引领成功。为了获取明天的竞争优势，企业要不断地创造出新思维、新方法和新产品，而管理的主要内容就是推动创新。在这类企业中，项目团队是主要的工作方式，组织结构时刻随着项目的变化而改变。创新型文化主要存在于软件开发、咨询、航空、影视行业中。

7.2.3　组织文化模式论

组织文化层次结构模式是最经典的一种组织文化模式论。

在关于组织文化的概念和研究中，埃德加·沙因的组织文化理论的影响最大。在阐释他对组织文化的理解的过程中，沙因提出了他的组织文化的结构层次论。他说过："文化具有几个不同的层次，此处所谓的层次，是指就观察者而言文化现象之可见程度……这些层次的范围，从一个人可以看到的、具有实相的外显事物，到只能感觉的、内心所深植的、属于潜意识的基本假定，后者就是我所定义的文化本体。而在这两者之间，我们有各种外显的价值观、规范，以及行为的规则，在该文化之下的成员用这些为自己及他人叙述其文化。"根据这一观点，他将组织文化设定为由三个层次构成的结构体，即人为饰物、外显价值观和基本假定（图7-2）。

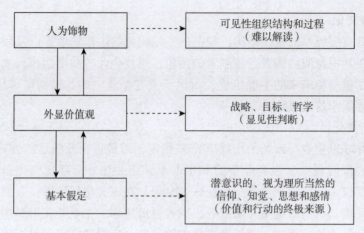

图7-2　组织文化的层次结构模式

在这三个层次中，第一层次指人为饰物，是那些能够看得见、听得到、摸得着的外显文化产品，包括：① 实物，诸如文件、装饰、制服、公司班车、厂房等。② 指代符号，诸如语言、行话、比喻、故事、笑话、英雄等。③ 行为模式，如典礼、仪式、行为规范等。人工制品传播着关于组织的技术、观念、价值、假设及行为方式等信息。它们对组织文化研究的裨益便在于能提供抽象层次的文化线索。但是沙因告诫人们，不要凭借关于人工制品的最初印象而断然做出对该组织的价值观及基本假设的判断，要透彻了解其组织文化就必须进一步了解其价值体系。在第二个层次中，外显的价值观体现为一个组织所相信的事物，如团队精神、整合、客户导向、民主决策等。公司的各种宣传也向人们展示了公司的价值观、原则伦理和愿景。组织文化的第三层次则表明组织当中更深层次的思维和感知推动中表层的价值观与行为。这些更深层次的思维和情感实际上就是"已经被视若理所当然的，故在一个文化单位中的变异性很小"的基本假定。其实，"文化就是一组基本假定，用以界定什么是我们要注意的，什么是事情的真谛，对正在发生之事该有怎样的情绪反映，以及在各种情境中该采取怎样的行动"。

最深层次的价值观构成了公司的文化基因，而文化基因通常由创始人决定，但后继者可能继承公司的文化，也可能改变公司的文化。第三层次就类似企业的文化基因，每个公司的文化基因源自创立企业的企业家或企业拥有者，他们有运作公司的特定方式、不同的价值观与原则，如公司A比较专制，而公司B很民主，两个公司可能经营得都很成功，但其文化都源自创立者或拥有者自上而下强加的基本假设。文化基因会因为公司历史、技术与产品的不同而存在差异，如果想要了解文化基因，还需要深入了解相关的技术、所在的行业以及职业群体，不能泛泛而谈。

沙因认为，组织文化决定了组织价值观和在此价值观之下的组织行为，而且组织文化是深刻地隐含在组织深层的东西，要了解它是非常困难的。通过对组织构造，信息系统，管理系统，组织发表的目标、典章以及组织中的传说等物质层面的分析，能够推论得到的文化信息是有限的。在论证中，他举出两个组织结构完全相同的企业的事例，发现它们的文化可能是完全不相同的。为了更好地解释一个组织的文化，沙因建议利用群体面谈和群体讨论的方法，而且对于以上所列举的五个文化维度分别指出了一些应该讨论的内容。

在《组织文化与领导》一书中，沙因还着重分析了文化的生成与领导的作用。沙因认为要解释组织文化的生成过程需综合使用群体力学理论、领导理论和学习理论。利用群体力学理论，通过观察组织中的各种群体，说明在群体根底中潜在的个人之间产生情绪的过程。这个过程可以帮助我们理解诸如"对于某个问题，多数人所共有的思考方法，以及在此之上的共同的解决方案"中"共有"的意思。这是因为所有对文化的定义中都包含着诸如被共有的解决方案、被共有的理解、被共有的共识等概念，可是人们的共有是如何发生的却没有被解释清楚，利用群体力学理论可以解释这个共有过程。而在领导理论中关于领导者的个性、类型对于集团形成的影响的研究结果，对于理解文化进化会有许多帮助，他指出，领导功能之所以不同于行政，其独特之处在于对文化的关怀。领导者创造文化，并且必须对其加以管理。

领导者要做的真正唯一重要的事情就是创建和管理文化，领导者最重要的技能是尽可能多地询问与倾听下属对企业文化的感受与看法。在邀请外部顾问进行文化调研或分析之前，管理团队应该首先对文化进行内部分析，看其与业务环境的要求是否一致，界定在文化方面是否已碰到问题、是否需要改变。领导者需要成为谦逊的探询者，尤其需要询问下属工作进行得如何，而不是事事均自己做主。答案简单，但做起来并不容易。询问下属和倾听下属可以帮助领导者更好地决策。

7.3 组织文化的建设

7.3.1 组织文化建设的内容

企业文化建设是一项体系化的工作，其建设内容包括以下四方面。

1. 理念认知

理念认知体系的构建是企业文化建设的核心，为制度规范的确立、员工行为的塑造以及形象标识的推广提供思想基础。所以，企业文化的理念认知体系是企业文化建设的核心层次，一般由企业使命、愿景、核心价值观、企业精神以及具体的经营理念和管理理念构成。齐善鸿教授用"两座房子"的比喻，简单明了地揭示了理念认知体系建设的强大效果。在企业这座"房子"里，人们拿着工资和福利还怨声载道，在寺院这座"房子"里，人们却心甘情愿将辛辛苦苦挣来的钱捐献出来。企业文化塑造能够使员工在心中建立坚定的信仰，使其摆脱简单的利益交换关系。

企业理念认知体系的提炼和构建，一般基于调研、诊断的结果。企业归纳发展历程中沉淀而成的优秀文化要素，并结合企业未来发展的内外部环境要求，在反复研讨和征集员工意见的基础上精炼并最终形成企业文化理念体系。企业理念认知体系的建设，应坚持传承与创新相结合、行业共性和企业个性相融合、鼓励员工广泛参与等原则。

企业文化手册是企业文化理念体系的载体。它承载和体现了企业经营管理思想，是企业员工的行为纲领。企业文化手册一般包括以下内容：① 序言概论，包括董事长寄语、企业发展历程、当前发展态势及今后发展规划等。② 主体，详细说明企业理念识别系统，包括企业使命、企业愿景、企业精神、核心价值观、经营理念、管理理念、企业 VI 系统、企业口号及企业之歌等。③ 附则，如企业荣誉、能够体现企业文化理念的案例（或寓言故事）、手册执行时间、解释权等。企业文化一般有与企业个性贴切的书名，如《我是海尔我微笑》(海尔)、《华侨城宪章》(华侨城)、《筑魂》(中国建筑集团)、《红塔文化力》(红塔集团)。

2. 制度规范

企业理念体系建成之后，下一步就是将企业制度规范融入企业文化理念的工作。制度规范是理念识别系统与行为识别系统的纽带，约束着行为规范和视觉识别系统的建设。"孤阴不生，独阳不长"，如果文化理念是阴、虚、软，那么制度与机制是阳、实、硬，只有阴阳共济、虚实结合、软硬相支，文化才有用。企业制度规范过程是实现企业文化理念和企业经营管理环节融合的过程。

企业制度规范融入企业文化的工作，需要根据企业文化的核心理念、企业战略目标与规划，全面审视企业各项制度，广泛征集员工意见，进行增删并补等调整，确保企业制度体系与企业文化理念的一致性，从而实现企业文化"固化于制"的目标。企业制度规范的梳理包括两个子系统：一个子系统是基于部门纵向形成的子系统文化，如班组文化、车间文化、部门文化等；另一个子系统是针对管理重点横向形成的子系统文化，如质量文化、品牌文化、创新文化、安全文化等。例如，华为始终坚持将不少于销售收入的 10% 投入研发，并将研发投入的 10% 用于前沿技术，以促进创新。3M 公司的创新制度则允许每位技术人员用 15% 的时间做自己喜欢的工作，开发自己感兴趣的方案，不管这些方案是否直接有利于公司。

在企业理念指引下完成制度的梳理后，企业制度规范必须从严执行。有了好的理念和好的制度体系，如果不能很好地执行，那么制度等于没有。"周亚夫军细柳"的故事说明了制度执行有力的强大作用。柳传志率先垂范执行迟到惩罚制度，也是制度执行力方面广为传颂的例子。

制度规范的过程可按照 PDCA 循环进行，即通过计划（Plan）、执行（Do）、检查（Check）、调整（Action 或 Adjust）四个环节推行制度，确保其落到实处。其中，计划指确定目标，制订计划，对现有制度进行梳理完善。执行是指实施制订好的制度。检查是指检查计划完成的情况，分析现有制度执行的优势、劣势、局限性等问题。调整是指根据检查的结果，总结经验，把未解决的问题和新出现的问题纳入下一个 PDCA 循环。

制度规范融入企业文化，是企业文化建设和落地的有力支撑。与企业文化宣贯工作能够短期直观地看到宣传效果不同，企业文化的制度规范工作是企业文化建设过程的难点，它是一个漫长且需要反复实践才能看到实效的过程。企业需要根据战略发展指引以及企业的客观情况，在不同年份有所侧重地开展不同子系统的制度文化融入工作，有步骤地、循序渐进地实现文化融入制度。

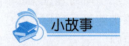 **小故事**

周亚夫军细柳

汉文帝时，匈奴入侵，周亚夫等三位将军率兵三路驻守边境。汉文帝亲自劳军，到了霸上和棘门军营，可以长驱直入，但到周亚夫所在的细柳营地时，官兵头戴盔甲，兵器锐利，开弓搭箭，弓拉满月。文帝先卫队到了营前，不准进入，镇守军营的将官回答："将军有令：'军中只听从将军命令，不听从天子的诏令。'"过了没多久，文帝驾到，也不让入营。文帝派使者拿了天子的凭证去告知，周亚夫才传令打开军营大门。但是守营官兵对文帝的武官说，军营不准纵马奔驰，于是文帝只好松了缰绳，让马慢行。到了大营，周亚夫全身披挂，手持兵器，长揖在地说："甲胄之士不能下拜，请允许我以军礼参见。"文帝为之动容，对群臣说："这才是真正的将军！前两个营地，军容风纪如同儿戏，很容易被袭击。但亚夫这里，岂是能够侵犯的吗？"

（资料来源：司马迁《史记》，经整理、改编）

3. 行为塑造

员工行为塑造是企业文化理念转化为员工技能和行为习惯的过程。员工行为塑造的最终结果是全体员工在企业运营过程中展示统一的语言和规范的行为。员工行为塑造至少包括以下三个方面的内容：

(1)激励全体员工的智力、向心力和勇往直前的精神，为企业创新做出实际的贡献。作为美国最优秀的100家企业之一的信捷公司，对自己的员工提出了这样的行为规范：在工作中不断激发个人的潜能，积极主动地为自己创造一种不断学习的机会，尽管工作是日常性的，但工作的全部内容应当提升到与成就个人事业相联系的位置上，以便为个人的成长提供动力。贝尔研究所拥有9 000名博士和硕士员工，他们坚持每月举办系列学术讲座，并鼓励不同专业的人员互相交流。所有员工，企业家、管理学家、各类专业人员、计算机专家、化学家、物理学家、心理学家和普通职员，大家共同探讨，交流各自的看法，在企业中形成一种勤于学习和善于钻研的好风气。

(2)把员工个人的工作同自己的人生目标联系起来。这是每个员工工作主动性和创造性的源泉，能够使企业的个体产生组合，即超越个人的局限，发挥集体的协同作用，进而产生1+1>2的效果。它能唤起企业员工的广泛热情和团队精神，以达到企业的既定目标。当全体员工认同企业的宗旨，每个员工体验到在共同的目标中有自己的一份时，其就会感到自己所从事的工作不是临时的、权宜的、单一的，而是与自己的人生目标相联系的。当个人目标和企业目标之间存在着协同关系时，个人实现目标的能力就会因为企业而增强，同时把这种"组合"转变成员工的个体行为，就会有利于员工形成事业心和责任感，建立起对企业、对奋斗目标的信念。

(3)员工必须认识到：企业文化是自己最宝贵的资产，是个人和企业成长必不可少的精神财富；自己要以积极处世的人生态度去从事企业工作，以勤劳、敬业、守时、惜时的行为规范指导自己的行为。

企业价值理念外化于行不是自发的、自然而然就实现的。它离不开人们的价值实践，也离不开对员工有意识、有计划、有组织的培养和训练。优秀企业的经验表明，下列措施有利于人们的行为技能、技巧和习惯的形成。

1)编制员工日常行为指南手册，把企业价值观分解成对员工日常行为的具体要求。在此基础上，企业通过学习、培训、实践、传播等活动对员工行为规范予以强化。这部分内容在企业文化手册中员工行为准则方面体现。

2)发动员工共同制订行为公约和守则，并采取上下结合、定期与不定期结合的形式对员工执行情况进行检查、评价和奖惩。企业可以把行为准则纳入员工绩效评价指标，通过制度规范员工日常行为。

3)选择具备典型意义的人和事，进行行为分析，并着重揭示由价值观到行为的转化历程。优秀员工楷模的塑造、每年的员工评优活动、在企业内部刊物上刊登优秀员工的故事都是传播优秀员工行为的渠道。

4）组织员工交流价值实践经验，促进员工互动。例如，企业可以通过生产技术文化活动，如业务交流、技能比赛、操作表演等方式，形成崇尚技术、钻研技术的风气。企业也可以通过各种培训、外出考察、科普讲座等提升员工对最新技术和行业发展的认知。通过竞技体育、文艺表演、兴趣爱好活动等建立正式和非正式的、员工参与性强的互动，增强员工的情感交流，提升员工的集体归属感和幸福感。

5）开展专题行为模拟训练，如交往行为训练，合作行为训练，参与决策行为训练，协商、调停、仲裁矛盾和冲突的行为训练。对每项训练要设计好行为情境、行为模式、行为技能和技巧；对参与训练的成员要分派角色，明确角色规范，对员工的练习行为要给予及时评价。

6）对行为困难者和问题行为者，以咨询方式进行个别辅导以使他们尽早摆脱困扰，矫正其失范行为。

4. 视觉识别

企业文化的视觉识别（Visual Identity，VI）体系是企业文化理念的具体、形象表现，是企业文化"外化于形"的要求。企业文化视觉识别体系的建设，包括 VI 设计和 VI 传播网络建设。其中，VI 基本要素主要有企业标志设计、企业标准字设计、企业标准色设计、企业象征造型和图案设计、企业宣传标语等。VI 应用要素设计包括建筑物外观和环境、内部装饰、办公用品、招牌、旗帜、服饰、产品外观、产品包装、广告等方面的设计。VI 传播网络建设有企业标语、宣传展板、企业文化墙、企业品牌树、微信公众号、企业内部刊物等。

如果企业文化的理念体系是根，那么制度规范和行为表现是茎与枝叶，视觉识别是花。企业理念体系是相对稳定的，制度规范和行为表现是理念体系的动态体现，视觉识别则直观地展示出理念体系的美好。但是，如果没有根和枝干，那么漂亮的花只是"无本之木"。

企业文化的视觉识别建设需要以理念系统为中心，将工程学（Engineering）、经济学（Economics）和美学（Ethics）三个方面（3E）结合起来，体现企业独特的市场价值、生产经营特点和美学意识。

 【短视频】组织文化建设的内容

7.3.2 组织文化建设的方法

1. 楷模引导法

楷模引导法是指企业通过树立企业文化的学习楷模（如标兵人物、英雄模范、先进示范岗等），向员工树立学习的榜样，传播典型案例或者人物事迹，从而引导员工更好地理解并践行企业文化理念。肯尼迪和迪尔把先进模范人物称为英雄人物，他们是企业造就的英雄。王成荣和周建波把企业英雄解释为"企业生产经营活动中涌现的一批具有较高政治水平、业务技术水平和优秀业绩的劳动模范、先进骨干分子或英雄人物"。因为英雄模范是在企业造就的，在员工身边成长起来的，所以，他们的示范效应对广大员工有较强的激励作用。英雄模范所体现出来的优秀品质反映的正是企业文化的理念标准。

企业可以通过考核和评比选出企业文化的楷模。不同的英雄模范有不同的评选标准，如销售之星、服务模范、创新先锋等。不同的英雄模范就是不同价值理念的卓越践行者。一般来讲，英雄模范一年评比一次，通过公正、客观的程序选出大家一致认同的模范人物，并结合企业的传播体系进行广泛传播。但英雄模范的来源也可以不局限于评比考核，可以是企业领导者接触到的感动人物，也可以是企业在报刊、网络等内部宣传渠道中传播的引起共鸣的先进人物。这些源于"民间"的英雄人物，也具有良好的群众基础和示范效应。企业对英雄模范的评价应避免求全责备，但也不能一俊遮百丑。

值得注意的是，在企业文化的塑造过程中，文化管理者不仅要关注英雄模范的正向激励作用，也要注意高层领导者的不良行为对文化塑造的不良影响，因为领导者有意无意的言行时刻对企业文化的建设产生着潜移默化的影响。例如，著名企业文化专家埃德加·沙因在其著作《企业文化生存指南》中介绍了一个文化变革的咨询案例：某能源公司的 COO（首席运营官）觉得组织固守旧有做法，规范停滞不前，希望开展文化变革，但是他并没有意识到自己的行为正在强化这种文化僵化的局面。例如，企业 COO 主持十五名高管的例行管理会议。每次高管在例行会议上分别坐在大会议桌同样的位置。有一天，只有五名高管出席会议，他们仍然稀稀落落地分散坐在原来的位置。这位 COO 内心对此情景很不满，但是没有对这种现象做任何的纠正。沙因指出，COO 的无所作为正是强化文化僵化的一种行为。

 **案例7**

"火星人"马斯克的创新魅力

2017 年 4 月，特斯拉以 510 亿美元市值成为美国最大的汽车制造商，创造了汽车工业的历史。自从 2016 年 11 月宣布收购太阳城公司以来，不到半年，特斯拉股价涨幅已经超过 50%。针对不断膨胀的市值，CEO 埃隆·马斯克发表评论称："如果从传统的衡量指标来衡量特斯拉的股价，一定是荒谬的。"所谓传统的衡量指标，即市盈率、市销率等。从汽车销售数量来看，特斯拉远不及传统汽车巨头，2016 年亏损 7.7 亿美元，总共卖出 7.6 万辆车，而福特则卖出 670 万辆车，通用则突破 1 000 万辆。为何特斯拉能让资本如此缺乏理性？特斯拉吸引投资者的不是即时利益，而是一个关于未来的故事，特斯拉股价所反映的是投资者对马斯克所带领的企业团队持续创新精神的看好。

在全球范围内，马斯克是炙手可热的创业家和科技创新领袖，他集工程师、企业家等多种身份于一身，他经常放出"狂想"。但事实证明，他的各种"狂想"都对相关产业产生了深远的影响：他创办的 PayPal 是网上支付先锋，特斯拉重新定义了电动车的概念，太阳城公司创造了全新的太阳能产业模式，太空探索技术公司（SpaceX）成功回收火箭为开启廉价太空发射的时代。马斯克还有许多"狂想"：电动飞机、4 000 颗卫星联网、超高速真空管道火车，不论哪项获得成功，都足以给世界带来很大改变。

对于马斯克这样一个极度成功却从不安于现状的人，有人评价，马斯克对这个世界保持深深的、强烈的好奇心，鼓动所有人拼命工作，并且敢于在别人不敢涉猎的领域冒险，历经挫败而初心不改。也有人对他在开发过程中不断烧钱而感到忧心，认为他集资 50 亿美元建高技术电池厂是一场"豪赌"。

事实上，马斯克开创的企业不仅有宏大的愿景，更有不懈的坚守。当功成名就之后，马斯克把钱砸进了两个无底洞，成立 SpaceX 意在太空移民，成立特斯拉为了能源革命。资本对于特斯拉的追捧，很大程度是对马斯克骑士精神的认可。

"坚持非常重要，永远不要放弃，除非迫不得已。"马斯克说，"在做一件事的时候，只要有 10% 的成功率就去做。"仅靠冒险和极端并不能保证成功，设定好愿景，专注于创新，用预见性说服投资人，用执着对待每次失败，用对细节的苛求来保证质量，或许是马斯克在多个领域实现突破并开创出一个又一个成功企业的秘诀。

（资料来源：编者结合相关资料整理并改编）

2. 行为规范法

员工行为规范是员工在共同工作中行为和习惯的标准。常见的行为规范法可以通过企业行为规范（手册）、仪式活动、制度流程体现。

（1）企业行为规范。在企业文化建设过程中，企业行为规范是员工行为规范的指南，是核心价值观加以行为化的手册。它根据企业理念体系展开，逐条细化员工行为。根据员工级别不同，企业行为规范可以进一步细分为员工行为规范、管理人员行为规范、生产人员行为规范、销售人员行为规范等。企业各种行为规范要清晰易懂、易于操作，切记辞藻华丽、晦涩难懂。

（2）仪式活动。各式各样的仪式是行为规范的有效载体。典礼和仪式是肯尼迪和迪尔（1989）在《企业文化》中提出的企业文化五要素之一，如升旗、每日早会、年度庆典，都是常见的企业仪式活动，为员工聚集、互动、交流企业文化提供机会。通过典礼仪式，员工可以亲身感受企业文化，在活动中体验企业文化，在人际交流和互动中传播企业文化。在仪式活动中，一些非正式的交流，可以让上下级之间、员工之间乃至员工与家属之间都有彼此增进了解的机会，同时企业文化可以在潜移默化中传播。

（3）制度流程。质量文化、安全文化等与生产紧密相连的管理理念，如果能与生产流程紧密结合起来，可以让员工在日常操作中不知不觉地实践企业文化。例如，联想早期建立的迟到罚站制度，无论什么原因，开会迟到要罚站。该制度出台后，第一个被罚站的就是柳传志的老上级。这项制度已经执行了 20 多年，大幅提升了企业的执行力。

3. 形象重塑法

形象重塑法是指通过企业标志、产品外观、员工服装、建筑、设施、环境等标识、饰物和外观环境等的重新设计和包装来塑造企业文化。形象重塑法的优点是：直观，易于理解，灵活多样，能潜移默化地实现传播效果。例如，企业文化在视觉上的设计和包装，是企业内部和外部利益相关者最直接、最直观的体验。标新立异、巧立心思的设计，能迅速在大众心中传递企业的精神和价值理念。在员工着装方面，正装展示端庄有礼的行为规范，便装展示随意自然的交际理念。在办公室的格局重塑方面，开放的办公室能塑造人际交往密切的团队文化和创新文化，独立封闭的办公室能强化增加人际距离的等级文化。如谷歌、百度等科技型企业允许员工随意装饰他们的办公空间，甚至可以带宠物去办公，营造自由、创新的文化氛围，而制造型的企业则强调规范、务实、精细等管理理念。建筑物的风格和颜色可以与企业标识一致，传播统一的企业形象，建筑物的节能环保和人性化设计可以强化企业可持续发展、以人为本等理念。例如，海底捞的餐厅设置很用心，会提供棋牌、零食、免费擦鞋、美甲等服务，给顾客以贴心的服务体验。海尔集团常年在集团开展"画与话"活动，鼓励员工用漫画形式表达自己对企业文化的观察与理解。这不仅营造了不断变换的企业形象塑造空间，而且创造了企业与员工交流企业文化理念的沟通渠道。

 ● **案例8**

华为形象的脚步

在2016年世界移动大会（MWC 2016）开幕之前，华为推出一组主题为"厚积薄发"的广告，在全球预热。在华为展厅入口左侧的大屏幕上，瓦格尼亚人在水流激越的河流中捕鱼的广告反复播放，给人强烈的视觉冲击力。华为的形象广告，大致经历了四个阶段：第一阶段是华为人在泥沼里和高原上架设基站，突出华为人吃苦耐劳和敢于攀登的精神。第二阶段是向遥感地理学家"布鞋院士"李小文学习的广告。华为崇尚科学家精神，从华为坂田基地道路命名就可见一斑，如"居里夫人"大道。据悉，华为当时找到李小文院士沟通时，他的身体状况已经很差，但是李小文认同华为，这位学术界的"扫地僧"为华为代言，将华为的形象推进了一层。第三阶段是"芭蕾脚"广告，一位芭蕾舞演员的一只脚上穿着芭蕾舞鞋，靓丽光鲜，另一只脚赤裸，满是伤痕——华为何尝不是这样痛并快乐着！现在，华为品牌进入第四阶段，作为一家全球性企业，其品牌形象也体现出国际化视野。新的形象广告使华为在全球舞台上展示自己。华为之所以能够持续高速发展，与其健康的企业文化息息相关。当时的华为轮值CEO郭平认为，不管公司的管理层说什么，做好产品并让用户拥有很好的体验，始终是华为的追求。华为的企业文化不会变，公司一直保持低调谦虚，努力为客户创造价值，为消费者创造更好的体验。

（资料来源：徐上峰，郭平. 华为低调的企业文化不会变，企业家日报，2016-03-09.）

4. 故事激励法

故事激励法是通过一些通俗易懂的故事把凝练的企业文化理念演绎出来，达到文化理念内化于心的目的。所谓"小故事、大道理"，生动的故事能打动人，真实的故事能说服人。我国优秀的文化传统和民族精神就是通过众多故事在亿万人民中代代相传得以延续的。例如，一讲到"忠"，人们就会想到岳母刺字的故事；一讲到"孝"，人们就会想到"卧冰求鲤"的故事；一讲到刻苦勤奋学习，人们就会想到"囊萤映雪""悬梁刺股"的故事。张瑞敏曾说："《圣经》为什么在西方深入人心？靠的是故事，以一个个生动的故事来推广企业的理念，是一种很好的方式。"

企业文化的故事主要是企业发展过程中的人物和事件，特别是组织的创始人、组织的产品和服务以及它过去的胜利与成败的故事。前面提到的英雄模范的事迹常常是故事激励的题材。好的故事有动人的情节，有让人身临其境的感觉，间接地让人经历事件，集中地说明一种观点，它容易让人记住，便于传播。

 案例9

海尔故事多

提及海尔的企业文化，人们很容易联想到各种故事：砸冰箱的故事、激活红星休克鱼的故事、大地瓜洗衣机的故事、海尔美国建厂的故事……通过一个个故事展现海尔企业理念的不同内容。砸冰箱的故事体现零缺陷的质量理念；休克鱼的故事体现"给你一块沙漠，还我一片绿洲"的做事理念；大地瓜洗衣机的故事体现"用户困难、开发课题"的市场开发理念；美国建厂的故事体现"三个1/3"的国际化经营理念。海尔把企业发展过程中发生的典型故事整理出来，撰写装订成册，取名《海尔情》《海尔潮》《海尔剑》，相当于海尔人的故事丛书。海尔的故事是文化成长的故事，即让员工通过故事了解企业文化，深刻认同海尔的价值观和行为规范。这些故事也激励着每个海尔人不断创造新的业绩。

（资料来源：陈春花. 企业文化［M］. 北京：机械工业出版社，2022.）

5. 师徒传承法

师徒制顾名思义是师父带徒弟的培训方法。在培训过程中，师父传承给徒弟的不仅是显性的知识和技能，还有组织的价值观念和行为准则。在酒店、咨询、法律事务、航空、金融等需要个性化服务的行业，师徒制被广泛应用。在员工的职业认知期、职业成长期和职业成熟期，师徒制在文化传承过程中都起到重要作用。其中，在职业认知期，员工新进入企业，处于角色转换期，师徒制可以让新员工了解岗位责任，感受工作环境，了解企业基本的行为规范；在职业成长期，员工熟悉工作环境，技能逐步提升，但可能会出现职业倦怠或感受不适应，产生焦虑或萌生退意，师徒制通过师父和徒弟间密切的联系，师父及时了解徒弟的思想动态，让徒弟转变思想；在职业成熟期，员工知识技能和工匠精神得以根植，具备从容应对外部环境冲击的能力，甚至凭借自身表现获得组织认同或晋升为师父，由此形成文化传承的良性发展。

研究表明，师徒制通过烙印效应有效诠释了工匠精神，内化为企业文化。烙印效应是指焦点主体在发展过程中，在某个特定阶段受到个人观念、认知模式和行为习惯的塑造，从而产生持续性的影响。利用师徒制传承企业文化，首先，注意师父的价值观与企业文化价值观的一致性；其次，重视师父的甄选、师父的绩效考核和激励机制，考虑到员工观念和行为在成长周期中受到新旧烙印的重叠影响，管理者应建立长效制度维护师徒制，以确保烙印效应持续发挥作用；再次，注意徒弟学习效果的阶段考核和展示，员工成长是渐进性的适应和调整过程，需要经历认知烙印、适应化烙印、发展能力烙印三个阶段。师徒制可以把企业文化的价值观念和行为规范在员工技能学习过程中有效地传承下来。

 【短视频】组织文化建设的方法

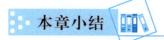 **本章小结**

组织文化是组织在实践中创建与发展的用以解决组织内外问题的一套共同价值观、与价值观一致的行为方式，以及由这些行为所产生的结果与表现形态。组织文化是管理水平的高级表现，其在组织中发挥着激励、凝聚、导向、规范、协调等重要作用。

组织文化可以从要素、类型、结构等角度进行剖析，这些剖析可以深化我们对组织文化的理解，了解组织文化建设从何入手。组织文化建设是一项体系化的工作，其建设内容大体包括理念认知、制度规范、行为塑造、视觉识别四个方面。理念认知体系的构建是企业文化建设的核心；企业理念体系建成之后，下一步就是将企业制度规范融入企业文化理念的工作。

行为塑造是企业文化理念转化为组织成员技能和行为习惯的过程；视觉识别体系是组织文化理念的具体、形象的表现。

复习思考题

1. 什么是组织文化？它在组织中发挥了哪些作用？
2. 组织文化的一般构成要素有哪些？
3. 沙因对组织文化是如何进行分层次的？
4. 如何塑造、建设组织文化？

案例分析

小米集团："小米加步枪"，以创新赋能数字经济

一提到小米，大家都会联想到"发烫、发热"的小米手机和"歌唱得好"的雷军。关于二者在大家心中的地位，很多网友称，可以不喜欢小米手机，但无法不粉雷军。

作为小米的创始人和董事长，雷军创办了小米，打造了小米模式，投资了一箩筐的小米生态链公司，推动了我国智能硬件行业的发展。这些种种，使得小米成为我国成长最快的、也是最具有话题性的互联网公司。小米是全球第四大智能手机制造商，在30余个国家和地区的手机市场进入了前五名，特别是在印度，连续5个季度保持手机出货量第一。

小米发展至今，一定有属于它独一无二的"小米加步枪"企业文化和企业价值观。

一、小米的使命

始终坚持做"感动人心、价格厚道"的好产品，让全球每个人都能享受科技带来的美好生活。小米公司成立时就有一个宏大的理想：改变商业世界中普遍低下的运作效率。小米有勇气、有决心、有毅力推动一场深刻的商业效率革命：把每一分精力都专心投入做好产品，让用户付出的每一分钱都物有所值。在众多领域，小米都以一流的品质、紧贴成本的定价彻底改变了行业面貌，大大加速了产品普及。

"感动人心，价格厚道"这八个字是一体两面、密不可分的整体，远超用户预期中极致

产品的样子，还能做到"价格厚道"，才能真正"感动人心"。

2010年4月刚成立时，小米只有一个简单的想法：做一款让我们自己喜欢、觉得够酷的智能手机。在小米的8个联合创始人中，有6人是工程师，2人是设计师，都是消费电子设备狂热的"发烧友"。

创新科技和顶尖设计是小米基因中的追求，醉心于探究前人从未尝试的技术与产品，在每一处细节都反复雕琢，立志拿出的每款产品都远超用户预期。

不止于技术，推崇大胆创新的文化。从手机工艺、屏幕和芯片等技术的前沿探索到数年赢得的200多项全球设计大奖，从"铁人三项"商业模式到通过"生态链"公司集群，从"用户参与的互联网开发模式"到小米线上线下一体的高效新零售，创新精神在小米蓬勃发展并渗透到每个角落。

二、小米的愿景

和用户交朋友，做用户心中最酷的公司。

优秀的公司赚的是利润，卓越的公司赢的是人心。小米是一家少见的拥有"粉丝文化"的高科技公司。

对于小米而言，用户非上帝，用户应是朋友。

为感谢"米粉"的一路相伴，小米将4月6日这一天定为"米粉节"，每年4月初都会举办盛大活动与"米粉"狂欢。同时自2015年起，每年年底小米都会举办小米家宴，邀请"米粉"回家吃"团圆饭"。

同时小米员工还会自发地为"米粉"手写10万张明信片，这是小米不一样的地方，是小米人发自内心、一笔一画亲手表达的情感，这是对愿景的最好诠释，这是和"米粉"交朋友的实际行动。

最大的平等，莫过于日常生活体验的平等：让所有人，不论他/她是什么肤色、什么信仰，来自什么地方，受过什么教育，都能一样轻松享受科技带来的美好生活。

三、小米的核心价值观

真诚热爱："真诚"就是不欺人也不自欺；"热爱"就是全心投入并享受其中。

2010年，小米创始人共饮一碗小米粥，开启了创业的精彩故事。2018年员工5周年活动上，雷军说道："老员工是小米最宝贵的财富，没有老兵，没有传承，就没有新军，没有未来。"

感谢有一帮志同道合的小伙伴，一起哭，一起笑，一起战斗！岁月数载，初心不变，始终真诚，永远热爱。

四、企业理念

建立全球化的开放生态让小米长期发展的机遇更多、边界更广阔、根基更稳健。大数据、人工智能的时代就在眼前，全球生态平台所生成的大量独特的消费和行为数据，能更为敏锐精准地洞察用户的需求，在未来赢得巨大优势。

小米是一家工程师文化主导的公司。工程师们的梦想就是持续探索先进技术，并惠及尽可能多的用户，做用户心中最酷的公司是小米的愿景。科技创新进步带来的利益应该能被大众轻易共享，互联网精神的本质是透明、高效以及平等普惠。

小米要构建的绝不是一个封闭的商业帝国。小米也不仅是一家创新的科技公司，更是数字时代的生活方式的创立和推动者。让全球每个人都能享受科技带来的美好生活，要实现这一目标，一家小米远远不够，需要一百家甚至更多的小米建立起丰富而繁荣的新商业生态。

"德不孤，必有邻"，通过独特的"生态链模式"，小米投资带动了更多志同道合的创业者，围绕手机业务构建起手机配件、智能硬件、生活消费产品三层产品矩阵。现在，小米已经投资了九十多家生态链企业，改变了上百个行业，未来这个数字会更加庞大。

伟大的公司都是把好东西越做越便宜，把每一分精力都专心投入做好产品，让用户付出的每一分钱都物有所值。

用户的信任，就是小米模式的基石；效率，就是小米模式的灵魂。

五、"小米加步枪"，以创新赋能数字经济

对于技术集成度非常高的行业来讲，技术研发投入越大，越有可能掌握核心竞争力。小米集团创始人、董事长雷军表示，我国经济稳中向好、长期向好的基本趋势不会改变。未来5年，小米计划投入500亿元资金，继续加大科技创新力度，使人工智能物联网形成贯穿智能生态全产品、全平台、全场景的服务能力。

在做好"六稳"工作、落实"六保"任务的过程中，民营企业是生力军。为了更好地促进就业，2020年，小米武汉、武汉金山办公、金山云武汉、西山居武汉联合推出"小米金山武汉总部抗疫医护子女就业优选计划"，提供优质岗位近千个。同时，小米还联合策划了应届生报到日等活动，向社会传递稳就业、促就业的坚定信心，并推出"创业云课堂"，赋能疫后创新创业群体。

雷军表示，当前信息技术与实体制造行业正加速深度融合，消费电子产业快速向智能化方向演进，人民群众对智能生活充满期待。企业家必须充分认识时代大势，从自身优势着手，打好数字经济这张牌，更好地释放我国超大规模市场的巨大潜力。

小米集团还不忘企业社会责任，积极响应国家号召，助力脱贫攻坚事业。近年来，小米公益基金会对四川省长宁县、河北省张家口市、新疆和田地区等地开展了紧急救援、精准扶贫、教育扶贫等一系列公益项目。

此外，为了不断增强前沿技术开发实力，小米还和多所国内顶尖高校建立了联合培养机制，邀请优秀博士毕业生到小米博士后科研工作站工作，加速推动科技成果落地转化。

"小米从开家十几个人的创业公司成长为世界500强企业，不仅做出了高品质的产品，还带动了数百个中小企业创新创业，这正是中国经济蓬勃发展的具体体现。"雷军表示，现在的中国市场更具活力，中国企业也更具竞争力。

（资料来源：訾谦．光明日报，2020-10-05）

问题和讨论：

1. 小米公司的企业文化体现了哪些互联网时代企业文化理念新维度？
2. 请你谈谈小米公司"小米加步枪"企业文化的启示。

第八章 职业生涯规划管理

学习目标

1. 了解职业生涯规划管理的概念、内容及意义。
2. 理解职业生涯阶段理论。
3. 掌握职业生涯管理模型。
4. 掌握职业生涯规划管理的相关测量工具。

本章导读

做好职业生涯设计，对个人的职业发展至关重要。组织通过职业生涯规划管理，可以实现组织发展目标与个人发展目标的协调与相互适应，最终促进组织与员工的共同成长。本章将介绍职业生涯规划管理的相关理论，陈述个人和组织规划职业生涯的方法。

导入案例

从管理实习生到行长

小张在 2018 年取得某大学的工商管理本科学历，毕业后进入某银行。他首先接受了为期 1 年的见习管理生轮训，在这期间，小张获得了一定的业务经验，并在培训结束后担任金融部的助理职务。

小李与小张毕业于同一所大学，比小张早几年进入该银行。有一次在员工的公开研讨会上，小张遇到了小李。小李是作为优秀员工代表来参加这次公开研讨会的。在研讨会上小李介绍了他的整个职业发展情况以及相应的经验。

小李在该银行工作 2 年以后，由于业绩优良，银行给他提供了一个培训机会，让他去新加坡接受"速成干部培训"。回国之后，小李被委以重任，获得大量的锻炼机会，直至升

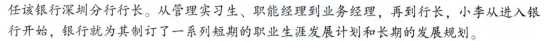

任该银行深圳分行行长。从管理实习生、职能经理到业务经理，再到行长，小李从进入银行开始，银行就为其制订了一系列短期的职业生涯发展计划和长期的发展规划。

听到小李的成功事迹之后，小张认真地思考了很多，他希望通过自己的努力，发展自己的职业生涯，也希望在这一过程中能够得到银行的支持。

像小李这样的基层管理者还有很多，个人的职业生涯规划能让自身职业发展更为顺利，而对企业来说，如何为这类员工制订相应的职业发展模型也至关重要。只有通过一定的员工职业发展规划，才能帮助企业留住人才并激励人才。

（资料来源：姚裕群，曹大友. 职业生涯管理[M]. 大连：东北财经大学出版社，2018.）

8.1　职业生涯规划管理概述

8.1.1　职业生涯规划管理的概念

职业生涯规划管理是对个人职业生涯的安排，可以从个人与组织两个层面展开，因此对于职业生涯规划管理的内涵，也可从两个层面加以界定。

从个人层面而言，职业生涯规划管理又叫职业生涯设计，是指个人与组织发展相结合，在对个人职业生涯的主客观条件进行测定、分析、总结的基础上，对自己的兴趣、爱好、能力、特点进行综合分析与权衡，结合时代特点，根据自己的职业倾向，确定其最佳的职业奋斗目标，并为实现这一目标做出行之有效的安排。

从组织层面而言，职业生涯规划管理是组织开展和提供的、用于帮助和促进组织内正从事某类职业活动的雇员实现其职业发展目标的行为过程。包括职业生涯设计、开发、评估、反馈和修正等一系列综合性的活动与过程，为雇员提供必要的教育、训练、轮岗等发展机会，以促进组织发展目标和雇员生涯目标的实现。组织职业生涯规划管理是通过雇员和组织的共同努力与合作，使雇员的生涯目标与组织发展目标一致，使雇员个人的发展与组织的发展相吻合。

8.1.2　职业生涯规划管理的内容和意义

1. 个人职业生源规划管理的内容

个人职业生涯规划管理的内容一般包括自我剖析、目标设定、目标实现策略、反馈与修正四方面。

（1）自我剖析。

自我剖析是指全面、深入、客观地分析和了解自己。即认清自己为人处世所遵循的价值观念，明确自己为人处世的基本原则和追求的价值目标，熟悉自己掌握的知识与技能，剖析自己的人格特征、兴趣、性格等多方面的个人情况，从而更了解自己的优势和不足，对自己形成一个客观、全面的认识和定位。

（2）目标设定。

目标设定是在上述自我剖析与定位的基础上，设立明确的职业目标。由于职业生涯跨越个人的青年、中年乃至老年，且人在各时期的体能、精力、技能、经验、为人处世的特点有明显差别，所以有针对性地制订阶段性的目标更为切实可行。

（3）目标实现策略。

目标实现策略是通过各种积极的具体行动与措施去争取职业目标的实现，目标实现的内容不仅包括个人在工作中的表现及业绩，同时还包括超出现实工作之外的一些前瞻性的准备，以及为平衡职业目标和其他目标（如生活目标、家庭目标）而做出的种种努力。目标实现的策略很多，包括撰写求职简历、参加面试应聘、商议工资待遇、制订和完成工作目标、参加公司举办的培训和发展计划、构建人际关系网、谋求晋升、参加业余时间的课程学习及跳槽换工作等，都可以看成是目标实现的具体努力和措施。

（4）反馈与修正。

反馈与修正是指在实现职业生涯目标的过程中，根据实际情况自觉地总结经验和教训，修正对自我的认知和对最终职业目标的界定。研究表明，许多人都是在经过了一段时间的尝试和寻找之后，才了解自己到底适合从事什么领域的工作，这段时间在缺乏反馈和修正的情况下可能长达十几年。即使在自我定位和目标设定正确时，反馈和修正同样可以纠正在实现分阶段目标的过程中出现的偏差，可以极大地增强实现目标的信心。

 【短视频】职业生涯管理的内容与意义

 案例1

张艺谋的职业生涯规划

由于特殊的历史环境，张艺谋于 1968 年初中毕业后，在陕西乾县农村插队劳动，后在陕西咸阳国棉八厂当工人，但是他始终没有忘记自己的志向是做一名导演。那时，很多人像他一样没有选择，但能像他一样坚持自己梦想的不多。终于，在 1978 年，27 岁的张艺谋争取到机会进入北京电影学院摄影系开始学习摄影，为自己未来转型做导演进行积累。1984 年，他作为摄影师拍摄了影片《黄土地》，此后声名鹊起。但是他没忘记自己的职业生涯规划，为了亲身体会做演员的感受，提高今后拍片的时候和演员们的契合度，他选择暂时成为一名演员。1987 年，他主演的影片《老井》颇受好评，这部影片使他认识到自己的积累已经足够。同年，他导演了电影《红高粱》，该影片以浓烈的色彩、豪放的风格颂扬了中华民族激扬昂奋的民族精神，融叙事、抒情、写实与写意于一炉，发挥了电影语言的独特魅力，广获赞誉。正是这部电影，让张艺谋以一个成功导演的角色进入公众视野，奠定了他知名导演的地位。借助 2008 年北京奥运会开幕式的宣传，张艺谋导演蜚声海内外，风头无人能及。

[资料来源：高峰."大腕"们的精彩转行[J].职业，2016(4).]

2. 组织职业生涯规划管理的内容

组织职业生涯规划管理的基本内容主要有以下七个方面。

（1）对组织的发展目标进行宣传教育。

通过会议、内刊、主管宣讲等方式，让员工了解组织的发展目标，使员工对组织的目标产生认同，建立使命，并以此激发员工内在的积极性，进而促进员工之间的了解、沟通，建立共识，为完成组织目标而共同奋斗。

（2）完善职业信息系统。

职业信息系统包括了组织和员工所有的相关信息，也包括组织的发展战略、职位空缺、各岗位任职资格标准、晋升标准等方面的信息。一个好的职业信息系统应该能够比较全面地呈现职位需求信息和组织内人员的供给状况信息，以便为平衡需求和供给打下一个良好的基础。

（3）设立员工职业生涯发展评估中心。

对大中型组织来说，可以在组织内设立职业生涯发展评估中心，对员工进行评估。例如，美国的通用公司与日本的松下电器等均有咨询辅导专家协助员工解决其职业生涯发展问题。这些公司都设有管理知识讲座、自我成长等课程，都制订了自我评估方案并对员工进行心理测验，以协助员工分析自己，增加其个人职业生涯知觉与自信心等。

对小型组织而言，既可以由其人力资源部门的工作人员兼任员工的辅导、评估与指导工作，也可以聘请社会上的职业生涯专家来负责本组织的生涯指导与咨询。

（4）与人力资源管理活动相配合。

人力资源管理活动要密切配合职业生涯管理工作。例如，确定员工的职业生涯途径的发展方向，使员工能集中精力去学习新知识和新技能；对员工的工作进行轮岗调适增加员工的工作技能，丰富员工工作经历；对领导候选人进行培训，提高管理人员的素质，预测未来人力供需与调配计划等。

（5）建立奖赏升迁制度。

奖赏与升迁制度既是满足员工物质需求和精神需求的重要手段，也是激励员工的主要方式，并且升迁往往还是员工职业生涯发展规划中的一个重要目标。因此，组织里的人力资源部门应该研究开辟多种升迁渠道，包括行政管理系列，例如技术职能系列、实职领导岗位、非领导岗位等，让优秀员工均能达到合适的级别，享受相应的待遇，使其职业生涯目标得到实现，以此调动员工的积极性，提高组织的整体素质。

（6）加强员工的训练与教育。

对员工进行培训以提高员工的工作技能，主要是为了满足组织当前的工作需要，对其进行教育则是为组织培养未来所需的人才，主要是着眼于未来。对于员工而言，接受训练与教育是其职业生涯发展的重要内容之一。通过参加训练与教育，他们可以提升技能、丰富理论、转变观念、变革思维，进而可以促进职业生涯的发展，成为有用的人才，为组织做出更大的贡献。

（7）个人需要与组织需要相适应。

组织的职业规划贯穿于组织职业生涯管理的全过程。它针对员工职业生涯的不同阶段，配以不同任务和内容的职业计划，与员工的职业发展相匹配，为员工的不断进步开辟道路。只有做到个人需要与组织需要相互适应，才能最终同时达到组织与个人的目标，实现双赢。

 **案例2**

3M公司的职业生涯体系

从20世纪80年代中期开始，3M公司的员工职业生涯咨询小组一直向个人提供职业生涯问题咨询、测试和评估服务，并举办个人职业生涯问题公开研讨班。3M公司设计的员工职业生涯管理体系包括以下十个方面：①职位信息系统。②绩效评估与发展过程。每位员工都会收到一份供次年使用的员工意见表，员工可填入自己对工作内容的看法，指出主要的进取方向和期待值。然后，员工们与自己的主管一起讨论并达成一致意见。③个人职业生涯管理手册。该手册人手一本，它概述了员工、领导和公司在员工职业生涯发展方面的责任，还明确地提出了公司现有的员工职业生涯发展资源。④主管公开研讨班。这有助于主管们理解自己所处的员工职业生涯管理环境，同时，有助于提高他们的领导技巧及增加他们对自己所担任的各类角色的理解。⑤员工公开研讨班。提供个人职业生涯指导，强调自我评估、目标和行动计划以及职位晋升的经验。⑥一致性分析过程及人员接替规划。集团副总裁会见各个部门的副总经理，讨论其手下管理人员的业绩情况和潜能。⑦职业生涯咨询。公司为员工提供专业的个人职业生涯咨询。⑧职业生涯项目。职业生涯管理人员根据员工兴趣印发出一些项目，并将它们推广至全公司。⑨学费补偿。报销学费和与员工当前岗位相关的费用，以及与某一工作或个人职业生涯相关的学位项目的全部学费和费用。⑩调职。职位撤销的员工自动进入个人职业生涯过渡公开研讨班；同时，还接受具体的过渡咨询。

（资料来源：陈国海. 管理心理学[M]. 北京：清华大学出版社，2023.）

3. 职业生涯规划管理的意义

职业生涯规划管理有助于个人找到自己的人生目标，做出更好的职业选择，平衡家庭与朋友、工作与个人爱好之间的需求，更为重要的是，职业生涯规划管理为人生的事业成功提供了科学的技术与基本的操作方法，并能使组织与个人实现双赢，因而对个人的职业生涯发展及组织发展都具有重要的意义和作用。

（1）个人层面。

对个人而言，职业生涯规划的意义与重要性主要体现在以下三方面。

1）职业生涯规划可以增强员工对职业环境的把握能力和对职业困境的控制能力。职业生涯规划不仅可以使员工个人了解自身的长处和短处，养成对环境和工作目标进行分析的习惯，还可以使员工合理计划、安排时间和精力开展学习与培训，以完成工作任务、提高职业技能。这些活动的开展都有利于强化员工的环境把握能力和困难控制能力。

2）职业生涯规划可以帮助员工协调好职业生活与家庭生活的关系，更好地实现人生目标，良好的职业生涯规划和职业生涯开发与管理工作可以帮助员工从更高的角度看待职业生活中的各种问题和选择，将各分离的事件结合在一起，相互联系起来，共同服务于职业目标，使职业生活更加充实和富有成效。同时，职业生涯规划可以帮助员工综合地考虑职业生活同个人追求、家庭目标等其他生活目标的平衡，避免顾此失彼、左右为难的窘境。

3）职业生涯规划可以使员工实现自我价值的不断提升和超越。员工寻求职业的最初目

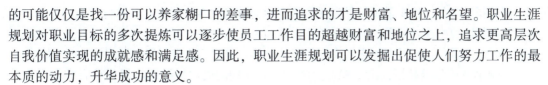

的可能仅仅是找一份可以养家糊口的差事，进而追求的才是财富、地位和名望。职业生涯规划对职业目标的多次提炼可以逐步使员工工作目的超越财富和地位之上，追求更高层次自我价值实现的成就感和满足感。因此，职业生涯规划可以发掘出促使人们努力工作的最本质的动力，升华成功的意义。

（2）组织层面。

对组织而言，职业生涯规划的意义与重要性主要体现在以下三个方面。

1）职业生涯规划可以帮助组织了解组织内部员工的现状、需求、能力及目标，调和它们同存在于企业现实和未来的职业机会与挑战间的矛盾。职业生涯规划的主要任务就是帮助组织和员工了解职业方面的需要和变化，帮助员工克服困难，提高技能，实现企业和员工的发展目标。

2）职业生涯规划可以更加合理与有效地利用人力资源。合理的组织结构、组织目标和激励机制都有利于人力资源的开发利用。与薪水、奖金、待遇、地位和荣誉的单纯激励相比，切实针对员工深层次职业需要的职业生涯开发与管理具有更有效的激励作用，同时能进一步开发人力资源的职业价值。

3）职业生涯规划可以为员工提供平等的就业机会，对促进企业持续发展具有重要意义。职业生涯规划考虑了员工不同的特点和需要，并据此设计不同的职业发展途径和道路，以利于不同类型的员工在职业生涯中扬长避短，为员工在组织中提供了更为平等的就业和发展机会，稳定和提升了员工的技能水平、创造性、主动性和积极性，这对于促进组织持续发展具有至关重要的作用。

8.1.3　职业生涯规划管理中的角色

在职业生涯规划管理中，个人、组织以及其他一些相关人员都扮演着重要的角色，承担着不同的任务，并对个人的职业生涯发展产生重要影响。

1. 个人

个人既是职业生涯规划的主体，也是职业生涯规划的制订者、实施者，还是职业生涯规划管理和服务的对象。无论个人还是组织开展的职业生涯规划活动，都是以个人的情况为基础，在细致的自我分析的基础上制订的，其落实也要靠个人的努力与配合。因此，个人既是职业生涯规划的主体，也是职业生涯实施的对象，个人的状况、价值观和对职业生涯规划的态度，对职业生涯规划有着至关重要的影响。

2. 组织内部的角色

组织内部承担组织成员职业生涯规划任务的角色有多个，首先是组织最高领导者，他们是职业生涯管理的组织者和领导者，他们组织人力资源管理部门和职业生涯委员会制订战略规划和实施计划，而后将实施计划交由职业生涯指导顾问和各级管理者具体落实执行。在实际工作中，组织内的同级和直接下级也起到不同的角色作用。

（1）组织最高领导者。

组织最高领导层是组织成员职业生涯规划管理的重要人物。组织发展战略是由最高领导者来确定并指挥实施的，因此组织最高领导者应对组织发展前景和人员需要发展的能力做出有效的判断。组织最高领导者还参与组织各项管理制度和人事制度的制订，如提出组织未来管理人员的国际化原则等内容。

需要指出的是，组织最高领导者或多或少地会对组织高级管理人员进行直接的管理。他们可能参与职业生涯委员会，处理高潜能人员的有关问题等，并决定一部分管理人员的职务分配，因此这也是组织最高领导者决定如何从整体上表述职业生涯规划管理的内在功能。

美国学者施尔曼教授指出，职业生涯开发和管理的成功与组织高层领导者的全力支持密不可分。理想的方式应该是，高层经理与人力资源部门经理、职业生涯委员会一起设计实施职业生涯的开发体系和制度。此体系应该反映组织的目标和文化，并使人力资源的哲学宗旨贯穿始终。

（2）人力资源部门。

人力资源部门负责整个组织各类职业人员的开发与管理，员工职业生涯规划是其工作内容的重要组成部分。针对组织内部不同的人员，分析其工作的特殊性，制订相应的政策和方法，并根据工作发展的需要设立特殊的岗位，进行特殊的培训，设定不同的职业发展通道，以培养能够担任特定职业的开发和管理工作的专家。

（3）职业生涯委员会。

职业生涯委员会是组织为职业生涯管理战略的制订和实施而设立的机构，委员会一般由企业最高领导者、人力资源管理部门的负责人、职业指导顾问、部分高级管理人员以及组织外部专家组成。职业生涯委员会是对与组织人员发展相关的决定进行讨论的专门机构，其主要职责是制订每年的职业生涯年度会谈策略，对有潜力的雇员进行定位，并对其发展道路进行观察与监督。职业生涯委员会的会议具有很强的影响力，有关职务分派的一些决定也在职业生涯委员会会议上进行讨论。职业生涯委员会需要连续不断地搜集和整理个人、企业和社会发展的信息，以便做出正确的决策。

（4）职业生涯指导顾问。

职业生涯指导顾问是设立于人力资源管理部门或职业生涯委员会中的特殊职务，既可以由具有丰富的人力资源管理知识和经验的专业人员担任，也可以由德高望重、已在职业生涯发展中取得显著成功的资深管理人员担任。

职业生涯指导顾问可以在两个层次参与工作。从组织的角度出发，他们负责研究有关管理人员的聘用和管理问题，贯彻职业生涯委员会的决策。其实际参与的程度取决于组织结构和组织的发展战略。从雇员的角度出发，职业生涯指导顾问是雇员职业生涯的顾问，也是其直接上级进行职业生涯规划管理工作的顾问。

职业生涯指导顾问的任务主要表现在以下四个方面。

1）直接为雇员的职业生涯发展提供咨询。

2）帮助各级管理人员做好职业生涯管理工作。

3）协助组织做好雇员的晋升工作，通过一系列方法来明确可以提供的工作岗位、雇员发展的愿望、实现地理位置上的人事变动的条件，等等。

4）协助组织做好各部门管理人员间的薪酬平衡，使之不要因为所处岗位级别及部门情况的不同而差距过大，避免因薪酬政策间的差距阻碍组织内部的人事变动。

（5）直接上级。

雇员直接上级的角色作用因组织的人事政策的不同而有所不同，这是因为各类组织管理雇员（如聘用、薪酬、人事调动）的集权程度不同。但无论如何，直接上级是雇员职业生涯规划管理中不可或缺的角色。其作用主要体现在以下四个方面。

1）日常工作中一般是由直接上级对雇员进行评估。因此，直接上级对雇员潜能的定位起重要作用。

2）直接上级可以通过分派不同的工作任务来使雇员发展自己的能力，展现自己的潜能。

3）直接上级还可以充当顾问的角色，即根据对一个雇员的印象参与对其职业生涯的指导或将自己对其发展前景的看法告诉给雇员。

4）直接上级可以利用他们的"关系网"为雇员在组织内的职业生涯发展产生积极的作用，促进雇员的晋升。

组织中各个层次的直接上级都在自觉或不自觉地做着人力资源开发工作，因为组织的人力资源开发政策正是通过各层管理人员落实到其直接下级的。每个雇员都会通过直接上级对其工作的安排和评价感受企业人事政策的宗旨。因此，每个直接上级都在或理性或感性地影响着其下级在职业生涯上的发展。因此，直接上级参与雇员职业生涯发展的可能领域非常广泛。组织只有明确地建立直接上级参与雇员职业生涯开发与管理工作的体系，才能更好地促进组织与雇员的发展。

（6）直接下级。

直接下级除根据切身体会对上级雇员做出评价以外，有时其发展状况也会直接影响上级的发展前途。组织雇员职业生涯发展的一个重要标志是能培养出一个优秀的直接下级。直接下级的成长也为上级雇员在职业生涯发展中抓住机会提供了保证，当一名管理人员由于工作成绩突出而获得了晋升的机会时，如果其未能培养出一名优秀的下级来接替自己的工作，那么只好先让其留在原职上，待其职位"后继有人"再晋升。在这种情况下，这名管理人员只能延迟或错过职业生涯发展中的一次职务晋升机会。

（7）平级。

组织内平级的雇员因为没有上下级关系，可以无拘无束、畅所欲言地提供最为平等的评价和建议，而且由于看问题的角度不同，往往可以对问题产生新的看法和建议，对同级雇员的发展往往很有帮助。但由于组织管理体制的影响，其角色和作用往往容易被忽视。

3. 组织外部专家

职业生涯规划管理中的组织外部专家可由大学的人力资源教授、人力资源管理咨询专家、职业指导专家、职业咨询专家或退休的高级管理人员等担任。组织外部专家的意见不受某一公司内部具体情况的局限，可以使管理人员开阔视野，对雇员的职业生涯发展往往会产生重要的指导作用。

4. 家庭主要成员

家庭主要成员对雇员个人的职业生涯发展往往会有重要的影响，如家庭成员的职业价值观、地域偏好、需求等都会对雇员的职业生涯选择与发展产生明显影响。但家庭成员意见的重要程度取决于雇员对家庭生活与职业的价值判断。

由以上的分析可以看出，职业生涯规划管理的角色有多种，不同角色于不同的地位，发挥着不同的作用，这些角色相互作用、相互影响和相互联系，共同构成了个人职业生涯规划的角色体系。

8.1.4　职业生涯规划管理的原则

为了正确制订职业生涯规划，我们必须要遵循一些原则和方法，选择恰当的策略。具体来说，如果想要制订一个成功的职业生涯规划，就应当遵循下列原则。

1. 长期性原则

职业生涯是漫长的，要想走好职业生涯的每一步，就要在进行职业生涯规划时从长远考虑，而不是只顾眼前利益，否则会因为一棵树而失去整片森林。

2. 可行性原则

制订职业生涯规划，一定要考虑自己和外界的实际情况，这样制订的生涯规划才切实可行。这就要求在做规划时必须考虑到自己的特质、社会环境、组织环境以及其他相关的因素。

3. 弹性原则

所谓的弹性原则，就是指制订的职业生涯规划要具有缓冲性，可以根据实际情况的变化来相应地调整变动。这里可调整的内容包括生涯规划的具体事项，以及目标、完成的时间等方面。

4. 清晰性原则

不管是自己的职业生涯目标选定、职业生涯路线的选择，还是实现职业生涯目标的各种措施，都要具有一定的清晰性，这样的职业生涯规划才切实有用，成功的可能性才会大大增加。

5. 可评量原则

对规划的设计应有明确的时间限制或标准，以便于及时进行评量、检查，使自己可以随时掌握执行状况，为规划的修正提供依据。

除了上述五个原则之外，还有挑战性原则和一致性原则。挑战性原则，即制订的目标或措施要具有挑战性，能够激发自己潜能。一致性原则，即总的大目标和小的分目标相一致，采取的措施和职业生涯的目标相一致，制订的目标与自己的实际情况相一致等。给自己所定的职业目标不能过高或过低，过高会好高骛远，可能跌得很惨；过低，则会埋没了自己的潜能和才干。

8.1.5　职业生涯规划管理的特征和流程

1. 职业生活规划管理的特征

根据职业生涯规划的概念以及人力资源管理工作的内容可知，职业生涯规划管理具有以下特征。

（1）职业生涯规划管理是组织与雇员双方的责任。

在职业生涯规划管理中，组织和雇员都必须承担一定的责任，双方协同合作才能完成职业生涯规划目标，促进雇员的全面发展。同时，雇员个人和组织须按照职业生涯规划的具体要求做好各项工作。无论是个人还是组织都不能过分依赖对方，因为许多工作是对方不能替代的。

（2）职业生涯信息在职业生涯规划管理中具有重要意义。

组织必须具备完善的信息管理系统。只有做好信息管理工作，才能有效地进行职业生涯规划。在职业生涯规划管理中，雇员个人需要了解和掌握有关组织各方面的信息，组织也需要全面掌握雇员的情况。同时，职业生涯信息总是处于变动过程之中，组织的发展在变、经营重点在变、人力需求在变、雇员的能力在变、雇员的需求在变、雇员的生涯目标也在变，这就要求必须对管理信息进行不断的维护和更新。只有这样才能保证信息的时效性。

（3）职业生涯规划管理是一种动态性管理，将贯穿于雇员职业生涯发展的全过程和组织发展的全过程。

每个组织成员在职业生涯的不同阶段及组织发展的不同阶段，其发展特征、发展任务以及应注意的问题都是不相同的，由于决定职业生涯的主客观条件的变化，组织成员的职业生涯规划和发展也会发生相应变化，职业生涯开发与管理的侧重点也应有所不同，以适应情况的变化。

（4）职业生涯规划管理具有客观性和不可逆转性。

出于每个人所处的环境不同，加之个体之间的差异，职业生涯发展中往往充满了许多偶然因素，但从长远来看，职业生涯发展是可以规划的，规划的目的在于给个人提供总体的指导；它不预言具体的细节，而是对职业发展的方向做出战略的把握，并根据阶段性特征制订阶段性的客观的抉择方案。同时，职业生涯规划管理是不可逆转的，其不可逆转性源于人的自然成长和发展过程的不可逆转性，毕竟人们不能抹杀过去的经历。不能简单地从头再来，而总是在原有的基础上前进，职业发展的不可逆转性提醒人们要充分重视职业生涯中的每一步，因为今天的每个选择都可能影响下一步的选择。

2. 职业生涯规划管理的流程

根据职业生涯规划管理的内容与特征，职业生涯规划管理的流程可用图 8-1 表示。

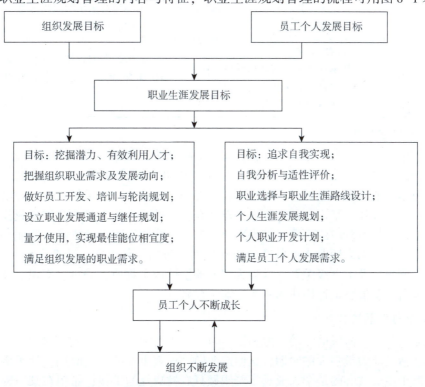

图 8-1 职业生涯规划管理的流程

8.2 职业生涯阶段与职业生涯管理模型

8.2.1 职业生涯阶段理论

从国内外职业教育的经验和对职业发展的研究可以知道，职业生涯是一个长期实践的过程。根据萨帕的研究，人类早期的职业生涯规划可以追溯到人刚出生时，许多人终生都在进行职业生涯规划。他将整个人生分为成长阶段、职业探索阶段、立业与发展阶段、职业维持阶段以及职业衰退阶段。其中，后四个阶段为职业生涯阶段。在不同阶段中，人的需求也有所不同，如表 8-1 所示。

表 8-1 不同职业发展阶段的需求

职业发展阶段	对工作方面的需求	在情感方面的需求
职业探索阶段	1. 要求从事多种不同的工作 2. 希望自己探索	1. 进行探索性的职业选择 2. 在比较中逐渐选定自己的职业
立业与发展阶段	1. 希望做具有挑战性的工作 2. 希望在某一领域发展自己的专业知识和技能	1. 希望面对各种竞争，敢于面对成败 2. 能够处理工作和人际关系矛盾 3. 希望互相支持
职业维持阶段	1. 希望维持并巩固现有的工作成果 2. 不想变更职业	1. 希望面对更小的职业压力 2. 希望有更多自由的时间
职业衰退阶段	1. 计划好退休 2. 从掌权转向咨询和指导性工作 3. 寻找自己的接班人 4. 寻找组织外的其他活动	1. 希望把咨询看作是对他人的帮助 2. 希望能够接受和欣赏组织外的其他活动

1. 职业探索阶段

职业探索阶段的年龄一般在 25 岁之前。萨帕认为，探索阶段又可以分为三个时期：①尝试期（15~17 岁）；②过渡期（18~21 岁）；③初步实验承诺期（22~24 岁）。在整个探索阶段，每个择业者都有选择一份理想职业的愿望与要求，力图了解自我，做出尝试性的职业决策。对于择业者来说，经常更换工作、获得有挑战性的工作机会和自我探索机会是非常重要的。通过本阶段的历练，如果青年人的能力能够得到迅速提高，职业兴趣趋于稳定，逐步形成了对未来职业生涯的合理心理预期，包括工作性质、劳动强度、工作时间、工作方式、同事以及上下级关系，并且为职业的发展做了物质、心理、知识、技能等各方面充分的准备，就能够迅速地成为一个职业工作者。

2. 立业与发展阶段

人们立业与发展阶段的年龄一般为 25~44 岁。从职业生涯发展过程来看，这一时期是个人的职业活动能力最强大的时期，是创造业绩、成就事业的黄金时期。处于该阶段的人在职业生涯中主要关心的是个人成长，希望做具有挑战性的工作；希望在某一领域发展自己的专业知识和技能；希望工作有创造性和革新；成就、发展、晋升在这一阶段的影响最大。一般来说，处于该阶段的人都有自己的成长和发展计划，并为目标的实现而全力以赴。在该发展阶段中期，失败是难以避免的，伴随而来的还会有挫败、厌倦和泄气等情绪。管理者应当做好充分的准备，帮助员工克服不稳定因素，并探索使职业变得更有趣、更充实、更富有挑战性的途径。

3. 职业维持阶段

职业维持阶段的年龄一般在 45~60 岁。处于该阶段的人一般已经"功成名就"了，他们以自己多年来日积月累并经过多次经历验证的判断力，以及与其他人共享其知识和经验的能力，向组织证明自身存在的价值。处于这一阶段的人需要做的最主要的工作就是最大限度地维持并巩固自己的工作成果和地位。因此，他们对工作方面的主要需求是更新技能和知识，已不再考虑变换职业。这一时期的人们可能变得对职业不再有很大的兴趣，而希望有更多的自由时间或职业压力更小一些。

4. 职业衰退阶段

职业衰退阶段的年龄一般在 60 岁以上。由于年龄或身体状况等方面的原因，处于这一阶段的人们逐渐减弱了职业活动能力与职业兴趣，从而结束职业生涯。人们需要寻求不同的工作、生活方式，以及对某些娱乐活动的兴趣爱好，以满足退休后的身心需求。对那些先前事业比较成功的人来说，对该阶段的适应过程可能更为艰难，不过他们可以通过一些途径和方式重返职业社会，发挥余热。而对于早年事业表现一般，或已经看到自己的职业绩效在下降的人来说，这或许是一个令人心情舒畅的时期。

8.2.2　职业生涯管理模型

1. 职业生涯管理模型的一般阐释

受特质—因素理论、人格类型理论等的影响，职业生涯管理模型的基本假设是，当人们的工作和生活体验与本人的愿望和要求一致时，他们会感到更有成就感并具有更高的生产率。当人们的工作经历与个体需要、价值观、兴趣和生活方式偏好相符时，他们会对职业选择更加满意。当工作所需的技能恰好是个人所具备的技能时，职业的绩效会有提高。基于这些理由，职业生涯管理模型试图将这种一致性或者说人职匹配最大化。

格林豪斯的职业生涯管理模型如图 8-2 所示。

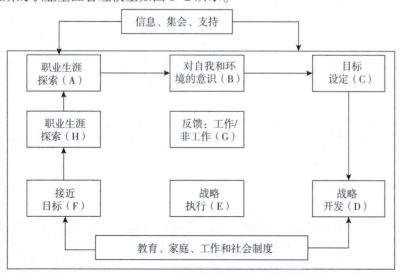

图 8-2　格林豪斯的职业生涯管理模型

让我们通过一个假想的案例来对这个复杂的模型作一个简单的阐释。

一位年轻的化学工程师正在认真考虑她在公司的未来，尽管她并不厌倦工程师这个普通的岗位，但目前一份从事公司管理工作的职位强烈地吸引了她，她可以这样待下去，听从公司对她的"安排"。但她决定在自己的职业管理中扮演一个积极的角色，于是决定采取行动进行决策。

职业生涯管理模型中的第一步显示这位工程师应该开始职业探索（图 8-2 中的 A）。也就是说，她应该开始收集信息，包括她自己的（她喜欢什么，她的天赋在什么方面。这份工作在她整个生活中的重要性）、组织内或组织外可供选择的其他工作（一名公司的管理者真正要做的工作是什么，经验丰富的化学工程师的工资如何）以及作为一个整体系统（在这个公司是否可能从普通员工晋升至直线管理人员，怎样才能获得提升）的她所在的组织（或其他组织）。

职业探索将会使这位工程师对自己和环境有一个更全面的认识（图 8-2 中的 B）。她会更清楚自己的价值观、兴趣爱好，以及在工作和非工作生活中的才能所在，也会对工作的选择及相关要求、环境中存在的机遇和障碍都更加了解。

这种逐步深化的认识可以帮助这位工程师选择工作的目标（图 8-2 中的 C）。目标可能在某个特定时期为她获得工厂经理助理的职位，或者帮助她成为项目工程师，或者在可预见未来的情况下留在目前的岗位。

可实现的目标的建立有利于职业战略的发展和执行（图 8-2 中的 D 和 E）（如一系列计划的活动以达到期望的职业生涯目标）。比如，如果这位工程师的目标是成为公司的经理助理，她可能会参加公司的一两个管理发展论坛，并尽量从目前的经理那里争取更多的管理性任务，更多地了解整个公司的运作。

一个合理的职业生涯战略的执行直接带来向职业生涯目标的接近（图 8-2 中的 F）。如果这位工程师选择了一个明智的行动计划，那将比没有执行战略或执行一项不当的战略更容易达到她计划的目标。

职业生涯战略的执行还可以为个人提供有用的反馈信息。这种反馈与来自他人的工作和非工作来源的反馈（图 8-2 中的 G）一起，可以帮助这位工程师正确评价她的职业（图 8-2 中的 H），从职业生涯评价中得到的信息又反过来促进职业生涯探索（图 8-2 中的 H 到 A 的箭头），从而开始职业生涯管理新的循环。比如，这位工程师发现她在所需管理技能方面表现很差，这样的评价会使她考虑更改自己的目标，也许她就不再希望进入管理层，或者她坚持这个目标但要对战略进行修订（图 8-2G 和 H 的箭头），如选择攻读一个管理学的硕士学位。

总之，职业生涯管理模型提供的是一个解决问题进行决策的过程。个人通过收集信息来认识自己和周围的环境，然后建立目标，制订并执行战略计划，获得反馈信息继续职业生涯管理。

遵循这种职业生涯管理方法的人并非生活在真空中，职业生涯探索、目标设定、战略和反馈是否有效往往取决于各类人和组织给予的支持是否足够。比如，学校提供的实习和咨询项目，或者由工作组织提供的绩效评估、自我评估和导师培训项目，以及来自家庭的建议、关爱和支持都会有助于有效职业生涯管理的实现。

2. 职业生涯是一个持续地解决问题的过程

为什么职业生涯管理应该是一个规律的、持续的过程呢？首先，由于工作是生活中很重要的一部分，一份满意的职业能够提高人们的成就感；相反，一连串糟糕的职业生涯选择会对人的自信产生灾难性的影响。其次，要对自己在工作环境中所处的位置有深入的了解并不是一件容易的事情，目标常常是不现实的，战略也往往让无法信服，若没有持续的、有意识的、积极的职业生涯管理，就很有可能重蹈覆辙。说得更复杂一点，人们往往会对先前的决定继续承诺——即使他们将面临重复的失败和谴责——以向自己和他人证明最初的决定是正确的。这些人会使自己愚信以前的失败可以挽回并且先前的努力会有公正的回报。事实上，他们可能为证明最初的决定是正确的而构造出另外的解释或进一步的自我辩护。持续的积极的职业生涯管理，包括来自各方面的反馈，对于避免继续挖掘也许从不会出现的洞是必要的。再次，变化的环境也需要持续的职业生涯管理，在制订新的商业战略时，组织面临新环境，要为新的流动渠道清除旧的职业路径。技术革新、重组、缩减、合并和习得的知识都会影响一个人在特定组织中的职位。同时，人们也在改变，在一段时期内认为非常重要的目标，一段时间后也许要重新审核，30岁时令人兴奋的工作在50岁时可能变得讨厌甚至令人反感。随着年龄的增长、人的成熟和经历的丰富，新的才能和价值观也会出现。最后，家庭环境的改变也许会对职业提供限制或机遇。因此，对自身变化不敏感的人，可能将会失去选择更加适应目前的价值观和生活方式偏好的职业的机会。

　　基于这些原因，职业生涯管理就应该是一个持续地解决问题的过程。这并不是说人们应该每周、每日随时不断地评价自己的行为或修订自己的目标或战略，但是人们应该与自己及环境的改变大体保持一致。工作搜寻的过程，专业化还是扩大化经验的决定，对失业的反应及重新评价工作参与和家庭角色的决定都需要有效的职业生涯管理。

3. 有效的职业生涯管理的特征

　　人们如何得知他们的职业生涯管理是否有效呢？由于职业生涯管理是一个解决问题、进行决策的过程，可以尝试通过考察某一时点的职业决策的结果来评估职业生涯管理活动的效果。例如，可以通过观察职位名称、职责及工作绩效水平的改进来估量职业生涯管理的有效性。同时，由于职业生涯管理是一个持续的可调整的过程，仅靠快速浏览一个人的绩效、地位还不足以了解一个人管理自己职业生涯的方式。格林豪斯等人提出下列四个有效职业生涯管理的特征，并以此作为对职业生涯管理模型的总结。

　　(1)有效的职业生涯管理对自我和环境有深入且准确的把握。

　　虽然一些人几乎不了解自己和工作环境中的其他选择，但也可能非常幸运地找到一份恰好适合自己且允许能力发挥的工作。然而从长期来看，一个人不能单靠运气，职业生涯是由一生中的很多决定组成的，对自我和环境准确理解能够让人在恰当决策时扮演积极的角色。

　　(2)有效的职业生涯管理要求制订现实的目标，且符合个人的价值观、兴趣、能力及向往的生活方式。

　　对自我和环境的准确理解，是有效职业生涯管理的必要但非充分条件。这些信息必须转化为制订一个目标的决定。也就是说，当这个目标达成时应该符合个人的需要。对一些人来讲，他们倾向于选择别人(父母、配偶、教授、上司)认为合适的目标，而不管这些目标是否能满足自己的需要。而目标与个人需要和价值观的一致才是有效的职业生涯管理的特征。

　　(3)有效的职业生涯管理要求制订并执行适当的职业生涯战略。

制订有效的职业生涯目标是一回事，按照计划尝试实现它又是另一回事。另外，即使一个人在没有意识到战略计划的情况下偶然达成了目标，这样的好运也不会总是重现，因为职业生涯需要长期的、很多不同类型的决策，制订并执行职业生涯战略的技能对有效的职业生涯管理来说是不可少的。

（4）有效的职业生涯管理是斗争的过程。

有效的职业生涯管理要求一个持续的反馈过程，在面临有挑战的环境时做出调整；没有人能完全准确地掌握关于自己和环境的信息，尤其是在人与环境都发生变化时；并且，目标和战略本身可能也需要改善甚至彻底推翻。在实际生活中，人们常常能感受到职业生涯中的"停滞"或者觉得好像遇到了"瓶颈"或"路障"。这种情况可能会使我们认识到自己的职业生涯计划在这种有挑战性的工作环境中是不合适的。认识的不全面和目标战略的不合适并不是无效职业生涯管理的信号，真正的问题在于个人缺乏对这些困难的觉察力并进行一些建设性的改进。因此，有效的职业生涯管理是一个斗争的过程，是不完善的信息和决策被更好的（仍不完善）信息和决策不断取代的过程。

从以上的论述中可以看到，职业生涯管理模型是建立在理性思维和行动的基础上的。格林豪斯等专家建议个人用系统的方法探索自我和环境，选定职业生涯目标，有意识地制订战略并密切关注自己和周围环境的变化。事实上，大量的研究也都表明，用理性的方法进行职业生涯管理是非常有用的，积极、自信的职业生涯管理能使个人受益无穷。然而，认为职业生涯管理应该是理性系统并不意味着这是机械的、无感情的或一刀切的。格林豪斯等特别指出，从本质上讲，职业生涯管理是"零乱"的努力，信息从来都是不完整的。准确地自我意识和环境意识是非常困难的；目标和战略也可能不得不修改很多次才起作用。个人在进行职业生涯管理时不应该是一台机器人，在某些时候内心情感还应该是先于技术和程序的。

8.3　职业生涯规划管理的测量工具

8.3.1　职业能力倾向及测量

1. 能力和能力倾向

能力是指人们成功地完成某种活动所必须具备的个性心理特征。能力和活动联系密切。一方面，人的能力是活动中形成、发展和表现出来的，否则能力就是潜在的、未表现出来的；另一方面，从事某种活动又必须以一定的能力为前提。

能力的个别差异表现在质和量两个方面。质的差异除表现为各个有不同的特殊能力之外，还表现为能力的类型差异；量的差异表现在能力发展的水平和表现的年龄差异上。

能力倾向是一个人的学习能力，指的是潜能，区别于已经发展起来的技能和技术知识。比如，也许某个人具有写作、音乐和安装机械的"能力倾向"，但是没有经过大量的发掘、培训、学习、练习和操作，就可能还没有培养起完成这些活动的"技能"。

2. 能力的分类

能力可分为一般能力和特殊能力。

（1）一般能力。

一般能力又称为"普通能力"，指多数活动所共同需要的能力，也是人所共有的最基本的能力。观察能力、注意能力、记忆能力、思维能力、想象能力、操作能力都是一般能力。

智力是指人们认识、理解客观事物并运用知识、经验等解决问题的一般能力。智力主要包括感知记忆能力、抽象概括能力(包括想象能力和逻辑思维能力,是智力的核心部分)和创造力。智力不是一种单一的能力,而是一种综合的整体结构。分析智力的结构对于了解智力的本质,合理设计智力测验,拟定发展智力的原则都是必要的。

(2)特殊能力。

特殊能力只在特殊活动领域内发生作用,是完成相关活动必不可少的能力。一般认为,数学能力、音乐能力、绘画能力、写作能力、动作协调能力、判断能力等都是特殊能力。要顺利完成某项工作,除了要具有一定的一般能力外,还要具有该项工作所要求的特殊能力。例如,从事数学研究要求具有计算能力、空间想象能力和逻辑思维能力;做画家需要具有较强的颜色辨识能力等。每个人只有根据自己的能力所及来确定自己的职业方向和领域,才能胜任工作,也才可能取得职业成功。

3. 职业能力倾向测验

能力倾向意味着学习的能力,为了探索某个特定的职业领域就个人的能力而言是不是合适的选择,可以做一些能力倾向测验。目前有一系列的能力测绘,包括"一般能力倾向测验"(General Aptitude Battery,GATB)、"军队职业能力倾向测验"(Armed Services Vocational Aptitude Battery,ASVAB)、"差别能力倾向测验"(Differenfial Aptitude Tests,DAT)和"职业能力安置调查"(Career Ability Placcment Survey,CAPS)。

能力倾向测验测量的是个人在某些能力领域(通常是8~9个)的学习能力,而智力测验则往往只给出一个一般学习能力或学习潜能的分数。

表8-2列出了以上四类广为人知的能力倾向测验所测量的能力倾向。表8-3~表8-5列出了一般能力倾向测验的内容。

表8-2 四类能力倾向测验

	一般能力倾向测验	军队职业能力倾向测验(ASVAB)	差别能力倾向测验(DAT)	职业能力安置调查(CAPS)
能力倾向	一般学习能力	一般科学	词汇推理(VR)	机械推理
	词汇能力	数学推理	数字能力(DA)	空间关系
	数字/数学推理、计算	词汇知识	VR+NA	词汇推理
	空间能力	段落理解	抽象推理	数字能力
	形状知觉	数学知识	知觉速度和精确性	语言运用
	文书知觉	电子信息	机械推理	词汇知识
	运动协调	汽车和车间信息	空间关系	知觉速度和精确性
	手指灵活性	机械理解	拼写	手的速度与灵活性
	手的灵活性	—	语言运用	—
	眼—手—足的协调	—	—	—
	颜色辨识	—	—	—

表 8-3　GATB 测验评估能力水平（一）

能力倾向	一般学习能力（G）	语言能力倾向（V）	数学能力倾向（N）
对此能力倾向的定义	与在学校取得优异成绩相关的能力，推理能力	理解词意、使用文字清晰地表达思想	迅速、准确地使用数学
水平 1：最高的 10%（很高）	在英语、数学、科学、社会科学和语言课程中大部分得 A，能够解决困难的问题，在一些学术科目上获奖	在英语、外语和社会科学等科目中大部分得 A。在辩论、写作、出版、公开、演讲、学期论文和一些论文中赢得关注和认可	在数学和科学中大部分得 A，可以解决高等数学（代）数和微积分的难题
水平 2：除去最高 10% 的 1/3（高于中等）	在上述科目上大部分得 A 和 B，能够自觉、有规律地进行阅读；在成绩报告中得到较高的等级	在上述科目中大部分得 A 和 B，在这些科目中能轻松地理解课本，很少犯语法错误	在上述科目中大部分得 A 和 B，可以利用公式解决问题，可以轻松地使用小数和分数
水平 3：中间的 30%（中等）	在上述科目上大部分得 B 和 C，可以解决像保存材料、装备设备和保存记录之类的问题	在上述科目上大部分得 B 和 C，能注意并纠正在拼写、语法和标点方面的错误	在上述科目上大部分得 B 和 C，可以在中等速度下准确地进行加减乘除运算
水平 4：除去最低 10% 的 1/3（低于中等）	在上述科目上大部分得 C 和 D，能够执行清楚明确的指示	在上述科目上大部分得 C 和 D，撰写论文和报告及看懂书面指示上存在困难	在上述科目上大部分得 C 和 D，可以测量物体的高度、宽度和深度
水平 5：最低 10%	需要在指导下才能完成装配和其他制造工作，在学习中基本要特殊帮助，但仍有困难	在要求读和写的科目上有许多困难	在任何数学问题上都有麻烦，买东西时在计量物体和数钱时有困难
我的最高水平			

表 8-4　GATB 测验评估能力水平（二）

能力倾向	空间能力倾向（S）	形状知觉（P）	文书知觉（Q）	运动协调（K）
对此能力倾向的定义	在头脑中形成三维形象	观察物体和图画的细节	注意到词汇、数字和符号的细节	迅速移动手、眼和手指去完成任务的能力
水平 1：最高的 10%（很高）	在艺术、地理、机械绘画上大部分得 A，能在绘图、雕塑和服装设计上获奖	在艺术、科学、速算和绘画等科目上部分得 A，能够轻易地看出相似物体的大小、形状上的差异	在打字、高等数学和英语等科目上大部分得 A，能快速准确地使用数字，在亲人细节性的指导上做得很出色	在打字、速记、体育、工业艺术和家政等科目上大部分得 A，在运动、舞蹈、演奏乐器方面优秀

续表

能力倾向	空间能力倾向(S)	形状知觉(P)	文书知觉(Q)	运动协调(K)
水平2：除去最高10%的1/3（高于中等）	在上述科目中大部分得A和B，在做衣服和绘画方面比一般人要好，能看懂电路	在上述科目中大部分得A和B，擅长印刷、解字谜、读乐谱、做艺术工作、设计和摄影	在上述科目中大部分得A和B，可以迅速、准确地抄写记录，做秘书和出纳员表现很优秀	在上述科目中大部分得A和B，擅长体育，能够绘画、装配模型、缝纫、制作精美的金属制品和木制品
水平3：中间的30%（中等）	在上述科目中大部分得B和C，可根据式样缝制服装，具有中等绘画水平，经常阅读装配图	在上述科目中大部分得B和C，能注意到物体和绘画的轻微失真，能拍摄有吸引力的照片	在上述科目中大部分得B和C，可根据体系对事物进行归档，能遵从大部分的装配指导	在上述科目中大部分得B和C，在运动中很活跃，属于中等水平，能令人满意地完成像送报纸和割草这样的任务
水平4：除去最低10%的1/3（低于中等）	在上述科目中大部分得C和D，绘画和缝纫做得不太好，能够整理好购物袋中的各种杂货	在上述科目中大部分得C和D，很少做字谜，可以区分螺母、螺栓和螺钉，能够修理和粘贴物体	在上述科目中大部分得C和D，可以根据菜谱烹饪和烘烤，在遵从指令上有困难，在拼写和数学上犯粗心大意的错误	在上述科目中大部分得C和D，能洗车，做清洁工作和体力劳动
水平5：最低10%	在识别图画和图表的形状及大小上有困难，视觉能力差，无法估计速度和距离	在识别形状和大小的相似及差异上有困难，视觉能力差	在要求计算和注重细节的科目上有困难，很难发现拼写错误	不能完成需要迅速准确地使用眼、手和手指的任务，在快速运动中存在身体障碍
我的最高水平				

表8-5 GATB测验评估能力水平(三)

能力倾向	手指的灵活(F)	手的灵活性(M)	眼手足协调(E)	颜色辨识(C)
对此能力倾向义的定义	手指迅速移动处理细小物体的能力	在放置和翻转运动中能很容易地移动手部	根据观察移动手脚	能看出颜色和阴影的相似与不同
水平1：最高的10%（很高）	在打印、速记、工业艺术和家政等科目大部分得A，能在乐器方面获奖，可以熟练地构造模型、装配物体，娴熟地制作木雕	在体育、工业艺术、家政和乐器方面得A，擅长体育、木雕和手工	在体育科目上大部分得A，擅长舞蹈和芭蕾，在体操中获奖，手风琴弹得好，能在驾驶培训中得A	在艺术科目上大部分得A，在绘画上获得奖励与认可，出售自己的工艺品，设计自己的服装，可以轻松地区分相似色泽和色度之间的不同

能力倾向	手指的灵活(F)	手的灵活性(M)	眼手足协调(E)	颜色辨识(C)
水平2：除去最高10%的1/3(高于中等)	在上述科目中大部分得A和B；能在乐队和管弦乐队中演奏，能很好地建造模型和装配物体	在上述科目中大部分得A和B；可以很好地使用工具，擅长做衣服、体育运动、魔术和木偶表演	在上述科目中大部分得A和B；擅长运动，会骑自行车，滑冰、跳舞、开车、做体操	在上述科目中大部分得A和B；会设计自己的衣服，做海报选择颜色装饰房间，识别颜色的细微差别
水平3：中间的30%(中等)	在上述科目中大部分得B和C，可以做自己的一些衣服，能很好地制作东西和维修	在上述科目中大部分得B和C，会做各种零工，会修剪灌木种植和园艺、使用电器，属于普通水平的运动	在上述科目中大部分得B和C，能在军乐队中演奏，运动水平一般，会驾驶汽车，可操作割草机	在上述科目中大部分得B和C，摄影较好，不能敏锐、清晰地分辨颜色，为表演设计布景
水平4：除去最低10%的1/3(低于中等)	在上述科目中大部分得C和D，会修补衣服、准备食物和饭菜，修理家具	在上述科目中大部分得C和D，会使用锤子和钳子做简单的修理工作，运动水平属于中下	在上述科目中大部分得C和D，边演奏乐器、边进行会有困难	在上述科目中大部分得C和D，在衣服颜色的搭配上需要帮助，不能清楚地区分颜色
水平5：最低10%	不能完成要求用于细微动作的任务	不能完成需要快速、准确地使用手的工作	在需要路、跳、投和抛球的运动上存在很大的困难	不能选出人们认为协调搭配的颜色，是个色盲
我的最高水平				

 **案例3**

> ### 杨振宁的成功
>
> 　　著名科学家杨振宁在早年出国留学时为了给实验物理学极其薄弱的祖国尽自己的一份力，曾选择在费米门下从事实验物理研究。不过，可惜的是，杨振宁并不十分擅长于实验操作。初到芝加哥大学实验室工作的近20个月中，他的物理实验进行得非常不顺利，做实验时常常发生爆炸，以至于当时实验室里流传着这样一句笑话：哪里有爆炸，哪里就有杨振宁。杨振宁不得不痛苦地承认自己的动手能力比别人差。后来，在另一位导师泰勒的劝告下，杨振宁决心从事考验动脑能力的理论物理研究，而思考正是他的特长。事实证明，杨振宁的选择是正确的，他最终在粒子物理学、统计力学和凝聚态物理等理论物理领域做出了里程碑式的贡献，并获得了1957年的诺贝尔物理学奖。
>
> 　　[资料来源：李险峰. 探析著名科学家杨振宁的成功之道[J]. 兰台世界，2012(34).]

8.3.2 职业适应性测量

职业适应性测量主要从个体的动机、需求、兴趣等方面考察人与工作之间的匹配关系，这一类测验可以了解个体的生活目的、追求或愿望，反映个体对工作的期望，因此对于选拔人员、激励设计等方面很有参考价值。

常用的职业适应性测量有生活特征问卷、个体需求测验和职业兴趣测验。

1. 生活特征问卷

（1）生活特征问卷的内容。

生活特征问卷是为评定个体的动机水平而编制的，测验从风险动机、权力动机、亲和动机、成就动机四个方面描述应试者的动机模式和强弱程度。

1）风险动机。

风险动机是指决策时敢于冒险，敢于使用新思路、新方法，不惧怕失败的动机。高风险动机的人可能过于莽撞，对可能的危险和损害估计不足，缺乏足够的大局意识和责任感，缺乏对失败的应变策略，低风险意识的人则过于保守，审慎、优柔寡断，谨小慎微，缺额决断。

2）权力动机。

权力动机是指人们力图获得、巩固和运用权力的一种内在需要，是一种试图控制、指挥、利用他人行为，想成为组织领导的动机。高权力动机的人往往有许多积极有利的特征，如进取意识比较强、有开拓精神、善于左右形势大局、果断自信、试图说服人和比较健谈；但权力动机过高的人会成为组织中的危险人物，他们只顾及个人的权力和利益，在极端情况下会不择手段，不顾组织的利益，甚至危害组织。总而言之，权力动机是有价值的，一定水平的权力动机是企业管理者实现统率的行为根源；但在组织中要控制权力动机的无限扩张。

3）亲和动机。

亲和动机是指人对于建立、维护、发展或恢复与他人或群体的积极情感关系的愿望。其结果是引导人们相互和睦、关心，形成良好的人陆路氛围。亲和动机强的人能很容易与他人沟通、交流，并且促进团队中积极的社会交往；他们富有同情心，容易接纳他人，减少冲突，避免竞争，有利于合作。亲和型的领导受下属的认可和拥护，团队合作密切、有高绩效。但亲和动机过于强烈时可能有副作用，如回避矛盾、害怕被拒绝，过于求同，忽视个性，甚至息事宁人，放弃原则。

4）成就动机。

成就动机是指人们发挥能力获取成功的内在需求，一种克服障碍、完成艰巨任务、达到较高目标的需要。它是对成功的渴望，意味着人们希望从事有意义的活动，并在活动中获得圆满的结果。由于成就动机具有行为驱动作用，在智力水平和其他条件相当的情况下，高成就动机的人获得的成功更大，绩优股效更突出。但成就动机过高也有逆反现象；人们对目标的设置降低难度，倾向于回避失败。结果是动机的行为驱动减退，工作任务未尽善尽美，而且害怕失败就意味着害怕尝试各种操作，在无形中便会失去很多机会。

（2）生活特征问卷测验的特点。

本问卷测试从近代激励理论中关于员工行为动机的基本概念出发，以风险动机、权力动机、亲和动机和成就动机为维护构建而成。这些维度与人们的工作绩效以及参与管理活动中的效能是有必然联系的。其中，成就动机和工作绩效之间有高相关性，高成就动机有利于实现个人目标。但不一定是出色的经理人；而亲和动机和权力动机与管理绩效有密切的关系，高权力动机是管理效能的一项必要条件；同时，还要求亲和动机较低。测验在设计构成上有高度的目标指向性，通过揭示个体的动机水平和需求模式来有效预测其未来的工作表现和绩效，以及个体自身的工作满意度。本测验是评定应聘人员与应聘职位匹配度、揭示职员动机模式、实行有效激励政策的必备工具。

（3）适用对象。

本问卷测试广泛适用于各行业、各层次人员，特别是面临择业、改行或求职的应聘者，用于评估其动机与职业的匹配程度。

（4）测验的构成。

本问卷测试的是四种动机。每种动机选定 11~15 道题目加以测试。每道题目陈述一个观点，应试者根据他对此观点的同意程度进行 7 分制评分，如"完全同意"评 7 分，"完全不同意"评 1 分，将题目随机排编成生活性问卷。

（5）测验的时间。

本问卷测试不限定时间，要求应试者凭直觉作答，不用过多考虑。测验所需时间大约为 20 分钟。

2. 个体需求测验

（1）测验的目的与功能。

需求测试是测查应试者对生理需要、安全需要、社会需要、尊重需要和自我实现需要等各大类生活需要的程度，可全面列出个体的需要状况和需求的主次形态，并可定性、定量地分析员工总体结构、需求分布模式以及各种需求的强弱程度。

1）生理需要。

生理需要是指各种用于满足生存的基本物质需要，如伙食、睡眠、营养等。

2）安全需要。

安全需要是指对安全、稳定、依赖的需要，希望免受恐吓、焦躁和混乱的折磨，有稳定的工作等。

3）社会需要。

社会需要是指对爱、情感、友谊、归属和社会交往的需要，希望拥有朋友、爱人和亲人。如果得不到满足，个体会感到孤独。

4）尊重需要。

尊重需要是指对于自己稳定的、牢固不变的、较高的评价的需要或欲望，对于自尊、自重和来自他人尊重的需要或欲望。

5）自我实现需要。

自我实现需要是指个体充分发挥自己的潜能，实现人生价值的需要，也就是说一个人生下来具有什么样的潜能，他就希望成为什么样的人。

需求是动机的基本来源，动机产生的原因就是需求的满足。需求是决定行为目标的根本原因。在团体层次上，通过对组织全体员工实施需求测试，可揭示各层次员工的需求结构。根据这个结构可了解团体中需要的分布、形态，这是安排组织权力、调动员工士气的

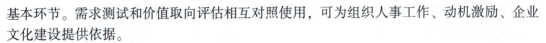

基本环节。需求测试和价值取向评估相互对照使用，可为组织人事工作、动机激励、企业文化建设提供依据。

（2）测验的特点。

本问卷测试的设计和建构参照了马斯洛的需求层次理论所提出的五种层次的需求形式，以生理需求、安全需求、爱与归属需求、自尊的需求、自我实现的需求为维度建构而成。其中生理需求、安全需求、爱与归属的需求为较低层次的需求，主要靠外在的事物来满足。通过本测验可把握应试者的主要需求方向，帮助他们全面了解自我的状态，做出良好的职业设计和规划，还可以相应地安排不同的激励政策，引导并提高各级员工的动机水平，提高工作满意度，增强忠诚度和稳定性。

（3）适用对象。

本问卷测试广泛用于任何希望了解自我状态的个体和各行业、各层次人员。同时，适用于组织全体在职人员集体施测，可了解各级员工的需求构成，为实施有效激励措施提供建议和依据。但是，它只适用于企业的激励设计、员工民意调查，而不太适合选拔。

（4）测验的构成。

本问卷测试根据马斯洛的需求层次理论编制，以该理论体系中的五种基本需求——生理需求、安全需求、爱与归属的需求、自尊的需求、自我实现的需求作为测验维度。每种需求选定10~16道题目加以测试。每道题目陈述一个观点，应试者根据他对此观点的同意程度进行评分，如"完全同意"评7分，"完全不同意"评1分，将题目随机排列编成需求测试问卷。

3. 职业兴趣测验

职业兴趣是职业素质的一个方面，在人的职业活动中起着重要的作用。要做到个人的职业兴趣特点与职业环境所要求的职业兴趣类型匹配，就需要进行职业兴趣测验。

（1）测验的目的与功能。

职业兴趣测验的功能表现为以下几个方面。

1）从个人择业方面来说，职业兴趣测验可以帮助人们明确自己的主观性向，从而使测验者得到最适宜的活动情境。

它通过直接或间接地了解人们对不同职业或不同操作对象（如人或事物或观念）的偏好，甄别人们究竟更倾向于和更适用于何种职业，使个人各适其位、各尽其职、发挥特长，取得对工作最佳、对个人最满意的效果。

2）职业兴趣测验不但对就业人员的择业有指导意义，而且对管理人员的选拔和安置也起着举足轻重的作用。

检测不同类型的管理活动与不同人的兴趣倾向之间是否存在恰当而合理的匹配关系，能为成功的管理工作提供基础保证。企业管理人员兴趣测验不但有利于发挥管理人员自身的才干，而且能为整个团队创造健康有效的氛围，从而保证整体工作的效益和提高全体成员的工作满意度。

3）职业兴趣测验可以在能力鉴定的基础上甄别可能取得最大效益和成功的活动（职业）。

也就是说，只有考虑到了兴趣，才能说明能力与成功的关系。能力是取得成功的必要条件，但它还不是充分条件。并不是每个有能力的人都能够成为成功者，绝大部分成功者都是那些既具备一定能力，又对所从事的工作真正感兴趣的人。满足本身就是激励人们去努力工作的一种动力。因此，"兴趣加能力"是确保取得成功的重要条件。

（2）测验的特点。

社会中的不同职业形成一定的群类，它们对人具有一定的相对固定的要求。同样，社会中的人也有各种各样的兴趣，它们也形成一定的群类。当人的兴趣和社会中的职业相吻合时，也就是人们选择了恰当的职业道路时，便为开辟事业、取得成就确立了正确的方向。

（3）适用对象。

职业兴趣测验适用范围很广，包括以下三类。

1）大、中学生。

大、中学生往往面临升学、就业的选择，大多数学生在高中甚至大学阶段并不大肯定自己的人生抉择，不能正确地判断和了解自己。他们可能受一些外界的、偶然的、性格的因素影响而做出盲目且不适合自己发展的选择，而家长们望子成龙，往往忽视孩子气的兴趣。测验为孩子报考学校或选择工作提升科学可靠的测评数据，有助于他们恰当地选择职业。

2）社会上的一般人员。

对于那些正处于最初择业阶段的人，即使是成年人，也不一定能全面了解各种职业的情况，往往只是从日常接触到的有限的知识经验来判断他们的兴趣。因此，科学制订的职业兴趣测验对人们的职业选择有十分重要的应用价值。

3）管理人员。

从企业用人角度来说，对管理人员进行兴趣方面的检测，目的就在于确定不同类型的管理活动与不同人的兴趣倾向之间是否存在恰当而合适的匹配关系，从而为成功的管理工作提供基础保证。众所周知，生产管理、技术管理、经营管理、行政管理等各种不同类型的管理具有不同的活动特征，对人格特征的要求不尽相同。因此，检测这两者之间的匹配是选拔、配备管理人员不可或缺的。

（4）测验的构成。

在职业兴趣测评领域，最常用的是"霍兰德人格与职业兴趣测试"。它最早是由美国约翰斯·霍普金斯大学的心理学教授、美国著名的职业指导专家约翰·霍兰德（John Holland）编制的。霍兰德理论的核心假设是人根据其人格可以分为六种类别，分别是现实型（Realistic，R）、研究型（Investigative，I）、艺术型（Artistic，A）、社会型（Social，S）、企业型（Enterprising，E）、传统型（Conventional，C）。霍兰德人格分类如图8-3所示。其中，每种职业兴趣类型都有具体解释、独有特色、测评方式和对应的职业索引。

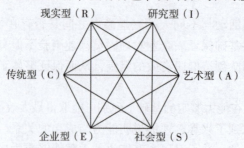

图8-3　霍兰德人格分类

在招聘员工时，通过对应聘者职业兴趣的测试，可以帮助招聘者判定其属于哪种类型，由此和应聘者就录用职位更好地达成一致。在职业发展中，如果出现员工和职位不匹配的情况，可通过此测试，测出员工的职业兴趣，再安排与其职业兴趣相匹配的岗位。

根据霍兰德性格测试的结果，可以判断出候选人适合的职业方向。人格越靠近社会型（S），适合的职业类型和"人"越相关，人格越靠近现实型（R），适合的职业类型与"物"越相关；人格越靠近企业型（E）和传统型（C），适合的职业越贴近"实务"，人格越靠近研究型（I）艺术型（A），适合的职业越贴近"理念"。霍兰德人格分类适合的职业方向如图8-4所示。

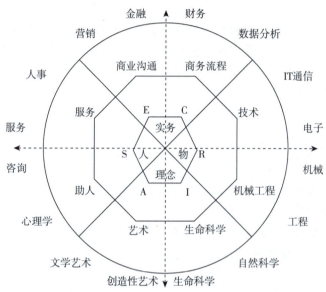

图8-4　霍兰德人格分类适合的职业方向

 案例4

比尔·盖茨把兴趣变为职业

微软公司创始人比尔·盖茨在青少年时代就对计算机产生了浓厚的兴趣。他在中学时免修了一些课程，将节省下来的时间用于编程的实践中。职业心理学家菲利浦斯指出："即使作为一名儿童，盖茨也能够专心地做一些特别的事情，并从中找到乐趣。因此在他成人之后，他拥有足够的情绪稳定性以支撑他的工作，并使他成功。"盖茨在17岁时就建立了自己的软件公司，他以极大的兴趣和热情投入软件设计中，简直达到废寝忘食的程度，经常一头扎进工作室里通宵达旦，每周工作72~90小时，与他一起工作的人都说他是世界上最忙的企业主管之一。盖茨说："我每天早上一醒来，只要想到我所做的工作和开发的技术将会影响人类生活，就会无比兴奋和激动。"也正是盖茨本人的工作态度，使得员工的工作热情受到了极大鼓舞，微软公司很快就成为全球最大的计算机软件提供商，盖茨本人也在38岁就成为亿万富翁。

[资料来源：陶小江《怎样培养出工作狂》，企业管理，2014（6）.]

本章小结

职业生涯规划管理可以从个人与组织两个层面展开。从个人层面，职业生涯规划管理又叫职业生涯设计；从组织层面，职业生涯规划管理是组织开展和提供的、用于帮助和促进组织内正从事某类职业活动的雇员实现其职业发展目标的行为过程。职业生涯规划管理对个人的职业生涯发展及组织发展都具有重要的意义和作用。在职业生涯规划管理中，组织、个人及其他一些相关人员都扮演着重要的角色，承担着不同的任务，并对个人的职业生涯发展产生重要影响。

职业生涯规划管理有自己的特征、原则和流程，职业生涯阶段理论、职业生涯管理模型等相关理论的学习可以帮助我们建立对职业生涯规划管理的整体把握能力。因此，大家既要进行有效的职业生涯规划管理，也要掌握职业能力倾向测量、职业适应性测量、职业兴趣测验等工具的运用方法。

复习思考题

1. 职业生涯规划管理对个人及组织分别有什么意义？
2. 职业生涯规划管理有哪些原则？
3. 阐述萨帕的职业生涯阶段理论的主要内容。
4. 如何进行职业兴趣测验？

案例分析

奇虎 360 的人才发展策略

北京奇虎科技有限公司（以下简称"奇虎 360"）于 2005 年成立，是中国领先的互联网安全软件与互联网服务公司。奇虎 360 开发了全球规模最大和技术最先进的云安全体系，颠覆了业内原有的商业发展模式，并凭借巨大的流量和用户数促进中国互联网自我革新，进而推动整个互联网走向开放。凭借强有力的人才"精兵"策略，奇虎 360 实现了快速发展。奇虎 360 为员工不同的职业生涯发展阶段提供不同的系统性培训项目。奇虎 360 "关键人才"的培养之路主要分为五个阶段：第一阶段是针对初级者的"飞扬计划"；第二阶段是针对经验者的"专业培训项目或项目锻炼"；第三阶段是针对业务骨干或监督者的"雏鹰训练营"；第四阶段是针对专家或管理者的"飞鹰训练营"；第五阶段是针对资深专家或领导者的"综合性培养项目"。通过这五个阶段，奇虎 360 为公司员工的职业生涯发展提供了全面的规划和支持。这里将对这五个阶段的项目进行概述。

第一阶段：针对初级者的"飞扬计划"。

飞扬计划主要针对校园招聘的应届毕业生。该计划致力于向新员工灌输奇虎 360 公司文化，希望新员工能够以奇虎 360 人的行为标准来规范自己的行为，发挥更大潜力、具备更高的忠诚度。奇虎 360 学院为这些新员工设计并开发了为期一年的培训课程，以帮助员工更快速地进入工作角色和适应工作要求。该计划的讲师主要包括企业内部高管，如总裁、副总裁、企业各部门总监以及优秀员工代表等。在该计划开始前，奇虎360学院会收集学员名单，发出培训通知，确认参训学员最终名单，同时设计课程方案，邀请并确认讲师；准备物料道具及用餐，布置培训现场等。在该计划实施时，奇虎360学院会进行课程实施管理，对学员进行观察记录，引导学员反思总结等。最后，奇虎360学院会对学员进行考评、评优，总结并宣传该项目。

飞扬计划主要通过三大板块实现对新人的培训：集训、实习和实战项目。这三大培训板块可以有效帮助员工掌握提高技能和职业化能力的方法，更好地从学生角色向职场角色转变。集训板块为期2~4周，主要包括技术类培训、企业文化培训与团建和职业化培训。该板块培训以课堂授课为主、户外拓展为辅。集训以小组的形式进行，每个小组都有特定的任务，如公司品牌宣传、飞扬训练营宣传、教务支持、对外赛事的沟通组织和毕业典礼筹备等。实习板块为期2个月，主要包括代码作业、小项目课题、模拟训练导师一对一和职业化辅导支持等。该板块旨在培训员工的实际操作技能，锻炼员工在实操过程中的沟通、合作能力以及克服困难的韧性。实战项目为期半年以上，主要是对员工的工作及时给予文化、思想和职业化的引导。该计划的衡量指标主要有集训理论考试成绩、集训小组任务得分、优秀学员评比、实训得分、训后工作表现评估、项目经理评语，综合各项分数得出最终评估总分。

第二阶段：针对经验者的"专业项目培训或项目锻炼"。

在该培训阶段，奇虎360学院会邀请业界和公司的技术专家及高手进行技术与实践方面的分享和交流，帮助初有经验的员工快速成长。学院会定期举办内部分享论坛及专业技术大赛，比如组织公司的技术人员参加行业间的峰会、技术论坛，邀请外部专家对公司员工进行特定专题的培训，组织内部技术专家进行技术的分享和探讨，以期帮助学员更快地学习并掌握成为技术或产品高手的技能。

通过该专业项目的培训，奇虎360学院储备并培养了一大批优秀人才。奇虎360学院会定期对公司人才库进行评估，锁定关键人才，并制订一对一的培训计划，以激发人才潜力，为公司的发展储备后续力量。

第三阶段：针对业务骨干或监督者的"雏鹰训练营"。

第三阶段的培养对象主要是公司的核心骨干人员或监督者。该阶段旨在提高核心骨干人员自我管理能力和团队管理能力，致力于以全新的混合式学习方法切实解决实际工作中面临的实际问题。第三阶段也叫"雏鹰计划"，这体现了奇虎360学院希望核心骨干人员如同雏鹰一般拥有高远、拼搏、执着和突破自我的精神。

第四阶段：针对专家或管理者的"飞鹰训练营"。

经历"雏鹰训练营"磨炼的核心骨干人员可能会面临两种职业发展选择——技术发展通道和管理发展通道。

对于选择技术发展通道的员工，奇虎360学院会定期外派核心技术人员去学习。这些技术人员可能会接触国际国内最新的技术高峰论坛，参加国内外最新的技术培训，并且在学院内部分享培训的相关内容。此外，奇虎360学院也会组织行业峰会，邀请行业专家参加，从而为技术人员的发展创造机会，储备掌握高端技术的人才。

对于选择管理发展通道的员工，奇虎360学院会用半年的系统性培训项目帮助这些员工进行转型，使他们具备基础的管理技能。奇虎360学院会先让这些员工从新人导师做起，新人导师在辅导他人、帮助他人的过程中，为其成为技术性的管理者打下基础。同时，学院也会给这些员工分配更高阶的管理导师，训练他们的管理技能，并提供不同阶段的培养计划，以期促进他们的全方位发展。

奇虎360学院还提出了"火炬手计划"，即这些关键人才经过培训之后，也要作为内训师与其他员工分享经验和知识，从而在学院内营造一种"技而优则师，业而精则讲"的良好氛围。

第五阶段：针对资深专家或领导者的"综合性培养项目"。

第五阶段也称为"精鹰训练营"。该训练营主要结合公司文化和业务进行全方位的领导力开发训练，选拔和培养高级管理人员。

"精鹰训练营"主要培训高级管理者的战略、创新、思维、产品、营销、项目管理以及领导力、沟通、心理等方面的能力。该训练营全程采用"课程培训＋实战项目辅导"的方式，促使学员将理论应用于实践。同时，学院还设置了分组比赛制，以激发员工的参与热情，培养和选拔符合奇虎360学院战略发展需要的高级管理人才。

奇虎360学院打造的"关键人才"培训体系既具备灵活的选拔机制，又提供系统的培养和实践机制，为员工的职业发展提供了明确的方向以及切实的体系和制度保障，这也是奇虎360学院吸引优秀人才并不断取得发展的重要基础。

（资料来源：刘善仕，王雁飞. 人力资源管理[M]. 北京：机械工业出版社，2023.）

问题和讨论：

1. 奇虎360学院为什么要根据员工不同的职业生涯发展阶段提供不同的培训项目？
2. 奇虎360学院是如何帮助员工进行职业生涯管理的？
3. 请根据以上案例谈谈如何制订个人职业生涯规划。

参 考 文 献

[1] [美] 斯蒂芬·P. 罗宾斯. 组织行为学 [M]. 10 版. 孙健敏, 李原, 译. 北京: 中国人民大学出版社, 2005.

[2] 程正方. 管理心理学 [M]. 北京: 高等教育出版社, 2011.

[3] [美] H. J. 莱维特. 现代管理心理学 [M]. 方展画, 译. 上海: 上海翻译出版社, 1988.

[4] 王善列. 企业管理沟通问题及对策研究 [J]. 中小企业管理与科技, 2023 (5): 104-106.

[5] 谢守祥, 许潇. 领导者破除组织沟通壁垒的策略 [J]. 领导科学, 2019 (18).

[6] 吴珊瑚. 冲突管理及其有效措施 [J]. 企业活力, 2008 (5).

[7] 刘永芳. 管理心理学 [M]. 北京: 清华大学出版社, 2008.

[8] 狄寒梅. 管理心理学 [M]. 武汉: 武汉大学出版社, 2019.

[9] 陈国海. 管理心理学 [M]. 4 版. 北京: 清华大学出版社, 2020.

[10] 孙喜林. 管理心理学 [M]. 2 版. 北京: 人民邮电出版社, 2022.

[11] 叶奕乾. 心理学 [M]. 上海: 华东师范大学出版社, 2005.

[12] 邓铸. 实验心理学 [M]. 北京: 北京师范大学出版社, 2016.

[13] 杨凤云. 心理学导论 [M]. 北京: 北京大学出版社, 2016.

[14] 张德. 组织行为学 [M]. 4 版. 北京: 高等教育出版社, 2011.

[15] 闫小锋. 管理心理学 [M]. 济南: 山东大学出版社, 2018.

[16] 韩永昌. 心理学 [M]. 2 版. 上海: 华东师范大学出版社, 2005.

[17] 何荣宣. 现代企业管理 [M]. 北京: 北京理工大学出版社, 2021.

[18] 罗明亮. 组织行为学 [M]. 南京: 南京大学出版社, 2013.

[19] 陈春花. 组织行为学 [M]. 3 版. 北京: 机械工业出版社, 2017.

[20] 李爱梅. 组织行为学 [M]. 2 版. 北京: 机械工业出版社, 2015.

[21] 周劲波. 组织行为学 [M]. 西安: 西北工业大学出版社, 2021.

[22] 苏东水. 管理心理学 [M]. 5 版. 上海: 复旦大学出版社, 2017.

[23] 车丽萍. 管理心理学 [M]. 5 版. 武汉: 武汉大学出版社, 2016.

[24] 崔光成. 管理心理学 [M]. 北京: 清华大学出版社, 2018.

[25] 李磊. 管理心理学 [M]. 北京: 人民卫生出版社, 2010.

[26] 孙健敏. 管理心理学 [M]. 北京: 中国人民大学出版社, 2017.

[27] 王雪莉. 组织行为学案例 [M]. 北京: 中国发展出版社, 2012.

[28] 王明姬. 管理心理学 [M]. 北京: 北京师范大学出版社, 2020.

[29] 肖祥银. 管理心理学 [M]. 天津: 天津科学技术出版社, 2018.

[30]原光. 管理心理学[M]. 北京：中国政法大学出版社，2018.

[31]朱吉玉. 管理心理学[M]. 5 版. 大连：东北财经大学出版社，2021.

[32]杨杰. 管理心理学［M］. 北京：北京邮电大学出版社，2021.

[33]刘善仕. 人力资源管理[M]. 北京：机械工业出版社，2023.

[34]朱永新. 管理心理学［M］. 北京：高等教育出版社，2021.

[35]贾海薇. 公共管理心理学［M］. 2 版. 北京：科学出版社，2023.

[36]祝小宁. 管理心理学［M］. 北京：高等教育出版社，2020.

[37]李靖. 管理心理学［M］. 北京：科学出版社，2023.

[38]邓靖松. 管理心理学［M］. 北京：中国人民大学出版社，2021.

[39]王垒. 管理心理学［M］. 2 版. 北京：北京大学出版社，2020.